우리 사회에 대한 성찰적 민족지

- 대대문화문법과 한국의 문화 전통 연구 -

석학人文강좌 43

우리 사회에 대한 성찰적 민족지
―대대문화문법과 한국의 문화 전통 연구―

초판 1쇄 발행 2014년 7월 15일
초판 2쇄 발행 2016년 12월 26일
지은이 강신표
펴낸이 이방원
편 집 안효희 · 김명희 · 이윤석 · 강윤경 · 윤원진 · 홍순용
디자인 박선옥 · 손경화
마케팅 최성수
펴낸곳 세창출판사
출판신고 1990년 10월 8일 제300–1990–63호
주소 120–050 서울시 서대문구 경기대로 88 냉천빌딩 4층
전화 723–8660
팩스 720–4579
이메일 sc1992@empal.com
홈페이지 http://www.sechangpub.co.kr

ISBN 978-89-8411-472-2 04380
     978-89-8411-350-3(세트)

ⓒ 강신표, 2016

이 도서의 국립중앙도서관 출판시도서목록(CIP)은 서지정보유통지원시스템 홈페이지(http://seoji.nl.go.kr)와 국가자료공동목록시스템(http://www.nl.go.kr/kolisnet)에서 이용하실 수 있습니다. (CIP제어번호: CIP2014016719)

석학人文강좌 43

우리 사회에 대한 성찰적 민족지

―대대문화문법과 한국의 문화 전통 연구―

강신표 지음

세창출판사

나는 한국 사회와 문화를 어떻게 진단할 것인가를 일생의 화두로 삼고 고민하고 연구해 왔다. 우리 세대는 한국 사회를 변화시켜야 한다는 강력한 요구를 안고 살았다. 그리고 이렇게 사회를 개혁하고 문화를 발전시키려면 현실 자체를 진단하고 연구해야 했다. 이 같은 문제의식에서 나의 연구는 출발했다. 그렇지만 긴 시간이 지난 오늘 이 같은 평생 과제를 제대로 해결하였는지 잘 모르겠다. 결국 나는 이 모든 노력이 이제는 "지난 시대의 산물"로서 평가받아야 한다고 스스로를 달래고 있다. 다만 확실한 것은 사회 개혁이라든가 사회 진단이라는 상상력 자체가 "근대"에 대한 목마름이 컸던 시대의 절실함이었다는 사실이다.

지난 70년의 세월을 통하여 어렴풋이나마 깨달은 또 다른 생각이 있다. "만법귀일萬法歸一"(여러 가지 세상 이치는 '한 가지'에 귀착한다. 불교에서 흔히 이야기하는 구절이기도 하다. 어떤 깨달음을 뜻한다)과 "일귀하처一歸何處"('한 가지'에 귀착한다면 그곳은 어디로 가는 것이냐?)를 통하여 "홀로와 더불어"라는 "짝"의 개념에 귀착한다는 사실이다. 홀로는 개인적 인간이오, 더불어는 집단적 사회다. 인간과 사회를 감싸고 있는 상황이 문화 전통일 것이다. 인간의 삶은 끊임없이 성장 변화한다. 사회 역시 시대를 달리하면서 변동한다. 문화 전통도 역사적 시간과 공간 속에서 쌓여서 전해 오며 변환을 거듭한다. 따라서 고정 불변하는 것은 세상에 존재하지 않는다.

우리의 삶이 호흡이라는 상반된 공기의 흐름으로 생명이 유지되듯이 변화하는 것과 변화하지 않는 것이 함께 공존하고 있는 것은 역설적이다. 문화의 관점에 따라서는 어떤 것은 만들어진 문화 전통이라고 보고, 어떤 것은 불변한다고 한다. 그러므로 사물을 이해한다는 사실을 문제 삼으려면 먼저 관점이 무엇인가 하는 물음에서부터 출발하여야 할 것이다. 무한대로 존재하는 그 "관점" 중 어느 것이 더 "올바른 것"일까? 2014년 현재 70억 지구인 중 같은 얼굴을 가진 사람은 한 사람도 없다. 한 사람 한 사람이 또 다른 우주를 이루고 있는 셈이다. 한국 사회와 문화에 대한 나의 이 강좌도 바로 그 많은 얼굴의 하나를 보여준다고 해야 한다.

나는 인류학을 인학(人學)으로 정의한다. '인류'를 연구하는 학문이 아니고, '인간'을 연구하는 학문이라고 생각하기 때문이다. 신(神)을 연구하는 학문을 신류학(神類學)이라고 하지 않고 신학(神學)이라고 한다. 역사적으로 인류학은 인간의 기원을 연구하는 것이 중요한 연구 대상 중의 하나였다. 인간의 두개골 화석을 보고 이것이 인류냐 아니면 원류(원숭이 종류)냐를 따지기 시작하였다. 중국 북경 근처 주구점에서 발견된 두개골 화석(시난트롭프스 페키난시스)이 인류냐

원류냐를 따지게 되면서 동아시아에서 인류학이라는 학명이 자리 잡기 시작한다.

잘 알려진 바와 같이 19세기 중엽 다윈의 진화론은 서양 지식인 사회의 중요 쟁점으로 등장하였다. 진화론은 서양에서 자연과학의 비약적 발전과 병행하여 출현한 산업화, 도시화, 그리고 자본주의화 등과 관련된다. 특히 국제정치적으로는 제국주의적 침략과 경쟁이 서양 열강들 사이에서 적극적으로 추진되기 시작했다. 지난 수 세기 동안 서구 열강의 원주민들에 대한 식민 지배는 종식되었으나 그 유산은 여전히 강인하게 남아 있다. 식민 지배에 따른 서구 인류학자들의 반성과 성찰은 인류학의 중요한 과제가 되면서 새로운 방향을 모색하는 또 다른 계기를 제공하였다.

식민지 지배를 지원하는 연구가 아닌 인간, 사회, 문화 등의 실상이 무엇인가라는 보다 근원적인 물음으로 전개되었다. 인류학자들은 자기 "자신들의 삶"을 비추어 보기 위한 "타자에 대한 연구"로 전환하기 시작하였다. 한국문화인류학회에서 출판한 인류학 독본 교재의 제명이 『낯선 곳에서 나를 만나다』라고 한 것은 "자기 자신에 대한 성찰"이 인류학의 중요 과제인 동시에 출발점임을 대변한다.

1960년대 프린스턴 대학의 인문학총서 편집 주간 리처드 슐래터(Richard Schlatter)는 "인류학이야말로 인문학 가운데 가장 과학적인 학문이오, 동시에 모든 과학 가운데 가장 인문학적인 학문"이라고 하면서 다음과 같이 이야기했다.

"지식은 꼭 '사실에 기초'하여 성립하는 것이 아니라 물질과 인간 사이에서 사회 문화적으로 제약된 상호작용 가운데서 이루어지는 것이다. 따라서 … 인류학은 인류학자들의 활동의 산물이다. 보다 구체적으로 말하자면 그들은 특정한 역사적 시공간에서 활동한 집단이오, 구체적으로 따져볼 수 있는 사회적 조건과 문화적 매개변수에 의하여 이루어진 활동의 산물이다."

그리고 이 총서의 하나를 출간한 에릭 울프(Eric Wolf) 교수는 인류학을 "인문학으로서 인류학"으로 다루었다. "학문들 사이에 존재하는 인류학이오, 인간에 대한 총체적이고 통합적인 인류학"을 강조하는 에릭 울프의 주장은 그 후 세계 인류학계의 주류를 이루었다. 21세기 문턱에 섰던 1998년 〈제14차 국제인류학 및 민족학대회(IUAES)〉의 학술대회 의제를 "21세기: 인류학의 세기"로 설정한 것도 같은 맥락이다. 인류학이 21세기에 얼마나 중요한 공헌을 할 수 있는지에 대한 인류학자들의 자신감을 드러내는 의제일 것이다.

한국에서도 21세기가 시작할 무렵 "문화의 세기"라고 21세기를 예견하였다. 정보화시대, 세계화시대, 다문화시대 등의 용어가 일상화된 가운데 "문화 콘텐츠"라는 단어 역시 이들과 함께한다. 세계와 함께할 수 있는 보편적인 문화를 지향하면서 이와 동시에 한국 고유의 문화 콘텐츠를 계발해야 한다. 이른바 "한류"(Korean Wave)는 이 양자를 잘 종합한 데서 비롯한 것이다.

인학(人學)이라는 개념도 "토착적인 인류학"의 가능성을 탐색하는 노력의 산물이다. 다른 한편으로 인학(人學)이라는 표현은 중국 근대사에서 1898년 열강의 이권쟁탈 격화에 반발해서 무술정변을 일으켜 백일천하로 끝난 변법자강(變法自彊)운동을 주도했던 캉유웨이 (康有爲), 량치차오(梁啓超)와 함께 행동한 탄쓰퉁(譚嗣同)에 의하여 주장된 인학(仁學)을 연상시킨다.

탄쓰퉁의 인학(仁學)은 응용불학(應用佛學)이라고도 한다. 그는 19세기 말 중국의 정치 사회적 혼란을 수습하기 위하여 지금까지 지배적인 유학사상은 타파되어야 할 대상으로 보고 불교에서 보이는 만민평등 사상을 새로운 지향점으로 파악하였다. 그의 인학(仁學)은 불학(佛學)을 이야기하면서 동시에 상이한 전통, 학문, 학파를 관통하고 있으며, 중국과 서구를 혼합하고 유학과 불학을 융합하려고 했다. 19세기 말 중국의 전통 질서는 와해되었지만 이것을 대처할 새로운 질서는 정립되지 않았고, 아직 서구 근대의 평등과 자유, 민주와 독립이라는 계몽사상은 중국에 수입되기 이전이었다. 이와 같은 상황 아래 탄쓰퉁이 그의 시대에 가장 절실하다고 생각한 평등 사상을 불학에서 찾았던 것이다.

탄쓰퉁의 인학(仁學)은 중국 사회 개혁을 위한 구체적인 방향을 제시한 것이다. 그리고 이에 기초하여 행동을 실천에 옮긴 것이다. 서구 열강의 제국주의 침략에 맞서 중국 사회를 어떤 방향으로 개혁할 것인가를 고민하면서 중국 전통 사상의 인(仁) 개념을 새롭게 해석하며 인학(仁學)을 논하였다. 나의 인학(人學)은 이러한 거대한 사회 변혁의 청사진을 논한 인학에 비교할 수 없다. 다만 발음상으로 유사성이 있을 뿐이다. 내가 탄쓰통의 인학(仁學)을 주목하는 것은 자기 사회의 내일을 위한 청사진을 모색하는 과정에서 자신들의 전통사상과 대면하고 있다는 사실이다.

인학(人學)과 인학(仁學)의 발음상의 유사성은 그 의미에서도 유사성을 가지고 있다. 인(仁) 자는 두 사람(人이 二와 합함)이라는 관계의 개념이다. 인(人) 자는 "홀로"의 개념이라면 인(仁) 자는 이미 "더불어"의 개념이다. 여기서 우리는 중요한 "성찰"의 실마리를 찾게 된다. 한문자가 가지고 있는 표의 문자적 은유의 역할이다. 은유(metaphor)의 세계는 그 내포와 외연이 유동적이고 변화무상하다. 따라서 한문자를 사용하는 사람들의 무의식 속에 "대대문화문법"[한문자에 내재하는 음양 논리에 기초한 대대(待對)적 인지구조로서, '무의식의 양태'로 한국인의 일상의 행동양식을 지배하는 전통적인 세계관]이 존속할 수 있게 하는 것이다. 나는 바로 이 "대대문화문법"을 중심으로 "우리" 사회를 성찰하는 작업을 수행해 왔다.

이 책은 2012년 4월 21일부터 5월 26일까지 매주 토요일 서울역사박물관에서 열린 석학과 함께하는 인문강좌 제5기의 제3강 "인학(人學), 대대문화문법, 우리사회 – 문화인류학적 성찰"에서 발표한 내용을 일부 수정하고 보완한 것이다. 이 강좌를 주관하고 다시 책으로 출판하는 작업을 총괄하는 한국연구재단은 저서가 전적으로 새로운 내용을 담아야 한다고 강조하였다. 그렇지만 유감스럽게도 이 지침을 충실하게 준수하기는 어려웠다. 결국 본인의 발표나 이것을 수록한 저서 중 상당 부분은 본인이 지금까지 작업해 온 연구들의 연장선상에 놓여 있다. 그 이유는 갑작스럽게 여러 병고가 닥치면서 새로 집필하겠다는 처음의 의욕을 펼치기 어려웠기 때문이다.

그래서 중도에 그만두려고까지 마음먹었으나 원고 정리를 도와준 동아대학교 사학과의 이훈상 교수는 한 시대의 증언이고 고백임을 강조하면서 출간 작업을 계속할 것을 권유하였다. 그리하여 새 세대의 새로운 출발을 위하여 반성과 비판의 디딤돌이 되기로 하였다. 읽는 이들은 이러한 시점에서 나의 글과 만났으면 좋겠다. 그럼에도 불구하고 여기에 담은 내용은 나의 세대가 걸어온 지적 여정이자 절실한 갈구였음을 이야기하고 싶다.

다시 강조하지만 이 작업은 한국 인류학자, 다시 말해서 "토착 인류학자"의 입장에서 한국문화를 설명하려는 지적 여정이다. 인학(人學)이라는 개념 설정 자체가 그러한 함의를 갖고 있다. 본인의 이러한 전문 연구를 일반 대중들과 함께 생각할 기회를 마련하여 준 한국연구재단 '석학과 함께하는 인문강좌' 기획팀에 감사드린다. 아울러 본인의 발표에 토론자로 참가해 주신 함한희 교수, 이훈상 교수, 김홍중 교수께 깊은 사의를 표하며, 사회를 맡아 수고해 주신 한경구 교수께도 고마움을 전한다. 한편 이 강좌의 원고를 준비하는 과정에서 이훈상 교수와 유철인 교수는 특히 많은 자문과 도움을 준 사실도 밝히고 싶다. 더불어 동아대의 이옥부 선생과 박지현 선생 덕분에 많은 것을 정리하여 내놓을 수 있었다. 노학자의 어려움을 크게 덜어 준 두 후학의 헌신에 진심으로 감사드린다. 끝으로 이 책의 출판과 관련해서 애써주신 세창출판사 편집부의 여러분, 특히 김명희 씨의 노고에 고마움을 전한다.

2014년 6월
김해 인제대 연구실에서

강신표

차례

제 5 장 ㅣ 종합토론

제 1 장

—

인학(人學), 한국의 문화 전통 연구

1. "홀로와 더불어" 그리고 "더불어 숲"

    말하는 사람은 듣는 사람을 상대하고 말한다. 듣는 사람이 없다면 혼자서 독백한다. "홀로와 더불어" 이 말은 시인 구상 선생[01]이 즐겨 사용하던 구절이다. 우리는 혼자서 독백을 할 수 있고, 다른 사람과 더불어 서로 대화를 나눌 수도 있다. 인간 존재 자체는 홀로 삶을 살아가야 하는 실존적 존재요, 동시에 타인과 더불어 삶을 살아가는 공동체의 일원으로서 사회적 존재다. 신영복 선생[02]이 이야기하는 "더불어 숲"을 이루고 사는 사람 사는 세상이다. 이 세상에 홀로 태어난 사람은 없다. 모든 사람은 부모로부터 삶을 얻은 것이

---

01   구상 선생(1919~2004, 본명 구상준)은 시인이자 언론인이다. 1919년 서울에서 태어났지만, 유소년기의 대부분은 함경남도 원산부에서 보냈다. 독실한 가톨릭 신자로서 원산 덕원 성베네딕도 수도원 부설 신학교 중등과를 수료하고 니혼 대학 전문부 종교과를 졸업했다. 이후 귀국하여 언론계, 교육계, 문학계 등에 종사하며 문학 활동을 시작했다. 그의 작품은 주로 가톨릭 신앙에 바탕 한 것으로 세계 각국의 언어로 번역되었고 프랑스 문인협회에서 선정한 세계 200대 시인에 들기도 하였다. '홀로와 더불어'는 2002년에 발간한 시집의 제목이기도 하다. 1953년 정착한 이후 대부분의 문학 활동을 했던 경북 칠곡 왜관에 '구상문학관'이 세워졌다.

02   신영복 선생(1941~)은 경남 밀양 출생으로, 경제학을 공부하고 대학에서 경제학을 가르쳤다. 1968년 통일혁명당 사건으로 구속되었다가 가석방되어 풀려난 이후 수감 중 지인들에게 보낸 편지들을 묶어 『감옥으로부터의 사색』을 출간하기도 하였다. 현재는 성공회대 석좌교수로 있다. 신영복 선생 홈페이지의 제목이기도 한 '더불어 숲'은 1997년 중앙일보가 연간 기획으로 구상한 '새로운 세기를 찾아서'에 연재된 글을 모은 것이다. 이 글은 콜럼버스가 신대륙을 찾아 떠난 스페인의 우엘바 항구에서 시작하여 중국의 태산을 마지막으로 47군데의 여행지에서 엽서를 띄우는 형식으로 이루어져 있다.

요, 오랜 보살핌을 받아 성장하고, 다시 자기의 짝을 찾아, 더불어 살다가 홀로 삶을 마감한다. 말하는 사람과 듣는 사람, 그리고 홀로와 더불어, 이 두 개의 짝은 우리의 삶을 가늠하는 기본 축인지도 모른다.

이와 아울러 또 하나의 이야기가 생각난다. "우리들의 삶은 호와 흡(날숨과 들숨) 사이에 있다." 호(呼)만으로 살 수 없고, 흡(吸)만으로 생존할 수 없다. 그런데 이 상반되고 모순적인 두 방향의 공기 흐름이 우리의 생존을 이어가게 만들고 있다. 이 말은 내가 영남대학에 있을 때(1970년대 초반) 동료 교수와 함께 들렀던 통도사 극락암의 경봉 큰스님03이 우리에게 들려준 가르침이다.

오늘 이 자리는 강사와 청중이 더불어 자리를 함께하고 "인문학"을 공부하는 시간이다. 나는 선생으로서 학생들과 공부하면서 일생을 보냈다. 어떤 강의에서나 첫 시간이면 나는 언제나 다음과 같은 나의 화두(話頭)를 던지면서 말을 시작하곤 한다. 이 말은 대학 강의실에서 학부생이나 대학원생들을 상대로, 어떤 때는 외부 강연장에서 일반인을 상대로 어김없이 던지는 나의 첫마디다. 이 화두가 내 강의의 전체적인 윤곽을 그들로 하여금 충분히 짐작할 수 있도록 하기 때문이다.

---

03 경봉정석(鏡峰靖錫, 1892~1982)은 통도사의 스님으로, 경봉은 호이고 본명은 김용국으로 밀양사람이다. 16세에 양산 통도사에 출가한 이래 순회포교사로 전국을 다니기도 했다. 1935년과 1949년에 통도사 주지로 있었다. 1913년 8개월간 통도사에 머물며 화엄경을 강의했던 인연으로 만해 한용운과는 평생 벗이기도 했다.

"세상은 보는 대로 있다."

　이 한마디다. 위에서 두 가지 상반된 짝의 개념을 이야기했다. 그렇다면 이에 대한 짝은 무엇일까? "세상은 있는 대로 본다"라는 말이 앞의 마디에 짝이 될 수 있을 것이다. 우리는 우리의 감각기관을 거쳐 들어오는 모든 감각자료들을 통해서 밖에 있는 세상을 이해한다. 어떤 연구자의 발표에 의하면 감각기관을 통해 들어오는 감각자료의 양은 한 순간에 10만 가지가 넘는다고 한다. 그러나 실제로 우리가 일상적으로 처리하는 자료의 양은 겨우 40~50개에 불과하다고 한다. 결국 우리는 우리가 지각하는 내용 가운데 2,000분의 1만 겨우 "유의미한 감각 자료"로 처리하며 살아가는 셈이다. 유의미한 감각자료로 "선택된 것"은 불과 40~50개뿐인 것이다.

　다시 말하면 우리가 이해하는 세상은 "선택적"으로 지각되고 있는 세상인 것이다. 우리는 모두 같은 세상을 보고 있지만, 사실은 어떤 사람은 이것을 주목해서 보고, 다른 사람은 다른 것에 주의해서 살펴본다. 그러므로 "세상은 있는 대로" 보고, 또한 "세상은 보고 싶은 대로" 있다는 두 가지 상반된 입장이 성립 가능하다. 여기서 어느 쪽이 옳은 것인가를 따질 수는 없다. 철학에서 오랜 세월을 두고 논쟁해 온 경험론과 관념론도 바로 이러한 문제와 관련된 것이라 할 수 있다. 이 자리는 이러한 논쟁이 어떻게 전개되어 왔는가를 검토하는 자리는 아니다. 다만 나는 독자들에게 "생각의 실마리"를 던지려는 것이다.

공부는 "정신적 운동"을 하는 것과도 같다. 흔히 운동이라면 "신체적 운동"만을 생각하기 쉽다. 하지만 따지고 보면 바로 이 "정신적 운동"이야말로 공부의 핵심이다. 정신적 운동을 시작하는 데 있어 "친숙한 것에 의문"을 던져보는 것은 좋은 출발이 될 것이다. "세상은 있는 대로 본다"라는 말을 "세상은 보는 대로 있다"라는 방식으로 한번 바꾸어 생각해 보자. 이 말을 처음 대하는 독자 중에는 "말도 안 되는 소리"라고 일축해 버리는 독자들도 있을 것이다. 그러나 곰곰이 생각해 보면 "그럴 법한 소리 같기도 하지 않은가." 나는 이 책을 읽는 독자들에게 이러한 동참을 유도하고 싶다.

비근한 예를 하나 들어 보자. 극히 개인적인 이야기 같지만 독자들의 이해를 돕는 데 도움이 될 것이라 생각한다. 나는 공군장교로 있을 때 아내를 처음 만났다. 그런데 어느 날 아내가 다음과 같은 이야기를 했다. "서울 시내에 공군 복장을 하고 지나는 사람들이 그렇게 많은 줄 몰랐다"는 것이다. 아내는 공군장교인 나를 사귀고 난 이후에야 서울 시내에서 공군 군복을 입은 군인들을 알아차리기 시작한 것이다. 물론 공군 군복을 입은 군인들은 그전에도 많이 있었겠지만 나를 만나기 전 아내에게는 전혀 눈에 띄지 않는 사람들이었다. 아내에게 공군 군복은 선택적으로 지각하는 항목에 포함되지 않았던 것이다. 그러다가 나를 사귀면서 공군 군복을 입은 군인들을 감지하기 시작한 것이다. 있었지만 보이지 않았고, 관심이 있고 보니 보게 되었다. 과연 어느 쪽이 먼저일까? 있는 것과 보는 것, 둘 중에서.

이야기를 약간 바꾸어 보자. 상반된 두 가지 짝을 논한다면 아마 "하늘과 땅"이라는 개념만큼 우리에게 친숙한 것도 없을 것이다. "하늘과 땅", 천자문의 첫 구절이다. 천자문은 '하늘 천, 따 지, 검을 현, 누를 황'으로 시작한다. 하늘은 검고 땅은 누르다는 뜻이다. 이어서 우주홍황, 곧 우주는 넓고 거칠다는 뜻이다. 전통시대 한국 어린아이들이 처음으로 배웠다는 천자문은 "하늘과 땅"이 두 개의 짝으로 위와 아래, 즉 "상하의 관계"로 존재한다는 것을 제일 먼저 가르쳤다.

그렇다면 오늘날 초등학교에서 처음으로 배우는 개념은 무엇일까? 지금의 아이들은 너무나 많은 정보의 홍수 속에 살고 있기 때문에 처음 배운 것을 따지는 것 자체가 무의미할지도 모른다. 내가 약 10년 전쯤에 확인해 본 바로는 "나, 너, 우리"였다. 하늘과 땅을 처음 배우는 학생들과 나, 너, 우리를 처음으로 배우는 학생들에게 머릿속에 처음 각인(파서 새겨 넣다)되는 것은 어떻게 다를까? 하늘과 땅은 단순히 실제의 하늘과 땅만을 지칭하는 한정된 단어는 아니다. 뜻글자(표의문자)의 일종인 한자는 많은 은유(metaphor)를 내포하고 있다. 천지는 남녀, 노소, 상하, 선후, 음양, 이기(理氣), 내외 등으로 무한대로 확대될 수 있는 뜻을 지니고 있다.

한국사회는 이러한 한자를 사회문화적 질서의 근간으로 삼았던 시대에서 한글이 일상 언어의 중심이 되는 시대로 바뀌어 왔다. 그리고 이제 예전 한자의 위상에는 영어가 자리 잡고 있다. 이에 따라 한국사회는 영어문화권에서 통용되는 사회문화적 질서의 영향을 더 이상 피해갈 수 없다.

국어교과서 편찬자에 따르면 우리에게 가장 가까운 개념은 "나"로, 바로 개인을 가장 우선적인 대상으로 보았다고 한다. 그리고 "나"의 짝으로서 "너"가 존재한다. 더 나아가서 "나와 너"의 합은 다시 "우리"라는 통합된 개념의 짝으로 존재한다. 한자에서 한글로 한국의 일상 언어가 바뀌었지만, "짝"이라는 개념은 여전히 나, 너, 우리와 같은 개념들을 열거하게 하는 무의식적 규제로 작용하고 있는 것이다.

그런데 "나"라는 개념을 처음으로 설정했다는 것은 어떤 의미일까? 한국말은 영어와 달라서 주어를 생략하는 경우가 많다. 말하는 사람이 굳이 주어를 표시하지 않아도 듣는 사람이 쉽게 주어를 알아차리는 것이 한국말의 특징 중 하나이다. 이와 달리 영어는 주어가 없이는 문장이 성립하지 않는다. 물론 일상적으로 언어를 사용하는 경우, 즉 사회언어학적 논의라는 측면에서 보면 주어가 생략되는 경우도 많이 있다. 그러나 상대적 관점에서 양자의 차이를 살펴본다면, 분명 영어에 비해 한글과 한문에서 주어가 생략되는 경우가 많은 것을 쉽게 알 수 있다. 그렇다면 초등 국어교과서에서 "나"를 강조하고 있는 것은 영어문화권의 영향에 따라 개인주의적 사상이 가미된 것으로 볼 수 있지 않을까. 반면 "우리"를 강조하는 것은 한자문화권의 영향 속에서 형성된 집단주의적 사상이 여전히 남아 있는 것으로 보아야 하지 않을까. 물론 이러한 구분이 오늘날과 같은 세계화시대, 정보화시대에 과연 타당한 것인가라는 반문이 있을 수도 있을 것이다. "홀로와 더불어"라는 개념을 중심으로 시작된 이야기가 "짝"의 개념으로까지 확대되었다.

"뭐 한 가지라도 똑 떨어지게 알아라."[04]

이것은 김석진 선생이 『천자문』 강의를 하면서 강조한 말이다. 그의 설명에 의하면 "한자 자체가 뜻글자이기 때문에 천자문이든 주역이든 아니면 논어나 맹자든 선후가 없고, 더 중요하고 덜 중요하고가 없다"고 하면서 "천자 하나만 똑 떨어지게 알아도 다른 글을 이해할 수 있다"고 하였다. 또 이어서 다음과 같이 주장했다. "천자문이라는 것을 옛날에 아이들이 배운 글이고, 학문의 초입에 놓였다는 고정관념을 갖지 말아야 합니다. 그리고 여기에도 역시 천지(天地)의 이치가 들어 있으며, 이를 잘 깨치면 모든 걸 알 수 있는 글

---

04 김석진, 2012, 『대산 천자문 강의』, 동방문화, p.6; 김석진 선생(1928~ , 충남 논산 출신)은 자타가 공인하는 현존 최고의 주역학자로 통한다. 어린 시절 조부 밑에서 천자문, 사자소학, 소학, 동몽선습, 통감, 사서 등을 배웠다. 58세에 서울 함장사(含章寺)에서 대학과 주역 강의를 시작으로 25년간 서울을 비롯한 각 지역에서 사서삼경을 강의했다. 1987년 홍역학회를 설립했고, 현재는 이를 계승 발전시킨 (사)동방문화진흥회의 명예회장이다. 저서로는 『대산 주역강의』, 『대산의 천부경』 등이 있다.

이라는 생각을 해야 합니다."[05]

이와 관련하여 나는 김석진 선생의 천자문에 대한 설명에서 4자로 구성된 한 구절이 다음에 뒤따르는 4자에 대하여 각기 "안짝"과 "바깥짝"으로 존재한다고 하는 해설을 각별히 주목하고 싶다. "홀로 와 더불어"가 "안짝과 바깥짝"으로도 확장될 수 있는 것이다. 요컨대 천자문의 기본 구조는 안짝과 바깥짝으로 구성되어 있다.

김흥호 선생[06]의 공부 방법도 이와 비슷하다. 나는 1970년대 말 영남대에서 이화여대로 자리를 옮기면서 내 연구실 바로 아래층에서 강의하던 김흥호 선생의 철학개론 수업을 청강할 기회가 많았다. 지금도 그때 들었던 강의 중 한 꼭지를 기억하고 있다. "공부"라는 한자를 파자(破字)로 설명하는 것이었다. 공(工)자의 위아래에 있는 일(一)자는 하늘과 땅을 의미하고, 가운데 세로로 하늘과 땅을 연결하는 일(丨)은 사람이라는 것이다. 즉 선생의 표현을 빌리면 "공부는 하늘과 땅을 꿰뚫는 것"으로, 배운 것을 자기 것으로 체화하는 것이다. 다시 말해서 단순히 배운 것을 기억하는 것이 아니라 그 속에 있는 이치를 깊고 넓게 파헤쳐 스스로 깨달음을 터득해야 한다는 의미로 되새길 수 있을 것이다.

---

05 김석진, 위의 책, p.7.
06 김흥호 선생(1919~2012)은 한국을 대표하는 철학자 중 한 명인 다석 류영모(1890~1981) 선생의 제자로, 전 이화여대 기독교학과 교수이며, 목사이자 신학자였다. 동서양 철학의 대가로 기독교뿐 아니라 유·불·선을 한데 꿰뚫는 선지식으로 더 잘 알려져 있다. 주요 저서로는 동양 고전에 대한 다수의 주해서와 설교집이 있으며, 제자들에 의해 150여 권에 이르는 『김흥호 사상전집』이 출간될 예정이다.

김홍호 선생의 방법에 따른다면 김석진은 천자문을 안짝과 바깥짝으로 꿰뚫은 것이오, 나는 다시 홀로와 더불어라는 짝으로 이해 가능하다고 보는 것이다. "뭐 한 가지라도 똑 떨어지게 알아라"라는 지적은 공부하는 사람이 "자기 식으로" 이해함을 "꿰뚫은 것"으로 여기는 것이다.

나는 '만법귀일'(萬法歸一: 만 가지 진리는 하나로 귀속되나니)이라는 불교에서 흔히 화두공안(話頭公案)으로 사용하는 이 구절을 좋아한다. 그래서 이 구절에 '일귀하처'(一歸何處: 그러면 그 하나는 어디로 다시 되돌아가는고?)라고 짝을 만들어 보기도 했다. 두 개의 짝을 만들고 보니 천지인(天地人) 삼재(三才)가 생각나서 다시 하나를 더 만들어 붙였다. '생사불이'(生死不二: 삶과 죽음이 둘이 아니다)라고.

내가 영남대학에 있을 때는 서울에서 열리는 학회 참석차 열차를 이용하는 일이 많았다. 한번은 어떤 스님과 나란히 앉은 적이 있었는데, 이야기를 나누다 보니 스님이 지난 1년간 세계를 운수행각하고 귀국하는 길임을 알게 되었다. 놀라운 일이었다. 한국의 젊은 스님이 세상을 상대로 운수행각의 수도하는 수행 길을 찾아 나섰다는 사실이 놀랍고도 반가웠다. 불교에 대한 나의 관심을 이야기하자 스님은 곧 임종을 앞둔 화계사의 큰스님 한 분을 만나보는 것이 좋을 것이라는 이야기를 들려주었다.

스님의 목적지까지 동행한 후 나는 곧바로 수유리에 있는 화계사로 달려갔다. 지금 큰스님의 법명을 잊었지만, 나는 임종 직전에 있던 큰스님을 잠깐 만나볼 수 있었다. 임종 직전이라 간단히 인사만 한 후 "한 말씀"을 부탁드렸더니 다음과 같이 말하였다. "금강산 일만 이천 봉을 한 팔에 안았더니, 참 기분 좋다더라. 알겠냐?! 잘 생각해 보게나."라고 하며 가파른 숨을 이어가던 것이 생각난다. 방을 나오면서 "금강산 일만 이천 봉을 한 팔에 안았다."는 표현을 생각하니 내 머릿속에 겸재 정선의 그림 〈금강전도(金剛全圖)〉가 떠올랐다. 그 그림은 금강산 일만 이천 봉을 둥근 원(圓) 속에 그려 놓고 있어, 큰스님이 말한 "한 팔에 안았다"는 표현과 일맥상통하는 면이 있었다. '만법귀일'과도 통하는 말로 들렸다. 일만 이천 가지 다양한 봉우리들을 한 팔로 안을 수 있다는 뜻일 것이다. 이른바 '일이관지'(一以貫之: 하나로 꿰뚫는다)라는 표현과도 같은 맥락에서 이해할 수 있는 내용이다.

나는 한국사회와 문화를 어떻게 진단할 것인가를 두고 일생을 통해 연구해 왔다. 나의 세대는 한국사회가 변화되어야 한다는 시대적 요구가 절대적인 위력을 행사하던 때였다. 한국사회의 개혁과 발전을 위해서는 가장 먼저 실태에 대한 연구가 필요했다. 즉 사회 개혁의 방향을 제대로 설정하고, 이를 실천에 옮기기 위해서는 그에 앞서 엄밀한 진단을 내려야만 했던 것이다. 이러한 문제의식에서 출발한 내 연구의 결론은 아직도 진단의 차원에서 맴돌고 있다. 그러나 지난 70년의 세월 속에서 내가 얻은 결론의 중심에는 '만법귀일'이 있으며, 다시 '일귀하처'냐고 묻는다면 나는 "홀로와 더불어"라는 "짝"의 개념에 귀착되고 있다고 할 것이다.

　홀로는 개인적 인간이오, 더불어는 집단적 사회다. 인간과 사회를 감싸고 있는 상황은 문화 전통이다. 인간의 삶은 끊임없이 성장하고 변화한다. 사회 또한 시대를 달리하면서 변동한다. 문화 전통도 다르지 않아 역사적 시간과 공간 속에서 변환을 거듭한다. 이렇게 보면 고정 불변하는 것은 세상에 존재하지 않는다고 할 수도 있을 것이다. 그러나 한편으로는 역설적이게도 우리가 호흡이라는 상반된 공기의 흐름으로 생명을 유지하고 있듯이 변화하는 것은 변화하지 않는 것과 함께 공존하고 있기도 하다.

　무엇을 만들어진 문화 전통이라고 보고, 무엇을 불변하는 것으로 보느냐 하는 문제는 관점에 따라 다를 것이다. 그러므로 사물을 이해한다는 것은 관점의 "입장(立場)"이 어디인가를 묻는 데서 출발해야 한다. "입장"은 무한으로 존재한다. 어느 것이 올바른 것인지는 따질 수 없다. 세상에 존재하는 70억 인구 가운데 같은 얼굴을 가진 사람이 한 사람도 없듯이, 모든 사람의 생활세계는 각기 다른 우주를 이루고 있다. 이 글에서 나는 한국사회와 문화를 이해하는 여러 가지 "방편" 가운데 나의 "입장"에서 바라보는 하나의 방편을 소개하고, 이러한 나의 입장을 독자들과 함께 검토해 보고 싶다.

2. 인학(人學, 사람學, Inhahk), 인학(仁學, 런쉐, Ren Xue), 그리고 인류학

나는 인류학을 인학(人學)이라고 정의한다. 인류학은 인류를 연구하는 학문이 아니라 인간을 연구하는 학문이다. 신(神)을 연구하는 학문을 신류학(神類學)이라고 하지 않고 신학(神學)이라고 하는 것과 같은 맥락이다.

역사적으로 인간의 기원을 밝히려는 연구는 인류학에서 중요한 연구 대상 중 하나였다. 발견된 인간의 두개골 화석을 대상으로 이것이 인류인지 원류(원숭이 종류)인지를 따지는 것이 시작이었다. 중국의 북경 근처에 있는 주구점에서 발견된 두개골 화석(시난트롭프스 페키난시스)을 두고 이것이 인류인지 원류인지를 따지게 되면서 동아시아에서도 인류학이라는 학명이 자리 잡기 시작했다.

19세기 중엽 다윈의 진화론은 서양 지식인 사회에서 가장 중요한 쟁점의 하나로 등장했다. 진화론은 서양의 사회문화적 상황 속에서 자연과학의 비약적인 발전과 이에 수반하여 전개된 산업화, 도시화, 자본주의화 등과도 관련이 깊다. 특히 국제정치적으로 서구 열강들의 제국주의적 침략과 경쟁이 과열된 이면에는 진화론의 직·간접적 영향이 크다고 할 수 있다.

제국주의 단계에 접어든 서구 열강들은 산업화에 필요한 원자재를 찾아 나서는 동시에 그들이 생산한 공업제품을 안정적으로 팔

수 있는 시장을 찾아야 했다. 그 과정에서 무력과 폭력을 수반한 아시아와 아프리카를 향한 침략전쟁이 시작되었다. 곧 식민지 쟁탈전이다. 제국주의 열강들은 세계 각지에서 식민지 쟁탈전을 수행하는 한편, 장악한 지역의 식민지인들을 어떻게 지배하고 통치할 것인가하는 실제적인 문제들도 해결해야 했다. 역사와 문화, 사회조직과 종교가 전혀 다른 이민족을 지배하는 일은 결코 쉬운 일이 아니었다. 특히 식민 통치를 위하여 무자비한 약탈과 착취를 단행해야 하는 경우 원활한 목적달성을 위해서라도 고도의 통치 전략과 전술은 반드시 필요하다. 인류학의 기원 중 일부는 바로 이러한 필요나 요구와 관련이 있었다. 인류학자는 식민지 통치자의 정책 입안에 필요한 자료를 수집 하고 정리, 보고하는 일의 선두에 있었다. 식민지 수탈의 일차적 목표가 정치·경제적 분야에 있었던 것은 사실이지만, 이것이 식민지 사람들의 역사와 문화를 이해하지 않고서는 달성하기 어려운 목표였던 것도 분명한 사실이었다.

식민지 사람들을 바라보는 통치자들의 시각은 그들의 세계관이라는 안경을 통해서 만들어진다. 식민지 사람들 역시 자신들의 역사와 문화적 전통 속에서 형성된 세계관을 통해 통치자들을 바라본다. 이처럼 상이한 세계관을 가진 사람들이 만나 지배와 피지배 관계를 형성하게 될 때, 그곳에서 많은 오해와 갈등, 그리고 무자비한 폭력과 전쟁이 수반되는 것은 어쩌면 당연한 일일 것이다. 지난 몇 세기 동안 아프리카, 아시아, 오세아니아, 중남미 등에서 벌어졌던 서구 열강과 원주민 사이의 수많은 갈등은 이제 역사 속으로 사라졌지만, 원주민들의 생활과 문화적 전통에 대한 인류학자들의 연구 기록들은 여전히 중요한 역사적 증언으로 남아 있다. 그리고 이러한 연구들은 식민지 지배를 지원하던 과거의 모습과는 달리 이제 새로운 연구방향을 설정하고 있다.

오늘날의 인류학자들은 '인간, 사회, 그리고 문화 등의 실상이 무엇인가'라는 보다 근원적인 물음에 주목한다. 식민지가 소멸한 오늘을 사는 서구의 인류학자들은 자기 "자신들의 삶"을 비추어 보기 위해 "타자의 연구"로 그 방향을 전환한 것이다.[07] 이러한 전환은 역으로 "자기 자신의 성찰"로 직결되는 것이기도 하다. 그러므로 한국문화인류학회에서 출판한 인류학 독본 교재의 제목 『낯선 곳에서 나를 만나다』[08]는 이러한 전환을 너무도 시의적절하게 보여주고 있다고 생각한다.

지난 200여 년은 서양열강들이 아시아, 특히 한·중·일을 포함하

---

07 김광억에 따르면 영국과 프랑스 인류학자들은 아직도 자기나라의 사회문화를 연구하는 경우가 드물다고 한다. 그들은 과거의 자기 나라 식민지를 연구하는 것이 지금까지도 이어져 오고 있음을 비판하면서, 제3세계 인류학자들은 한때는 피식민지 사람으로서 정보제공자 노릇을 담당했던 "타자"였고, 오늘날은 다시 자기 사회를 다른 사회문화의 거울로 비추어 보는 또 다른 "타자"의 위치에 있음을 지적했다. 그러나 여기서 한 가지 짚고 넘어가야 할 점이 있다. 본인이 알고 있는 한에 있어서 유럽 학계는 자기 나라 사회문화를 연구하는 것은 사회학의 몫이고, 다른 나라를 연구하는 것은 인류학(민족학)이 담당하는 것으로 제도적 분과를 이루고 있다. 『동아시아 인류학적 재현: 비판적 성찰』 국제학술대회, 2011. 12. 9. 서울대, 김광억 기조강연, "Anthropological Creation of East Asia: A Critical Reflection —With reference to notions of politics of culture, state—society relations and civilization."

08 한국문화인류학회 엮음, 1998, 『낯선 곳에서 나를 만나다』, 일조각.

는 동아시아로 그 세력을 확대하던 서세동점(西勢東漸)의 시대였다. 이에 따라 한·중·일 삼국은 서구 열강의 제국주의와 밀접한 관계를 가지게 되었다. 그 과정에서 특히 한국은 큰 수난을 경험하기도 했다. 여기서 나는 두 가지를 이야기하려 한다. 우리가 경험한 역사적 사건들이 오늘날 한국의 사회문화적 현실을 이해하는 데 중요한 실마리를 제공하고 있다는 점이다. 인학(문화인류학)적 관점에서 볼 때 이러한 사건들에 대한 이해없이는 한국, 중국, 일본 등 동아시아 삼국의 현재를 이해할 수 없다고 본다. 동아시아 삼국이 경험한 여러 사건들은 이들 국가들이 얼마나 밀접하게 관련되어 있는가를 잘 보여준다. 이것은 동시에 동아시아 삼국이 오랜 세월, 장기적으로 2천년 이상의 시간을 긴밀한 관계 속에서 함께 살아 왔다는 의미이기도 하다.

이번 '석학과 함께하는 인문강좌 제5기' 1강에서 최문형 선생은 "한국 근대사 연구의 쇄국화를 막기 위하여"라는 제목으로 청일전쟁과 러일전쟁이 우리에게 어떤 의미를 지니고 있는가를 밝힌 바 있다. 오늘날 많은 대학에서 역사학과는 한국사학과, 동양사학과 그리고 서양사학과 등으로 나뉘어 있다. 이에 따라 연구자들이 학생들을 가르치거나 스스로 연구하는 데 있어 각자의 영역을 한정하는 폐단을 낳기도 한다. 인류학의 경우에도 크게 다르지 않다. 거시적 입장에서 역사적 맥락에 대한 이해를 구하기보다는 외국의 새로운 이론에 주의를 기울이고, 이를 소개하는 데 급급할 뿐이다. 그러므로 이러한 한국학계의 폐쇄적인 분위기에 대한 최문형 선생의 경고는 특별한 의미를 가진다.

앞에서 지적했듯이 "세상은 보는 대로 있다"면 연구자가 각자 자기의 "입장"에 따라 달리 보는 것은 불가피한 것인지도 모른다. 그러나 오래된 지혜의 문제인 "견문이 얼마나 넓은가?"라는 것을 생각해 보면 이야기는 달라진다.[09] 최문형 선생의 지적대로 "제국주의 시대에 해당되는 한국 근대사 이해에 있어 역사를 일국화하려는 내셔널리즘, 즉 역사 교육의 '쇄국화'는 반드시 막아야 한다. 이것이 '세계사의 흐름 속에서 우리 역사의 객관적 위치를 밝히는' 길이기도 하다." 세계화 및 정보화 시대에 있어서 이러한 지적 자세는 우리에게 절실히 요청되는 내용이기도 하다.

여기서 나는 처음에 언급하고 시작한 '홀로와 더불어'의 문제를 다시 상기하고자 한다. 학문마다 하나의 전통이 있다. 연구 주제의 대상이 있고, 연구 방법의 특징이 있다. 이러한 대상과 방법의 문제는 그 학문의 역사적 배경과 연관되어 있다. 인류학이 식민지를 가

---

09 "군자불기(君子不器)"라는 말이 있다. '군자(君子)'란 소인(小人)과 상대적인 개념으로, 유연한 사고와 학식(學識)을 두루 갖추고 있으며, 사회적 위상보다는 도덕적 품성이 높은 사람을 지칭한다. '불기(不器)'란 그릇이 아니라는 의미로, 종묘에 사용하는 제사 그릇과 달리 군자는 그 쓰임새와 크기가 정해져 있지 않다는 말이다. 그러므로 '군자불기'는 곧 '대도불기(大道不器)'(『예기』 학이편)라고 할 수 있다. 큰 도는 세상의 이치를 두루 꿰뚫고 '소소한 지식(小知)'에 연연하지 않는 회통(會通)과 통섭(通涉)의 사유다. 이것이 군자의 앎이자 실천이다. 당나라 유지기(劉知幾)는 박식(博識)과 견문(多聞)을 군자의 덕목으로 보았다. 많이 배우고 견문을 넓혀야 욕망을 합리화하는 내 속의 작은 그릇을 없앨 수 있기 때문이다. 또한 이로써 지나친 격식이나 과거에 얽매이는 것에서도 벗어날 수 있는 것이다.

진 서구 제국주의 열강 국가들과 밀접하게 연관되어 있었음은 이미 앞에서 지적하였다. 그러나 이제 인류학은 더 이상 제국주의 시대의 학문이 아니다. 그리고 각 나라들은 독자적으로 학문적 전통을 발전시키고 있다. 한국인류학자들은 세계 각국에서 인류학 및 민족학적 훈련을 받은 후 한국사회를 연구하고, 동시에 다른 나라들을 연구하면서 차원을 점점 깊게 넓혀가고 있다.[10]

1960년대 에릭 울프(Eric Wolf)는 프린스 대학 "인문학 총서" 가운데 인류학을 "인문학으로서 인류학"[11]으로 다룬 적이 있다. 이 인문학 총서의 편집 주간인 리처드 슐래터(Richard Schlatter)는 말하기를 "인류학이야말로 인문학 가운데 가장 과학적인 학문이오, 동시에 모든 과학 가운데 가장 인문학적인 학문"이라고 하면서, 에릭 울프가 이러한 점을 이 책에서 극명하게 보여주고 있다고 평가하였다. "지식은 꼭 '사실에 기초'하여 성립하는 것이 아니라 물질과 인간 사이에서 사회문화적으로 제약된 상호작용 가운데서 이루어지는 것

---

10 한국문화인류학회 편, 2008, 『문화인류학 반세기』, 소화. 한국 문화인류학 반세기의 성과를 총정리하였다. 한국 인류학자의 한국문화 연구뿐 아니라 타문화 연구 성과까지 총괄하고 있다. 여기서 한 가지 지적해 두고 싶은 점은 「한국에서 문화와 언어에 대한 인류학적 연구의 성과와 과제」(김주관)에서 나의 지난 40년 동안의 한국문화 연구에 대해서는 한마디의 언급도 없다는 것이다. 아직도 한국학계에 '패거리 문화'가 사라지지 않았기 때문일 것이다. 김상훈, 2007, 『패거리 문화의 해악: Crony Culture』, 세종출판사. 나의 '대대문화문법'으로 풀이하면 이러한 현상은 '집단성'의 한 측면이다. 끼리끼리 모여서 논하며, 공정성이나 객관적 입장에 서야 할 '학자로서의 자세'는 부족한 것이다. 문화문법이 그러하다면 이를 피해가기는 쉽지 않을 것이다. 박노자·허동현 공저, 2009, 『길들이기와 편가르기를 넘어: 한국 근대 100년을 말한다』, 푸른역사.

11 Wolf, Eric, 1964, *Anthropology*, The Princeton studies: humanistic scholarship in America, Englewood Cliffs: Prentice—Hall.

이다. 따라서 미국 인류학은 인류학자들의 활동의 산물이다. 보다 구체적으로 말하자면 그들은 특정한 역사적 시공간에서 활동한 집단으로서, 주어진 사회적 조건과 문화적 매개변수에 의존하여 활동하였다."

여기서 지식이 꼭 "사실에 기초"한 것은 아니라는 지적은 내가 앞에서 언급한 "세상은 보는 대로 있다"와 관련된다. 나는 에릭 울프의 다음과 같은 언급에 더욱 공감한다. "미국인류학이 특별히 강조하는 특징 가운데 하나는 학제적 연구방식이다. 다른 나라 인류학의 학문적 전통과 극명하게 대조적인 것은 몇 개의 학문적 분과가 통합적으로 교육하고 연구하고 있다는 점이다. 즉 인간 생물학, 언어학, 선사학(先史學), 민족학 등을 결합하고 있어서, 다른 분과 학문들이 세분화를 지향하고 있는 것과 달리, 인류학은 지적인 종합을 더 중요하게 여기고 있다. 따라서 미국인류학은 여러 '학문들 사이에 존재하는 한 학문'으로 성장해 왔기 때문에 단순히 다른 분과 학문과는 근본적으로 다르다. 나의 생각에 이러한 점이야말로 인류학의 자랑스러운 점이며, 인류학만이 공헌할 수 있는 점이라고 여긴다. … 미국인류학이 과거에도 그러하였듯이 계속하여 '인간에 대한 총체적이고 통합적인 학문'(an integrated and integral Science of Man)이기를 앞으로도 기대한다."**12**(* 밑줄은 필자가 추가)

---

12 Wolf, Eric, 1964, 같은 책, 서문에서, p.x.

이러한 미국 인류학적 전통은 유럽의 영국, 프랑스, 독일 등의 나라에서 인류학자를 훈련시키고 키우는 방식과 차이가 있다. 개인지도(tutorial system)를 중심으로 하는 유럽방식과 달리, 학생들이 자기의 세부 전공분야로 나가기 전에 기초적 기본 훈련의 일환으로 인문학, 사회과학, 자연과학 등의 모든 분야를 섭렵하게 한다는 것이 미국인류학의 특징이다. "학문들 사이에 존재하는 인류학이오, 인간에 대한 총체적이고 통합적인 인류학"을 강조하는 에릭 울프의 주장은 오늘날 세계인류학계의 주류를 이루고 있다. 그래서 21세기 문턱에 섰던 1998년 '제14차 국제인류학 및 민족학대회'(IUAES)는 학술대회 주제를 "21세기: 인류학의 세기"라고 내세웠던 것이다.[13] 인류학이 21세기에 얼마나 중요한 지적 공헌을 할 수 있을 것인가에 대한 인류학자들의 자신감을 엿볼 수 있게 하는 주제다.

그러나 나는 인류학에 있어서도 "홀로와 더불어"의 측면은 존재한다고 본다. 다시 말해서 인류학이라는 학문도 한국인의 역사와 문화적 전통에 접목되어야 한다고 본다. 21세기가 시작할 무렵 21세기는 "문화의 세기"라고 공공연하게 규정되었다. 정보화시대, 세

13 당시 한국에서도 다가오는 21세기는 "문화의 세기"가 될 것이라는 전망이 제기되어, 이에 대한 여러 가지 예측들이 유행하기도 했다. 4년마다 열리는 국제학술대회를 주관하는 '국제인류학 및 민족학회'는 "21세기: 인류학의 세기"를 주제로 정했다. 이는 인류학이 문화를 다루는 학문으로서 가장 주도적인 학문이라는 자신감에서 비롯된 것이다. 즉 "문화인류학"은 인류학 내에서도 주된 분과로, 한국문화인류학회는 2008년 학회 창립 50주년 기념 학술행사를 열기도 했다. 21세기에는 한국사회학회 회원 가운데 일부가 본격적으로 "문화사회학회"라는 분과학회를 만들어 활동을 시작했다. 이에 따라 문화 콘텐츠, 다문화 등 문화와 관련된 단어들이 주도적인 키워드로 전방에 등장하고 있다.

계화시대, 다문화시대 등의 용어가 일상화된 가운데 "문화 콘텐츠"라는 단어 역시 이들과 함께하고 있다. 세계와 함께할 수 있는 보편적인 문화를 추구해야 하는 동시에 한국 고유의 문화 콘텐츠를 계발해야 한다. 이른바 "한류(Korean Wave)"는 이 양자를 잘 종합한 데서 비롯되었다.

인학(人學)[14]이라는 표현도 "토착적인 인류학"의 가능성을 탐색하고자 하는 노력의 일환이다. 다른 한편으로 인학(人學)이라는 표현은 중국 근대사에서 캉유웨이(康有爲), 량치차오(梁啓超)와 더불어 "변법자강운동(變法自彊, 1898)"을 이끌었던 탄쓰퉁(譚嗣同)이 주장했던 '인학(仁學)'을 연상시킨다. 탄쓰퉁의 인학(仁學)은 응용불학(應用佛學)[15]이라고도 한다. 그는 19세기 말 중국의 정치·사회적 혼란을 수

---

14 전경수의 연구에 따르면 동경대학 총장을 역임했던 가토 히로유키(加藤弘之)가 anthropologie(독일어)를 1879~1880년 사이에 인학(人學)으로 번역했다고 한다. 전경수, 2011, 「'토속학'에서 '민속학'으로: 일본인류학사에 나타난 학명의 변천과 학문 정체성」, 『비교민속학』, 제46집, pp.182-183. 전경수는 2011년 9월 10일 이메일을 통해 인학(人學)이라는 용어를 내가 스스로 창안한 것인지 아니면 다른 사람의 것을 차용한 것인지 질문했다. 이에 대해 나는 바로 다음날인 9월 11일 8개 항목에 걸쳐 장문의 답장을 보냈다. 첫 번째 항목에서 나는 [인학은] "내가 창안한 것이오. 선행사례가 없소."라며 나의 입장을 분명하게 밝혔다. 그리고 내가 이 용어를 처음 사용한 것은 1974년으로, 1973년 미국 유학에서 돌아와 바로 사용하기 시작했다는 사실도 알려주었다. 그러나 전경수는 일본인 학자 與那覇 潤의 논문, 2003, 「근대일본에 있어서 '인종'개념의 변용: 坪井正五郎의 '인류학'에 관련된 것들을 중심으로」(일본어 번역), 『民族學硏究』, 68(1): 85-95에서 일본 학자 가토 히로유키가 1879~1880년 무렵에 인학(人學)이란 용어를 사용했다는 사실을 인용하고 있다. 여기서 중요한 점은 일본과 한국이 한자문화권에 공동으로 속해 있기 때문에 약 100년의 시차를 두고 동일한 번역 용어가 출현가능하다는 점이다. 그러나 가토 히로유키의 인학은 어디까지나 번역상의 문제에 한정되지만, 나는 번역을 넘어 "토착화 학문"의 길을 찾는 작업의 일환이었다는 점이 다르다. 전경수가 간접적인 자료를 통하여 일본인 학자가 人學이라는 용어를 이미 사용한 적이 있음을 밝혀낸 것에 대해서는 감사한다.

15 중국인민공화국의 사회주의 치하에서 종교는 처음부터 인정되지 않았다. 유교는 유학이라고 불렸으며, 불교도 불학이라고 불렀다. 그러므로 중국에서 말하는 응용불학은 응용불교를 가리킨다.

습할 목적으로 지금까지 지배적인 위치를 차지해왔던 유학 사상을 타파하고 불교에서 보이는 만민평등 사상을 새로운 지향점으로 삼고자 하였다. 그의 인학(仁學)은 상당히 혼란스러운 글이라고 한다. 불학(佛學, 곧 불교)을 이야기하면서 동시에 상이한 전통, 학문, 학파를 관통시키려 하고, 중국과 서구를 혼합하고 유학과 불학을 융합하려고 했다. 에테르(ether)[16]를 다루면서 인(仁), 원(元), 성(性)뿐만 아니라 묵가(墨家)의 겸애(兼愛)와 불가(佛家)의 자비, 흡입력 등을 하나로 혼합하여 논하기도 하였다.

　당시의 상황으로 볼 때 학문적 엄밀성보다 시대의 맥박에 호응하고 사회변혁의 열정을 호소하는 데 있어서 인학(仁學)은 중요한 역할을 하였다고 한다. 천샤오밍(陳曉明) 등이 요약한 바에 따르면 "인학(仁學)의 핵심은 불학으로 이학[성리학]을 비판하고 유신을 선전하며 윤리를 계몽하는 것이었다. 응용 불학은 여기서는 곧 정치 불학이었다." 전통 질서가 와해되고 새로운 질서를 찾는 과정에서, 당시 서방 근대의 평등과 자유, 민주와 독립이라는 계몽사상이 아직 중국에 수입되기 전, 그는 불학에서 가장 필요하다고 느끼던 평등사상을 찾았던 것이다. 그리고 이것을 간접적으로 습득한 서학의 평등사상과 동일시하기도 했다. 즉 "불학의 평등관으로 유학의 윤리관을 대체하였고, 불학의 언어로 근대의 이상을 적절하게 전달"할

16　19세기 서구 과학계에 풍미하던 빛이나 전자파를 매개한다고 믿었던 가상적 물질. 지금은 그 존재가 부정되었다.

수 있다고 보았다.

탄쓰퉁이 사용하는 인(仁)의 개념에 대하여 천샤오밍 등은 또 다음과 같이 설명하고 있다. 인(仁)은 물질의 속성을 가진 '에테르'이면서, 또한 정신의 속성을 가진 심력(心力)이기도 하다. 인(仁)은 이름이지만 명칭만으로 그것을 지칭할 수는 없다.[17] 그래서 그는 인(仁)을 일종의 "공능(功能)"으로 보고, 우주 만물이 만나고 "소통하는 공능"으로 정의했다. 따라서 인(仁)을 소통의 공구로 본다면 에테르, 심력, 전기 등의 표현으로 사용할 수 있다. 여기서 주목해야 할 점은 심력이다. 이 심력은 양명학의 심학 개념과 연관되며, 응용 불학에 깊이 영향을 주고 있다.[18]

캉유웨이로부터 마오쩌둥(毛澤東)에 이르기까지 중국 역사에 영향을 끼친 저명한 인물들이 모두 심학에 대해 특별한 관심을 가졌다는 사실을 한국인들은 흔히 간과하고 있다. 전통시대 한국은 양명학을 인정하지 않았으며, 이것이 지배 체제를 뒤흔들어 놓을 것이라고 보았다. 사회의 신분서열 의식을 타파하고자 하는 양명학은 용인될 수 없었던 것이다. 인학(仁學)에서 "소통의 구체적인 모습은 바로 평등이다." 이것이 탄쓰퉁이 추구한 구체적인 목표다. 인(仁)은 소통을 낳고, 소통은 다시 평등을 가져온다. 외세의 밀려오는 평

---

17 일종의 노자(老子)식 표현을 따르고 있다. 도덕경의 첫 구절 "도를 도라고 하면 도가 아니오, 이름을 이름이라고 하면 이름이 아니다.(道可道, 非常道. 名可名, 非常名)"를 연상시킨다.
18 천샤오밍·단스렌·장융이 공저, 김영진 역, 2008, 『근대 중국사상사 약론: 경학, 불학, 서학으로 본 중국인의 사유 실험』, 그린비, pp.200-222.

등사상을 중국의 사상적 전통에서 찾아보았을 때 유일한 사상 원천은 바로 "불학의 중생평등론"이었던 것이다. 변법자강운동을 주도한 캉유웨이의 『대동서』도 『예기(禮記)』 「예운(禮運)」편에 보이는 이상사회 즉 대동세계의 실현을 목표로 한 것이다. 국경도 없고, 계급도 없고, 인종의 차별도 없는 사회를 꿈꾼 것이다.

탄쓰퉁의 인학(仁學)은 중국의 사회 개혁을 위해 구체적인 방향을 제시한 것이며, 동시에 이를 행동으로 실천에 옮긴 것이다. 제국주의 열강의 침략에 맞서 중국사회는 개혁의 방향을 논의하면서 중국 전통 사상의 인(仁) 개념을 새롭게 해석하여 〈인학(仁學)〉을 제시하였다. 내가 각별히 탄쓰퉁의 인학(仁學)을 주목하는 것은 이처럼 자기사회의 내일을 위한 청사진을 자기들의 전통 사상에서 구하고 있다는 점 때문이다. 탄쓰퉁의 '인학(仁學)'과 나의 인학(人學)은 발음상에서 유사하기는 하지만, 나의 인학(人學)은 거대한 사회 변혁의 청사진을 논하는 수준은 아니다.

그럼에도 불구하고 인학(人學)과 인학(仁學)은 의미 면에서 유사한 측면이 있다. 인(仁)자는 두 사람(人이 二와 합함)이라는 관계의 개념이다. 人자가 "홀로"의 개념이라면 仁자는 이미 "더불어"의 개념이다. 그러나 어떤 학자는 사람 人자가 이미 두 사람이 서로 기대고 있는 형상의 표현이라고도 했다. 여기서 우리는 중요한 "성찰"의 실마리를 찾을 수 있다. 한자가 가지고 있는 표의문자(表意文字)적 은유의 역할이 그것이다. 은유의 세계는 그 내포와 외연이 유동적이고 변화무쌍한 것이다. 이 점에 대해서는 다음 장에서 좀 더 자세히 논하려고 하는데, 한자를 사용하는 사람들의 의식 속에 존재하는 "대대문화문법"이 바로 이것이다.

탄쓰퉁의 인학(仁學)은 19세기 말 서세동점의 기세가 동아시아, 특히 중국에서 서양제국주의의 침략적 폭력이 극에 달하던 상황 속에서 중국 지식인으로서 이에 대응할 "행동 지침"을 찾는 과정에서 비롯한 것이다. 이와 달리 나의 인학(人學)은 20세기 서양 제국주의 시대가 끝나고, 문화인류학이라는 학문을 통하여 "사람의 이해"를 어떻게 할 것인가에서 비롯한 매우 이론적인 담론이라고 할 수 있다. 이는 두 개의 상이한 시대와 상이한 나라의 지식인이 무엇을 해야 하는가를 반영한 것이라고도 하겠다.

전자가 절박한 외세의 침략에 맞서 자기의 문화 전통에서 찾아낸 불교적인 것으로 "행동 지침"의 이론적 배경을 구축한 이데올로기적 성격을 지닌 것이라면, 후자는 이질적인 서양문화로 세계질서가 재편된 상항 속에서 자기 사회와 문화에 대한 "학문적 성찰"의 성격을 지니고 있다. 이는 자기 정체성을 찾는 작업의 일환이오, 동시에 자기 문화전통을 재해석하는 작업이기도 하다.

3. 한국의 문화 전통 연구

2011년 한국문화인류학회 하반기 학술대회의 대주제는 '인류학의 위치를 묻다'였다. 이 자리에서 전경수 선생은 "동아시아 인류학사를 어떻게 쓸 것인가?"[19]라는 제목으로 발표하였다. 그는 다음과 같은 글로 발표를 시작했다.

> "학사(學史)는 지식사(知識史)의 토속지(土俗誌, ethnography)다. 지식사를 구성하는 담론의 가닥들이 이 토속지 구성의 기초가 되는 사실(fact)들로 간주된다. 담론을 구성하는 자료에는 논문들뿐만 아니라 서평, 주장, 번역, 수집자료, 편집후기, 광고도 들어갈 수 있다. 그러한 사실들에 대한 담론을 만들어 내는 것이 학사다. 따라서 학사는 메타-디스코스(meta-discourse)인 셈이다. 만들어 내는 과정이 논증적이지 못하고 치밀하지 못하면, 거기에서 발생되는 메타-디스코스는 날조와 은폐의 소질이 개입된 가공의 허사(虛史)가 되고 만다. 이렇듯이 학사가 메타-디스코스의 성격을 띠기 때문에 우리는 더욱더 사실에 충실하려는 노력을 함으로써 그것을 건강하게 만들 수 있다고 생각한다."(* 밑줄은 필자가 추가)

---

19 전경수, 2011, 「동아시아 인류학사를 어떻게 쓸 것인가?」, 한국문화인류학회, 『2011년 하반기 학술대회 발표문집』, pp.56–61.

매우 거창한 논의의 시작을 알리는 "1. 서언(緒言): 내포(內包)와 외연(外延), 학사(學史): 학설사(學說史)와 학문사(學問史)"라는 소제목 하에 기술된 내용이다. 사실에 충실하려는 노력이 없으면 날조와 은폐의 소질이 개입되는 메타-디스코스인 학사가 된다는 주장이다. 그는 사실에 충실하려고 엄청난 역사적 사료(자료)들을 수집·정리하고 있음을 보여주고 있다. 한·중·일 삼국 동아시아 인류학의 학사적 쟁점이 되어야 할 핵심적인 키워드(key words)를 꼭꼭 집어 논의하며, 학문의 "역사적 배경"에 상대적으로 소홀한 인류학계에 중요한 메시지를 던지고 있다. 중국, 일본, 대만, 조선(일제식민지 시대)에서 1840년(아편전쟁)부터 1945년(제2차 세계대전)까지 전개된 인류학사적 사실들을 놀라울 정도로 광범위하게 검토하고 있다. 이 작업에서 그는 『한국인류학 백년』[20]에 이은 『동아시아 인류학 백년』을 준비하고 있는 것 같다.

그런데 그는 연구 결론에 해당되는 부분에 들어가서는 내 귀를 의심할 정도의 담론을 펼치고 있다. "중국의 인류학은 시행착오의 인류학이었고, 일본의 인류학은 모방의 인류학이며, 조선의 인류학은 표절(剽竊)의 인류학"이라는 대목이 그것이다. 서구의 인류학을 받아들이는 과정에서 동아시아 삼국은 시행착오, 모방, 표절의 모습으로 각기 상이한 "지식의 풍경(landscape)"[21]을 그려내고 있다는

---

20 전경수, 1999, 『한국인류학 백년』, 일지사.
21 김홍중, 2009, 『마음의 사회학』, 문학동네.

것이다. 그가 수집한 그 방대한 사실들에 기초한 결론이 이런 것이라면 무엇인가 이상하지 않은가. 왜냐하면 시행착오는 여러 가지로 모방을 해보는 실험이오, 모방은 반대로 시행착오의 과정을 피해갈 수 없는 것이기 때문이다.

서예를 처음 배울 때 임서(臨書)라는 기본 과정이 있다. 갑골문부터 시작된 한자의 여러 가지 서체들을 옆에 두고 이를 따라서 반복하고 모방하는 시행착오의 오랜 훈련과정을 거치는 것이다. 이른바 먼저 명필들의 필법을 따라 하고, 이를 익히고 난 다음에 자기의 서체를 정립해 나가는 것이다. 그렇다면 표절은 어떻게 다른가? 시행착오나 모방의 작업을 하는 과정에서 나타나는 어느 시점의 것을 '가치판단'한 것이 표절이라는 용어로 사용된다.

구체적으로 이러한 결론을 내리게 된 대목을 분명하게 해야 할 것 같다. 인용문이 조금 길기는 하지만 많은 메타–디스코스를 담고 있으므로 그대로 옮겨본다.

번역이라는 초보적 과정에서부터 … 논의하지 않으면 학문 후진지역의 학자들은 학문적 식민주의라는 틀을 벗어나기 어렵다. 각고의 노력으로 서양학문의 기본 개념들을 한자로 번역하는 작업을 한 일본인들 덕분에 한자를 공유하는 중국과 한국에서는 별다른 노력 없이 과실을 획득하는 이득을 보았다. 중국의 경우, 인텔리 자신들의 노력으로 스스로 번역을 시도한 경우가 있지만, 한국의 경우는 일본어 번역을 거의 그대로 채용한 사실을 부정할 수 없다. 식민지 경험 백 년의 역사가 한국의 학계에 각인되어 있음에 대한 철저하고도 객관적인 반성과 심사숙고가 없으면, 한국의 학계는 백 년 전에 조성되었던 학문적 식민주의의 구도를 안은 채로 또 다른 한 세기를 맞이해야 할 것이다. 일본문화를 배경으로 한 일본인들의 번역이 한국문화를 배경으로 한 한국인들에게 거름 장치 없이 그대로 이전되는 것은 근대화 과정에서 착종된 식민화의 문제와 연계되어 있다.

일본의 근대화가 모방의 과정이라고 한다면, 한국의 근대화는 표절의 과정이라고 말할 수 있다. 모방은 원전을 제대로 이해하기 위해서 무엇인가를 스스로 노력하는 과정이 필요하지만, 표절은 간단히 베끼는 작업일 뿐이다. 자신의 노력이 없는 … 다른 사람에 의해서 이루어진 결과를 자신의 것인 양 표현하는 과정과 결과를 표절이라고 말할 수 있다. 전형적인 학문적 식민주의의 경로를 통하여 적지 않은 표절을 시도하였던 것이 근대화 과정 중의 한국 지식인들이라고 지적하지 않을 수 없다. 인류학 분야도 예외는 아니다.[22]

전경수 선생은 2011년 한국문화인류학회 하반기 학술대회 발표 논문의 "5. 결어(結語): 수단(手段)과 목적(目的)" 마지막 문장으로 다음과 같이 적고 있다. "'동아시아'라는 '전체'의 준거틀에서 다시 시작

---

22 전경수, 2011, 「'토속학'에서 '민속학'으로: 일본 인류학사에 나타난 학명의 변천과 학문 정체성」, 『비교민속학』, 제46집, p.181.

할 필요가 있다(표1 참고필수). 그리고 <u>사실 앞에 숙연</u>해야 한다. 감정을 앞세운 반응은 학문하기를 거부하는 것이다."(* 밑줄은 필자가 추가). 나는 이렇게 생각한다. 일본인들이 해 놓은 서양 인류학 용어의 한문 번역을 한국인이 그대로 베끼는 작업, 빌려 사용하는 것을 표절이라고 단정하는 것은 "<u>감정을 앞세운 반응</u>"을 전경수 선생 자신이 하고 있는 것 같다고.

"사실 앞에 숙연"해야 한다면 내가 아는 "사실"을 열거해 보자. 첫째, 마오쩌둥의 『모순론』에 나오는 칼 마르크스(Karl Marx)의 주요 개념들에 대한 한자 번역 용어는 3분의 2가 일본인들이 작업해 놓은 용어를 그대로 사용한 것이라고 한다.[23] 이것도 표절인가? 둘째, 한자는 동아시아의 공통언어로 2천년 이상을 공유한 역사적 배경이 있다. 물론 한·중·일 삼국이 각기 상이한 고유의 역사적 경험을 했고 고유한 언어(지방어)를 가지고 있는 것도 사실이다.

그러나 한자가 가지고 있는 표의문자는 동아시아 정치·경제·법·문화 등 모든 영역에서 중국 중심의 "천하 질서"를 내포하고 있었다. 공통 언어로서 한자는 번역 상에서 꼭 구별해야 할 필요가 없

---

23 이 점에 관해서는 내가 1996∼1997년 일본 교토의 '국제일본문화연구센터' 객원교수로 있는 동안 중국 상하이 외국어 대학 선생으로부터 들은 이야기이다. 그의 발표에 따르면 고대에는 한자를 중국에서 일본으로 "수출"했었는데, 지난 100년간의 근대화 과정에서는 중국이 일본으로부터 한자를 "수입"하게 되었으며 그 구체적인 사례로 모택동의 『모순론』을 언급하였다. 동아시아에서 일본은 서양과 연결되는 중요한 매개체였다. 캉유웨이, 량치차오 등은 변법자강운동이 '무술변법의 100일 천하'로 끝나자 모두 일본으로 망명하여 일본의 서양 근대문물을 학습하였다. 한·중·일 삼국의 관계는 이미 앞에서도 논하였다. 민두기, 2001, 『시간과의 경쟁: 동아시아 근현대사 논집』, 연세대 출판부.

었다. 이러한 구별 짓기는 서양 근대 국민국가의 민족주의에서 탄생한 것이다. 다시 말해서 내 세대의 할아버지와 할머니의 일상적인 이야기 속에 등장하던 중국의 신화, 우화, 역사적 인물들은 마치 한국의 옛 이야기처럼 통하고 있었다.[24] 일본에서는 불교의 화엄종 개조인 한국의 의상대사와 원효대사를 마치 일본의 스님처럼 논의하고 있는 것을 보기도 했다.[25]

마지막으로 한 가지를 더 생각해 보려 한다. 유럽의 여러 나라들은 각국의 역사를 서술하는 데 어느 나라를 막론하고 그리스–로마의 역사를 언급하고 있다. 알타이 게르만 언어, 라틴 언어 등은 그 기원을 인도–유럽사회의 언어에 두고 있다.[26] 여기서 에밀 벤베니스트(Emile Benveniste)의 주장을 주목할 필요가 있다. "세계의 모든 언어 가운데 인도·유럽어족(famille indo-europeenne)에 속한 언어들은 가장 다양하고 심오하며, 시·공간상에서 가장 광범위한 영역을 차지하고 있다. 중앙아시아로부터 대서양에 이르기까지 넓게 분포하고 있으며, 거의 4000여 년에 걸친 기나긴 기간을 통해 확인된 언어이다. … 인도·유럽어는 하나의 공통어(共通語)로부터 생겨나서 점

---

24 정재서, 2007, 『사라진 신들과의 교신을 위하여: 동아시아 이미지의 계보학』, 문학동네.
25 일본 교토 북쪽 고산사(高山寺)에는 당나라로 유학 갔을 때 의상대사(義湘)를 사모했던 선묘(仙妙)라는 처녀의 전설을 조각상으로 만들어 두고 있다. 1206년 고산사를 창건한 승려 묘에(明慧)는 일본의 화엄종을 개종하면서 의상과 선묘의 전설을 긴 두루마리 그림으로 그려서 보관하기도 했다. 이 그림들은 일본의 국보로 교토국립박물관에 수장되어 있으며, 고산사에는 지금도 대웅전의 벽 한쪽에 나무 밑에서 수도하고 있는 의상대사의 그림이 걸려 있다.
26 에밀 벤베니스트 저, 김현권 역, 1999, 『인도·유럽사회의 제도·문화 어휘 연구』 1권, 2권, 아르케.

진적으로 분리·분화된 어족으로 정의된다. … 몇 세기에 걸쳐 각기 특정 언어의 역사로 화한, 개별적 역사들로 나누어진다. 이 [상이한] 민족들의 이동과 정착의 여러 양상은 아직 모르지만, … 최초의 공동체를 구성했던 민족들을 지칭할 수 있는 것은 인도·유럽어족으로 확인할 수 있기 때문이다. … 인도·유럽(indo-europeenne)이라는 관념은 일차적으로 언어학적 개념이며, 이 관념을 문화의 다른 여러 측면에까지 확대할 수 있다면 이것 역시 언어에서 출발하기에 가능하다."[27]

　동아시아의 한자는 인도·유럽어족에 비교될 만큼 광범위한 지역과 오랜 역사적 시간을 포괄하고 있다. 다만 최초의 공동체라고까지는 말할 수 없어도 이른바 "황인종"은 분명 백인종, 말레오-폴리네시안종과는 다르다. 중국 중원의 천하 질서는 중심과 주변이라는 질서 속에서 정치, 군사, 경제, 문화, 사상, 종교, 학문, 가족·친족제도, 교육, 신분제도, 과학기술, 음악, 문학, 예술 등 여러 분야에서 중심에 있는 내용들을 주변으로 확산하며 지배해 나가는 모습을 띠고 있다. 그것에 일방통행만이 아닌, 쌍방적인 교류도 있었음은 당연하다.[28] 때로 외래 민족들(몽골족, 만주족이 대표적)이 중국을 장악

27　벤베니스트, 1999, 위의 책, pp.5-6.
28　화이사상의 중심은 중국이고, 그 주변은 오랑캐이다. 대체로 문화와 지식정보는 중앙에서 주변으로 흘러가기 마련이다. 그러나 중국은 한때 주변의 이민족이던 만주족 청에 의해 정복되어, 그들의 전통인 변발을 강요당하기도 했다. 즉 오랑캐의 문화가 중원의 문화를 변화시킨 것이다. 남송(南宋) 때 중국 시인 소동파(蘇東坡)는 고려인을 금수로 매도하면서도, 당시 한국인들이 중국 책을 지나치게 많이 수집해 가는 것을 통제해야 한다고 황제에게 건의하기도 했다. 실제로 중국은 없어진 책들

하기도 했지만 동아시아 정치, 사회, 문화 등의 질서가 단절된 적은 없었다.

지금까지 나는 한국의 인류학이 "표절의 인류학"이오, "표절의 근대화"라는 전경수 선생의 주장에 동의할 수 없는 여러 가지 이유를 논의해 보았다.[29] 이제 보다 더 근본적인 문제를 다루어야 할 차례다. 전경수 선생은 "학사(學史)가 메타–디스코스의 성격을 띠기 때문에 우리는 더욱더 사실에 충실하려는 노력을 함으로써 그것을 건강하게 만들 수 있다고 생각"한다고 주장하였다. 전경수 선생이 주장하는 사실(fact)이란 무엇인가? 사실은 객관적, 독자적으로 존재하는 것일까? 사실이 과연 존재하기는 하는 것일까? '충실하려는 노력', '그것을 건강하게 만들 수 있다'라는 것은 또 무엇을 의미하는가? 이에 대한 나의 입장은 우선 '사실'은 객관적으로 존재할 수 없다는 것이다. 다시 말해서 '사실'은 무한대로 달리 존재하며, 어떤 것을 '사실'로 선택하는 것은 선택하는 학자의 입장과 관점에 따른 것일 뿐이다. 즉 '사실'은 어떤 '이론적 배경' 위에서만 '사실'로 인정

을 고려에서 구해가기도 했다. 가장 최근의 사례는 성균관 문묘제례(文廟祭禮) 의식에 관한 것이다. 1911년 신해혁명 이후 전개된 "반충효(反忠孝)운동"으로 중국본토와 대만에서는 문묘제례의 행사방법이 모두 잊혀졌다. 그러나 한국은 옛 모습을 그대로 지니고 있었다. 그리하여 1980년대 대만은 한국 성균관의 문묘제례를 학습하고자 했으며, 1990년대에는 중국 본토에서도 이러한 이유로 한국을 방문했다. 현재 한국의 종묘제례(宗廟祭禮)는 유네스코의 무형문화유산으로 등재되어 있다.

29 근대화와 관련하여 번역의 문제는 매우 중요한 연구 주제이다. 서양문물을 받아들이는 과정에 있어 한·중·일 삼국의 대응은 각기 달랐다. 19세기 중엽 이후 일본과 중국은 번역 사업을 국가의 주요 국책으로 수행했던 반면, 한국에서는 그런 차원의 대응이 없었다. 마루야마 마사오·가토 슈이치 저, 임성모 역, 2000, 『번역과 일본의 근대』, 서울: 이산; 김욱동, 2010, 『번역과 한국의 근대』, 소명출판.

되는 것이다.

이론적 배경은 곧 연구자의 '입장'이오, 바라보는 '시각'이라고 할 수 있다. 전경수 선생이 말하기를 "지식사를 구성하는 담론의 가닥들이 이 토속지 구성의 기초가 되는 사실(fact)들로 간주된다. 담론을 구성하는 자료에는 논문들뿐 아니라 서평, 주장, 번역, 수집자료, 편집후기, 광고도 들어갈 수 있다. 그러한 사실들에 대한 담론을 만들어 내는 것이 학사다." 여기서 그는 사실(fact)들로 간주되는 자료에는 논문, 서평, 주장, 번역, 수집자료, 편집후기 그리고 광고도 들어갈 수 있다고 하였다. 한편의 논문을 해독(decode)하는 것도 힘든 작업인데, 과연 단순히 다양한 양식의 텍스트를 많이 나열하는 것으로 충족시킬 수 있을까? 충실, 노력, 건강 등의 단어들은 그의 '마음'속에서는 의미 있을지 모르지만 나와 같은 독자에게는 좀 더 정교화되어야 할 대상이다. 바로 이러한 입장이 나의 시각이다. 따라서 입장의 차이를 인정하는 것은 중요하다.

전경수 선생의 동아시아 인류학사에 대한 설명은 결국 그의 관점을 반영할 뿐이다. 이것은 또 하나의 "문화 쓰기"[30] 쟁점과도 연결된다. 클리포드(James Clifford)와 마커스(George E. Marcus)가 제기한 『문화 쓰기』의 쟁점에 "민족지의 시학(詩學)과 정치학(政治學)"이라는 부

---

30 Clifford, James and George Marcus, ed., 1986, *Writing Culture: the poetics and politics of ethnography*, University of California Press; 제임스 클리포드·조지 마커스 공편, 이기우 역, 2000, 『문화를 쓴다: 민족지의 시학과 정치학』, 한국문화사.

제를 첨가한 것은 현대인류학이 당면한 과제가 무엇인가를 단적으로 말해 준다. 바로 포스트모던 인류학이다. "거대 이론"을 거부하고, "문화의 논의"가 인류학자와 연구 대상인 "사람"과의 공동 작업을 통해 계속적으로 재창작되어 가야 함을 성찰하려는 것이다.[31]

시대가 바뀌면 역사는 언제나 다시 쓰여진다고 한다. 20년 전 일이다. 프랑스 인류학자 클로드 레비스트로스(Claude Levi-Strauss)를 한국에 초대해서 20일을 함께 지낸 적이 있었다. 그때 나눈 이야기 가운데 지금도 잊을 수 없는 것 중의 하나는 "프랑스 혁명(1789)은 하나의 신화다. 수많은 역사가들이 프랑스 혁명을 기술하지만 모두가 서로 다르다. 어느 것이 적절한 기술인지는 아무도 모른다. 따라서 이는 고대의 신화가 하던 역할을 현대는 역사가 하고 있다." 비록 다시 쓰일 동아시아 인류학사라도 이렇듯 전경수 선생의 작업으로 한 획을 그을 수 있게 된 것은 분명 한국 인류학 학문사에서 중요한 의미가 있다.

한국의 문화전통 연구를 논의하는 글에서 이처럼 전경수 선생의 논의를 길게 검토한 것은 이 연구 또한 똑같은 문제를 안고 있기 때문이다. 즉 "한국의 문화전통"을 하나의 "사실"로 "이것이다" 하고 제시할 수 있는 것이 없기 때문이다. 만약에 있다면 "어떤 입장 또는 시각"에서 한국 문화전통을 논의해 볼 수 있는 것인가를 밝혀보

31　렌나토 로살도 저, 권숙인 역, 2000, 『문화와 진리: 사회분석의 새로운 지평을 위하여』, 아카넷; 조지 마커스·마이클 피셔 공저, 유철인 역, 2005, 『인류학과 문화비평』, 아카넷.

는 작업일 것이다. 나는 지금까지 어떤 연구가 누구에 의해서 어떻게 전개되어 왔는가를 나열하고 싶은 생각은 없다. 다만 미국에서 인류학 교육을 받고 돌아와 한국의 문화전통을 연구하는 데 있어서 '어떻게 접근할 것인가'를 두고 '어떤 방법론을 통해 어떤 결론에 도달했는가'를 소개하는 데 중요한 의미를 두려고 한다.

이 글의 제목에 인학(人學)이라는 단어를 왜 창안했는가를 돌이켜 보면서 나는 다음의 두 가지를 상기하고 싶다. 하나는 사회개혁을 목표로 사회학을 공부했지만, 사회학에서는 한국사회와 한국문화를 진단해 줄 방법이 보이지 않았다는 사실이다. 그러나 문화적 전통에 주목하는 문화인류학에서라면 한국인과 한국사회를 이해하기 위한 해답을 구할 수 있을 것 같았다. 다음으로 나는 한국의 문화적 전통은 동아시아 한자 문화권의 일환으로 접근해야 한다는 결론을 이미 얻었다는 것이다. 이러한 접근 방향은 지금까지도 이어지고 있다. "대대문화문법"이 "우리 사회"의 심층에 자리하고 있다는 성찰이다.

제 2 장

—

한자 문화권의 대대문화문법과
동아시아 사람들의 세계관

1. 나의 학문의 출발

이상백(李相伯)01 선생의 미완성 유고 "한국인의 사고방식의 연구 방법론(1966)"은 나의 학문의 출발점이다. 미완성 유고의 제명 중 '사고방식'은 문화인류학에서 말하는 '문화'의 정의와 일맥상통한다. 문화를 어떻게 규정하느냐에 따라, 논의 대상이 다양하겠지만, 문화인류학에서는 문화를 행동양식 그리고 행동양식을 지배하는 '마음속의 문양'으로 정의한다. 다시 말해 문화는 흔히 사용하는 '의식구조'02 또는 '사고방식'이라는 개념과 뜻이 거의 같다고 할 수 있다.

상백(想白) 선생은 미완성 유고에서 한국인의 사고방식을, 한국인의 세계관, 우주관, 인생관과도 연관되는 개념으로 파악한다. 그

---

01 이상백(李相伯, 1904-1966) 선생의 호는 상백(想白)으로 이름과 발음은 같지만 한자가 다르다. 한말의 선각자인 큰아버지 이일우(李一雨)가 세운 우현서루(友絃書樓)에서 한학을 수학하고, 1915년 대구고등보통학교를 졸업하였다. 이어 일본 와세다제일고등학원(早稻田第一高等學院)을 거쳐, 1927년 와세다대학 문학부 사회철학과를 졸업하고, 이 대학에서 사회학과 동양학을 연구하였다. 그 뒤 와세다 대학 재외특별연구원으로 중국에 파견되었고(1939~1941), 진단학회 창립에 참여하기도 했다. 1946년에는 경성대학(京城大學) 교수로 취임하고, 1947년 서울대학교 문리과대학 사회학과를 창설, 죽을 때까지 사회학과 주임교수로 재직하며 연구와 교육에 진력하였다. 1957년 한국사회학회를 창설했으며, 역사학에도 많은 기여를 하였다. 한편 그는 체육인이었다고 할 수 있을 만큼 체육계에서도 많은 공헌을 하였다. 그는 일찍부터 유명한 농구선수로 활약하였으며, 평생을 체육 이론가로서 그리고 체육 행정가로서 눈부신 활약을 하였다.

02 이규태의 한국인의 의식구조 논의가 가장 대표적인 것이 될 것이다. 한때 이어령도 이러한 주제에 대하여 지속적으로 논의하기도 하였다. 학문에도 유행이라는 것이 있다는 지적이다.

는 각 민족의 사고 경향, 사고 형태가 다르게 성립하는 이유와 근거가 무엇인가를 따지면서, 현존하는 여러 가설들을 나열하는 것으로 논의를 전개하고 있다. 그리고 혈연, 인종적 배경, 자연 환경적－지리적 위치, 경제적 조건(유물사관), 도시의 발달, 종교적 관념, 사회적 상황 내지는 역사적 위치, 언어 등과 사고방식이 어떻게 연관되는지를 검토했다.

이어서 상백 선생은 한국인의 사고방식을 연구함에 있어서 비교 연구방법을 제안했다. 그 예로 인도의 불교가 중국에 와서 어떻게 변용되고, 다시 한국이 수용할 때 어떤 식으로 탈바꿈하는지를 고찰함으로써 이 주제에 대한 연구가 가능하다는 것이다. 산스크리트와 팔리(Pali) 언어를 한자로 번역하는 과정에서 뜻으로 번역하기도 하고 혹은 소리로 번역하기도 했다. 이 과정에서 한자의 어휘가 갖고 있는 특징 때문에 원래 의미에서 많은 변화를 겪지 않을 수 없었다. 이러한 연구 방식은 타문화의 사고방식이 중국인의 사고방식으로 재해석되는 과정을 밝히는 것이라 할 수 있다. 같은 방식으로 역대 중국의 신화, 유교, 도교, 불교, 신선 사상들이 중국인의 사고방식과 어떻게 관련되는지를 다양한 측면에서 하나씩 검토하고 있다.

또한 상백 선생은 한국 전통사회의 사고방식을 중국의 한자적 사고방식의 콘텍스트 속에서 이해하고자 했다. 그리하여 천도교의 '인내천(人乃天)'과 '유불선(儒佛仙) 삼교 통합' 사상을 중심으로, 한국인의 사고방식에 대한 논의를 본격적으로 시작하고자 했다. 하지만

"천(天)의 관념은…"이라는 미완의 문장으로 이 논문은 미완으로 남게 되었다. 나는 이 논문을 상백 선생이 돌아가신 후[03] 연구실을 정리하는 과정에서 발견하고, 이를 한국 사회학회지에 실을 것을 제안하여 게재하였다.

1950년대 말과 60년대 초에 나는 수많은 경험적 사회조사에 참가했다. 1953년 휴전 이후 미국의 여러 가지 전후 복구 지원책의 일환으로 서울대 교수들은 미국에서 1년간 연수교육을 받고 돌아왔다. 사회학에도 새로운 미국의 실증적 사회조사방법이 도입되기 시작했다. 하지만 나는 이 사회조사에 참가하면서, 한국인의 삶을 이해하기 위해서는 한국인의 인생관, 세계관, 우주관의 이해 없이는 단순한 숫자 놀이에 지나지 않는다는 것을 너무나 뼈저리게 느꼈다.

그래서 나는 사회학에서 문화인류학으로 전공을 바꿔 1967년 미국 유학을 떠났다. 문화인류학은 문화구속성(culture bound)을 사회학보다는 훨씬 민감하게 의식하는 학문이었다. 서구의 자기 사회 연구가 아니라 다른 나라 사회와 문화를 연구하는 학문적 전통이 그러한 방법론을 많이 발전시켜 놓았던 것이다.[04] 유학 기간 동안 영

---

03 1966년 봄(4월 3일) 이상백 선생의 조교로 있던 시절, 아침에 선생님 연구실에 나오니 선생님이 소파에 기대앉아 가슴이 답답하다고 하셨다. 곧 바로 이웃한 서울대 병원에 입원하시고 열흘 뒤 세상을 떠나셨다.
04 최근 미국의 문화심리학자 리처드 니스벳은 『생각의 지도』라는 책에서 동서양 사람들의 사고의 차이가 무엇인가를 실증적인 사례를 나열하면서 설득력 있게 해명하고 있다. 리처드 니스벳 저, 최인철 역, 2004, 『생각의 지도』, 김영사; EBS 〈동과 서〉 제작팀·김명진 저, 2008, 『EBS 다큐멘타리 동과 서』, 위즈덤하우스.

어로 번역된 동양 고전과 서양의 동양 연구를 보면서 오히려 한국의 문화에 대해 거리를 두고 생각하고 연구해 볼 수 있었던 것은 참으로 귀중한 기회였다. 또한 서양 사람이 도저히 이해할 수 없는 그리고 영어로는 도저히 표현될 수 없는 다른 세계의 문화 속에 내가 살아 왔다는 것을 절감했던 시간이기도 했다.

유학길에 오르면서 결심한 것은 상백 선생이 완성하지 못한 유고를 완성해야겠다는 것이었다. "천(天)"의 관념을 제대로 분석해 낸다면, 한국인의 사고방식을 이해하는 열쇠가 될 수 있으리라 믿었기 때문이었다. 결국 하늘(天)은 땅(地)의 "짝"으로 존재하는 것이고, 그것은 동시에 음양의 논리에 기초한다는 것을 확인하였다. 이러한 깨달음을 통해 나는 음양 논리에 기초한 '대대문화문법(待對文化文法)'[05]을 전개하게 되었다. 여기서 미국 유학 시절(1969년)에 상백 선생을 생각하며 쓴 짧은 글 한 토막을 소개하고자 한다.

내가 좋아하는 상백 선생 글을 내 서재에 언제나 걸어 놓고 눈길이 갈 적마다 다시 새겨 보곤 한다. "눈은 소리 없이 내리는 것도 좋고,

---

05 대대문화문법'(待對文化文法)이라는 표현을 초기에는 대대를 대대(對待)라고 사용하였다. 나에게 이 개념을 소개해 준 사람은 영남대학 철학과 이완재(李完栽) 선생이었다. 정인재 선생에 의하면 이 개념을 한국에서 제일 먼저 사용한 사람은 김경탁 선생이었다고 한다. 대대(待對)로 사용하는 것이 옳은가 아니면 대대(對待)로 사용하는 것이 옳은가에 대하여 한동안 확신이 서지 않았다. "대대"라는 동일한 발음으로 정반대의 뜻을 표현하고 있는 한국어의 장점을 살리는 것도 중요하다고 보았다. 그러나 내용상 어느 순서로 함이 옳은가를 확인하는 것이 필요했다. 흔히 사용하는 음양(陰陽)이라는 표현이 관례라면 대대도 대대(待對)로 표현하는 것이 순리로 보였다. 왜냐하면 대(待)는 음(陰)에 대응하고 대(對)는 양(陽)에 대응한다고 볼 수 있기 때문이다.

바람에 날리는 것도 좋고, 조용히 쌓이는 것도 좋고, 나무에 꽃으로 피는 것도 좋고, 녹아서 골짜기를 흐르는 것도 좋다." 상하(常夏)의 나라(하와이)에서 눈을 생각해 보는 것은 즐거운 일이다. 그래서 좋은 벗들의 혼례날이나, 흥이 막 돋구어진 잔칫날에는 가끔 이 글을 적어 내 정표를 뜻하기도 한다. 눈이 날리거나 쌓이거나, 피거나 흐르거나 좋다는 이 글에는 원숙에 이른 한 인간의 삶에 대한 관조가 담겨져 있다. 사는 것은 바람에 날릴 때도 있지만 꽃으로 피기도 하고, 하는 일이 쌓이기도 하지만 녹아 흘러 버리고 말 때도 있다. 그러나 그 어느 것도 우리가 살아가는 데 빼놓고서는 안 될 것처럼 노래하고 있는 것이다. 골짜기를 흐르는 물속에서 눈(雪)을 보는 눈(眼)과 그 속에서 삶을 읊을 수 있는 마음의 여유는 내게 한줌 떼어다 심어 놓고 싶은 것이기도 하다.(1968년 음(陰) 11월)

상백 선생의 조교를 2년 가까이 하면서 여러 면으로 선생을 가까이 대할 수 있었다. 특히 많은 이야기를 나누면서 선생의 학풍을 체험적으로 느낄 수 있는 기회도 많았는데, 일본의 학풍, 역사사회학적 접근, 사상사적인 연구경향 등 그 당시 학문의 경향을 직접 접할 수 있었다. 한시를 읊고, 동서양의 사상과 역사를 이야기하고, 그 가운데서 한국 전통사회 지식인의 모습을 풍기는 학자였다. 앞의 인용은 이상백 한 인간을 이해하는 방편으로 적어본 것이다.

이미 나의 세대는 상백 선생과 같은 풍류를 상실한 세대이다. 달리 말해서 상백 선생을 생각하면, 그 '인간'이 바로 한국문화와 한국인의 생활양식을 체현하고 있어서, 그를 통해 한국의 전통을 넘어다볼 수 있는 창문 구실을 하고 있지 않았나 하는 느낌을 지울 수가 없다. 나는 선생 같은 분을 다시는 만나 볼 수 없었다. 문화적 전통은 사람이 담당한다. 사람이 가면 전통도 달라진다. 분명히 세대 간에 사람이 달라지고 있다. 특히 최근에 와서 더욱 그러한데, 이미 당시와 나의 세대에도 어떤 문화적 단절을 보는 것 같다.

2. 동아시아 속 한국 역사와 대대문화문법

'들어가는 말'은 '나오는 말'의 "짝"으로 존재한다. 왜 어떤 연구가 시작되었는가를 이야기하였다면, 마지막에 그 연구의 결론이 무엇인가를 밝히는 것으로 논문을 마친다. 미국 인류학자 낸시 에이블만(Nancy Abelmann)은 그녀의 책 서문을 매우 흥미로운 표현으로 시작하고 있다. "어떤 책이든 맨 앞부분에 위치하는 것이 서론이지만, 내 생각에 서론은 무엇보다도 이도저도 아닌, 어중간한 존재이다(betwixt and between)."[06] 그렇다면 서론은 이미 결론을 함축하고 있다는 것이니, 결론부터 이야기할 수 있는 것이라는 이야기인지도 모

06 'Abelmann, Nancy, 2003, *The Melodrama of Mobility:Women, Talk, and Class in Contemporary South Korea*, Honolulu: University of Hawaii Press, p.1.

른다. 분명한 것은 이야기의 첫머리는 다음에 올 이야기의 많은 이
야기들을 함축적으로 암시하고 있다는 것이다.

　나는 앞 장에서 이미 "홀로와 더불어"로 시작하여 "더불어 숲"을
이야기하였다. 한국은 한국어[07]로 정리된 고유한 역사를 가지고 있
다는 점에서 "홀로"지만, 동아시아의 이웃한 나라들과 한자를 공유
하고 있다는 점에서는 "더불어 숲"을 이루어 왔다. 특히 중국은 한
국인에게 매우 중요한 이웃이었다. 19세기 중반부터 시작된 서양
제국주의의 물결이 들어오기 전까지 조선은 중국 중심의 세계질서
속에서 살아왔다. 그것은 오늘날 생각하는 민족주의적 국가 개념과
는 다른 책봉(册封)과 조공(租貢), 사대교린(事大交隣)의 질서였다.

　조선 왕조의 사회 질서는 중국의 사회 질서를 기본으로 하지 않
을 수 없었고, 한국어에는 중국 중심의 동아시아 세계질서 속에서
살아 온 역사와 문화가 반영되어 있다. 이는 동아시아 문명 세계의
정치 · 경제 · 사회문화적 역학관계로 편성된 역사적 현실이다. 즉,
한국인의 고유 언어가 있었지만 중국 중심의 한자 문화권의 일환으
로 끊임없이 재편성되어 왔다는 것이다. 이러한 재편성의 과정은

07　인간은 상징적 동물이고, 상징은 언제나 의미체계를 가지고 있다. 아무리 나 자신이 "홀로" 존재한
　　다고 하더라도 결국 자신이 속한 문화의 의미체계의 세계를 벗어날 수 없다. 의미체계는 언어로 구
　　성된다. 인간의 삶이 언어의 의미체계 속에서만 가능하다면 이미 "홀로"의 의미는 "더불어"의 세계
　　에 구속될 수밖에 없다. 신영복 선생의 "더불어 함께"라는 주제가 상기된다. 한국인의 언어는 한국
　　인의 자기 정체성을 이루는 기초다. 외국에 있다가 한국으로 귀국하여 느끼는 편안함은 한국말을
　　사용하는 사람들 속에 왔다는 데 있다. 더불어 사는 사람들 사이에 통용되는 언어는 자기의 정체성
　　을 구성한다.

조선조 500년의 기간 동안에 주도적으로 진행되어 왔다. 따라서 한국인의 일상생활은 이러한 역사적 배경을 이해하는 것이 기본이라고 생각한다.

그러나 지난 한 세기 동안 일제하의 식민지 경험, 다음에 본격적으로 등장한 미국 중심의 서양적 세계질서 등으로 인해 한국인의 행동양식은 많은 변화를 겪게 되었다. 민주주의와 자본주의라는 두 개의 핵심용어는 최소한 한반도의 남쪽사회를 지배하는 기본방향을 이루고 있다. 민주주의는 국왕을 중심으로 한 상하 신분 사회질서를 무너뜨리고 일반 서민 백성을 주인으로 만들었고, 자본주의는 정신보다 물질중심의 경제활동에서 이윤의 "극대화"를 추구하게 했다. 하지만 민주주의와 자본주의가 건국 70년의 한국사회에서 뿌리내리는 데에는 아직도 많은 시간이 걸릴 것이다.

조선왕조 말기 이른바 개화기 때 부르짖던 부국강병의 지향점은 외형상으로 이제 경제적 부국으로 어느 정도 달성되었다고 보이지만, 부익부 빈익빈의 사회현실은 새로운 사회문제로 등장하고 있다. 6·25라는 민족상잔의 역사는 군사적으로 강병(强兵)의 역량을 쌓으면서 민주주의로 향한 발걸음에 많은 희생과 대가를 치른 역사적 트라우마(trauma)를 지니고 있다. 한반도의 남북과 동서로 서로 반목하는 역사는 아직도 한국인이 해결해야 할 과제로 남아 있다.

나는 여기서 지나온 역사를 하나씩 검토하고자 하는 것은 아니다. 다만 한 가지 꼭 짚고 넘어가야 할 중요한 점은 길게는 지난 100

년간, 짧게는 지난 반세기 동안 한국사회가 경험하고 지나온 변화의 역사가 세계의 어느 나라도 일찍이 경험하지 못한 급격한 변화의 소용돌이였다는 것이다. 가야할 길이 멀기도 하지만 이러한 과정 자체가 피할 수 없는 한국인의 역사라고 받아들여야 한다.

나의 문제의식은 이러한 소용돌이의 변화를 "어떻게 진단"할 것인가라는 것이다. 이에 대한 나의 이론적 관점에서 이해하고 분석해 본 글들이다. 사회학도로서 훈련된 관점이고, 다시 문화인류학도로서 해석해 본 작업이다. 그리고 인학이라는 표현을 빌려서 내 나름대로 독자적인 관점을 정립해서 이해해 보고자 노력한 것이라 하겠다. 굳이 독자적인 관점이라면 조상들의 세계관을 좀 더 주목하면서 오늘의 현실을 진단하고자 한 점이다.

이것은 조선 시대의 선학(先學)들이 중요하게 여겼던 세계관의 핵심이 무엇인가를 밝혀보고자 했던 연구로 이어졌다. 왜냐하면 오늘날의 일상행동 밑바닥에는 조선왕조 시대로부터 이어져 내려오는 전통적인 세계관이 "무의식의 양태"로 한국인의 일상의 행동양식을 지배하고 있다고 생각하기 때문이다. 나는 이러한 세계관을 "대대문화문법"(待對文化文法)이라고 규정해 보았다. 그리고 나는 대대문화문법의 분석틀을 이용하여 퇴계 이황과 남명 조식의 글들을 분석해 보았고, 나의 문화문법적 접근이 설명력을 가지고 있음을 확인할 수 있었다.

대대는 음양의 이분법적 분류개념이다.[08] 이 음양논리는 구조주의에서 논하는 "관계의 논리"라고 할 수 있다. 음과 양은 각자 독자적으로 존재하지 않고 하나의 "짝"으로 존재한다. 『천자문』의 첫 구절인 "천지현황"에서와 같이 "하늘은 땅과 더불어" 존재하고 각각은 "검고 누르다"고 규정하였다. 두 개의 짝의 개념은 한자문화권에서는 다양한 양식으로 확대 재생된다.

음양이라는 개념은 실체가 아니라 "분류"의 관계개념이다. 언어학에서 소리의 변별적 자질(distinctive features)은 나라마다 다르다. 한국어나 일본어에서 영어의 L과 R의 구별은 변별적 자질로 존재하지 않는다. 음운구조[09]가 다르기 때문이다. 음양은 이분법이지만 서양에서 데카르트가 논의한 물질과 정신의 이분법과는 다르다. 이분법이라는 단어는 하나지만 콘텍스트 상에서 의미하는 바는 서로 다른 경우가 많다.

여기서 유의해야 하는 점은 이분법이라는 것은 인간 지각에 있어

---

08 일조각 출판사에서 필자의 음양에 대한 연구가 곧 출판될 것이다.
09 로만 야콥슨의 음운론이다. 언어에서 중요한 것은 소리의 물리적 성질이 아니라 소리를 나타내는 다른 기호와의 차이, 즉 변별적 성질이다. 물리적 소리를 연구해 왔던 "음성학"(phonetics)에 대해, 야콥슨은 언어의 변별적 성질(자질)을 연구하는 학문으로서 "음운론"(音韻論, phonology)을 확립했다. 음운은 언어를 구성하는 소리의 최소 단위(音素)다. 야콥슨에 있어 음운은 단순한 물리적 소리가 아니라 "대립적·관계적"인 것이다. 한국어에 있어 L과 R은 대립적이고 변별적 성질(자질)을 가지고 있지도 않다. 다시 말해서 영어의 음운구조와 한국어의 음운구조가 다른 것을 뜻한다. 음운이라는 언어에서 가장 작은 변별적 단위가 중요한 것은 물리적인 상태(음성)의 차이가 아니라, 의미전달의 효과의 차이가 그 구성요소를 결정한다는 점이다. 음성상으로는 L과 R의 발음이 다르다 하더라도 한국인에게는 그 차이가 변별되지 않는 음운구조를 가지고 있다는 점이다. 변별되는 관계가 앞서있고, 요소는 다음에 의미를 갖는다는 것이다. 여기에 구조주의의 선구적인 생각이 함축되어 있다. 레비스트로스의 구조주의는 야콥슨의 이 음운론에서 비롯하는 것이다.

서 첫 출발이라는 점이다. 지각은 차이를 변별하는 데서 시작하고 그 차이는 이분법으로 시작한다. 이 점이 레비스트로스가 보편적 인간 심성의 기본으로 이해한 것이기도 하다. 레비스트로스가 이 점을 『토테미즘』(1962), 『야생의 사고』(1962)[10]에서 밝혔을 때, 당시에 서구 지성계에서 풍미하던 서양 중심의 우월 의식은 크나큰 충격을 받았다. 왜냐하면 이른바 문명인(서구인)이나 미개인(피식민지인)이나 이분법적 사고에서는 서로 다름이 없다는 점을 서구인들에게 일깨웠기 때문이다.

레비스트로스는 구체적으로 미국 대륙의 남북에 흩어져 있는 여러 상이한 부족 간에 존재하는 신화를 분석하면서 민족지적 자료를 가미하여 이분법적 "범주적 사고"가 일관된 양식으로 어떻게 변환·생성되었는가를 상세히 검토하고 있다. 마셜 살린스(Marshall Sahlins)의 표현대로 이러한 그의 4권의 『신화학 연구』[11]는 누구도 할 수 없는 일이지만, 인류학의 연구 경향이 미국 대륙 원주민에 대한 민족지적 연구에서 멀어지게 됨에 따라 그에 대한 올바른 평가가 이루어지지 못하게 되었다고 지적했다. 그럼에도 불구하고 여전히 그의 '범주적 사고의 분석틀'은 많은 영감을 주고 있다고 주장했다.[12]

10 레비스트로스 저, 안정남 역, 1996, 『야생의 사고』, 한길사.
11 클로드 레비스트로스 저, 임봉길 역, 2005, 『신화학 1: 날것과 익힌 것』, 한길사; 클로드 레비스트로스 저, 임봉길 역, 2008, 『신화학 2: 꿀에서 재까지』, 한길사. 지금까지 두 권이 한국말로 번역되어 나왔다. 4권의 신화학 저서는 일본에서도 번역이 이루어지지 않았다는 점에서 임봉길 선생의 이 번역 작업은 특기할 만한 업적이다. 제3권도 2쇄를 앞두고 있다고 한다.
12 2009년 레비스트로스 100세 생일을 축하하는 기념으로 미국인류학회에서 학회공식 홈페이지에

3. 형식적 분석(formal analysis)과 범주적 사고(categorical thinking)

1) 동아사아의 대대문화문법과 그 내용

한자는 표의문자이다. 글자 하나하나가 가지고 있는 의미와 은유 (metaphor)의 폭은 엄청나게 넓다. 예를 들어 '참 진(眞)'자를 『강희옥 편』에서 검색해 보면 다음과 같이 나온다. "진실한 진, 실야(實也); 정할 진, 정야(精也); 바를 진, 정야(正也); 신검스러울 진, 신야(神也); 곧을 진, 직야(直也); 근본 진, 원야(原也)."[13] 한자의 의미는 고정되고 한정된 뜻에 의존하지 않는 열린 의미세계라고 볼 수 있다. 여기서 진 (眞)을 신(神)이라고 풀이한다면, 다시 신(神)은 진(眞)을 연상하기보다는 하늘에 있는 하느님이나, 귀신을 연상하게 된다. 한자가 중국 어라하여 중국인들에게도 다양한 뜻으로 풀이된다는 것을 유념해

'Levi-Strauss Blog'를 개설하여 놓았다. 여기에 올린 마샬 살린스의 특별 기고는 '구조주의의 의의와 현재의 위기'에 대한 것이었다. 그는 이 글에서 레비스트로스의 '범주적 사고의 분석틀'이 현재에도 많은 영감을 주고 있음을 지적했다. 하지만 동시에 레비스트로스의 구조주의에 가해지고 있는 비판에 대해서도 언급하고 있다. 현재 구조주의의 위기는 오늘날 인류학자들은 식민지화 및 세계화로 인하여 변화된 사회를 관찰하면서 변화되기 전의 문화적 전통을 소홀히 취급하는 데서 일부 비롯하는지도 모른다고 하였다. 또한 그는 좌파-우파는 정치적 및 학문적으로 '구조'라는 개념을 비난하고, 신자유주의는 개인주의를 찬양하면서 정부와 같은 집합적 질서(collective order)에 적대적이며, 거대담론을 거부하는 포스트모더니즘, 그리고 기존의 '구조'를 적대시하는 해방운동 등 여러 가지가 함께 작용하여 결과적으로는 "반구조주의 시대"를 유도하고 있는지도 모른다고 하였다. 개인적으로는 이 문제를 장기적으로 본다면, "개인 대(對) 사회" 구조라는 '연구 초점'의 순환적 주기 속에 있는 것은 아닐까 하고 생각하고 싶다.

13 『강희옥편』, 1976, 협신출판사, pp.292-293. 가장 간략한 사전에 나오는 내용이다. 좀 더 상세한 큰 사전을 찾아보면 하나하나에 대한 용법의 출처를 밝히고 있을 뿐이다. 즉 이 단어가 사용되는 문맥을 밝힘으로써 어느 뜻을 사용할 것인가는 필자의 자의에 따른다.

야 한다.

이것이 표의문자[14]의 장점이자 단점이다. 장점이라 함은 다양한 함의를 가짐으로써 사고의 폭을 넓게 해주는 것이다. 단점이라면 사용자가 제각각 다른 뜻으로 사용할 수 있는 재량을 주기 때문에 혼란을 일으킨다는 것이다. 이에 더하여 한국말로 뜻풀이를 해놓은 사전의 경우에는 더 많은 해석의 폭이 가미된다. 같은 방식으로 영어로 해석하는 경우에는 또 다른 문화적 해석의 장벽이 개입한다.

나는 1967년 미국 유학에서 동아시아 문화문법을 찾아 이를 해명하는 작업을 시작했다. 처음으로 발견한 것은 정명(正名)이라는 개념이 동아시아 문화문법에서 핵심을 이룬다는 점이었다. 그리고 다시 이것의 형식을 밝혀 보고자 하였다.[15] 그 형식을 이른바 대대문화문법이라고 명명하고, 다음과 같은 형식 분석(formal analysis)의 공식을 만들어 보았다.[16]

---

14 한자가 표의문자라고 함은 상형, 지사, 회의, 형성, 가차 등의 여러 기원을 가진 한자를 통칭해서 사용한다.

15 이러한 "형식적 분석"은 나의 미국유학 시절(1960년대)에 인류학 분야에서 몇 가지 주목받던 연구주제 가운데 하나였으며, 나의 관심분야인 한국 및 동아시아 전통문화 분석에도 적합한 것이었다. 또한 나는 레비스트로스의 구조주의와 인지인류학(Cognitive Anthropology) 그리고 민족과학[Ethnoscience, 나중에는 민족의미론(Ethnosemantics)으로 개명되었다] 등에 심취하였다. 당시는 소시르의 언어학의 영향이 주도하던 시절이다.

16 Kang, Shin-pyo, 1974, "The Structural Principle of Chinese World-View," in Ino Rossi (ed.), *The Unconscious in Culture: The Structuralism of Levi-Strauss in Perspective*, (New York: Dutton, pp.198-208; 강신표, 1974, "동아세아에 있어서 한국문화: 조선전통문화고(1)," 『한국문화인류학』 제6집, pp.191-194; Kang, Shin-pyo, 1978. *The East Asian Culture and its Transformation in the West-A Cognitive approach of Changing world view among East Asian Amercians in Hawaii*, Seoul: Seoul National University. American Studies Institute. 이 형식적 분석 모델은 지난 40년간 나의 모든 연구에서 일관된 "분석 모델"로 적용해서 다루고 있다. 그만큼 한국 및 동아시아 한자문

〈그림 1〉 대대문화문법의 형식 분석의 공식[17]

$$B\{\begin{matrix}S(T)\\T(S)\end{matrix}\}D$$

$$\downarrow \ (\parallel)$$

$$B\{\begin{matrix}S(T)\\T(S)\end{matrix}\}D$$

$$\downarrow \ (\parallel)$$

이를 간단히 풀이해 보면, B는 Binary set의 B를 뜻하며 음양의

이분법을 뜻한다. S와 T는 각각 공간(Space)과 시간(Time)을 의미하

화권의 문화문법으로 설명력이 크다는 확신에서 비롯된 것이다. 설명력이라는 것은 문화의 모든
차원에 적용되는 것은 아니며, 모든 측면에서 다루어지는 것도 아니다. 형식적 분석모델은 오늘날
현대 한국사회의 밑바닥에 관통하고 있는 문화문법인 한국전통문화를 이해하고 해명하는 데 유의
미한 "설명력"(power of explanation)을 가진다고 확인했기 때문이다.

17

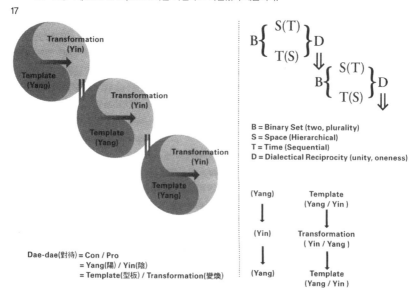

는데 시간과 공간은 실체가 아니고 조직원리(organizing principle)이므로 음과 양이 시간과 공간상에 상호 어떻게 연관되어 있는가를 표시한 것이다. 음양을 시간상으로 "선후관계"요, 공간상으로는 "상하관계"로 풀이해 보았다.

여기서 S(T)와 T(S)는 공간은 시간을 함의하고, 시간은 공간을 함의함을 뜻한다.[18] S(T)와 T(S)를 병렬적으로 "{ }" 속에 넣은 것은 B로 표시된 음양의 짝의 상호관계를 "정태적 관계(static relationship)"로 표기한 것이다. 다음의 D는 "변증법적 호혜(dialectical reciprocity)"의 D이며, 음양이 상호 화합하거나 상호 갈등하는 변증법적 상호작용을 뜻한다.[19] 즉 "동태적 관계"를 표기한 것이다. 이 변증법적 과정에서

[18] 윤택림, 1995, 「지방·여성·역사: 여성주의적 시각에서 본 지방사 연구」, 『한국여성학』 11, pp.27–46. 이 연구에서 인류학자로서 "어떤 일이 언제 일어났느냐"고 질문하였을 때 응답자 할머니는 특정 연도를 기억하는 것이 아니라 그 당시의 중요한 역사적 사건을, 그것도 개인사와 관련된 사건을 연관지어 답하는 것을 주목하여 지적하였다. 나의 현지 조사 경험에 따르면 언제나는 질문은 "그게(것이) 어디에서더라…"라는 공간 개념이 함께하였던 것을 기억한다. 사실 개인사의 중요 사건은 그것이 일어난 공간적 장소와 함께 연상되기 마련이다. 전통사회에서 음택, 양택, 혼사(婚事)를 정하고 언제 택일을 하느냐는 것과 서로 연관된다. 시간과 공간 개념이 서로 함의한다는 것은 일상적인 생활에서도 흔히 발견되는 것이다. 오늘날의 일상생활에도 "만날 약속"은 날짜와 장소를 함께 따진다. 날짜를 먼저 맞추기도 하고, 장소를 먼저 정하기도 한다.

[19] 상대의 기대에 호응하려는 것이다. 비록 상대의 의사에 동의하지 않더라도 마주한 상황에서는 "거짓말"이라도 체면을 세워주기 위해 동의하는 양상을 보인다. 궁극적으로는 농민사회는 자연에 "순응과 조화"를 하지 않고는 생존할 수 없었다. 이러한 순응과 조화는 인간사회에까지 확대 적용되었다. 때로는 "갈등과 폭력"으로 상대를 응대하기도 한다. 음과 양은 서로 "상생"적인 상호작용이 주조를 이루나, 음이 음에 대해서, 또는 양이 양에 대해서는 "상극"적인 상호작용을 한다. 여기서 주의할 점은 음과 양이라는 것이 "실체"가 아니라 "분류개념"이라는 점이다. 따라서 상황에 따라서는 음이 양으로 변환되기도 하고 그 반대로 되기도 한다. 국문학자 조동일은 강신표가 주장하는 "대대문법" 대신에 "생극론", "생극적 창조학"을 주장한다. "생극"은 "상생"과 "상극"의 두 단어의 뒷 글자를 따서 만든 개념이다. 즉 음양론이다. '범주적 사고의 틀'을 그도 새로운 이름으로 명명(命名)하고 있는 것이다.

선후(先後)(시간, T)와 상하(上下)(공간, S)는 상호 교체될 수 있음을 뜻하기도 한다.

그리고 이어서 D는 다시 B로 변환(transformation)되어 끊임없는 연속선상의 재생산의 과정을 무의식 수준[20]에서 진행하고 있다는 것이다. 따라서 D는 다음 단계에서 B로 변환생성되어 다시 B($\frac{S(T)}{T(S)}$)D를 반복한다는 해석이다.

위의 설명은 음양이라는 "범주적 사고"를 형식 분석으로 해명한 것이다. 이러한 형식에 대입될 수 있는 내용은 동아시아 한자문화권에서는 여러 가지로 존재한다. 앞에서 선후, 상하를 시간과 공간상으로 음양적 범주로 예를 들었지만 이를 확대하면 한국말의 두 자(字)로 된 대다수의 단어들은 이 형식에 대입될 수 있다. 밤낮, 아래위, 안팎, 연놈, 국밥, 수저, 내외, 강산, 산수, 출입, 남녀노소, 지행합일, 사농공상, 음양오행, 천지인 … 등으로 대입이 가능하다.

음양이분법이 "범주적 사고"의 분류개념이라고 하였을 때 이는 콘텍스트에 따라 여러 가지로 변환 생성(transformation)된다. 때로는 2자(字)로, 3자(字)로, 4자(字)로도 표기가 가능하고 더 나아가서는

---

20 여기서 무의식이라고 함은 언어학에서 인간이 사용하는 언어의 문법은 "무의식"에 내재하고, 발화하는 과정에서 작동한다는 뜻이다. 나의 생각에는 한 개인의 생활사에는 그의 인생관, 세계관, 우주관 등으로 표기되는 내용들이 그의 행동에 "무의식"적으로 재생된다고 본다. 즉 "길들여진" 관점이라고 할 수 있다. 이는 삶의 초기에 언어학습이 가능한 시기가 있듯이. 한 사람의 세계관의 정립은 삶의 초기, 즉 젊은 날에 이루어지고 이어서 신체적, 사회관계의 변화과정에서 연속적으로 수정 변화의 과정을 거친다. 그러나 초기의 내용은 기본 골격으로 유지되는 것이 그 특징이라고 생각한다.

'시적 표현의 도구로서의 한자'[21]로 활용된다. 제임스 류(劉若愚)가
"중국어의 청각적 효과와 시작(作詩)의 기초"를 논하는 것을 보면 사
언시(四言詩), 고시(古詩)(오언五言, 칠언七言), 사(詞), 곡(曲)과 산문(散曲)
등에서 글자의 수(數)에 엄격히 제한받고 있음을 지적한다.

여기에 더하여 한자의 발성(發聲)에서 압운(押韻)이 가미되어 평
(平), 상(上), 거(去), 입(入) 사성(四聲)으로 성조(聲調)의 변화는 고저의
억양뿐만 아니라 길고 짧은 음절 사이의 "대조[음양]"를 만든다고 하
였다. 여기서 그가 표기한 오언(五言律詩)의 한 가지 형식만 소개해
보자. 기호의 뜻은 다음과 같다.

−은 평성, +는 측성, /는 휴지, R은 압운.

오언율시 제1형[22]

− − / −++ (혹은 − − / ++ −R, 압운할 때)

++ / +− − R

++ / − − +

− − / ++− R

− − / −++

++ / +− − R

21 Liu, James J.Y., 1962, *The Art of Chinese Poetry*, University of Chicago Press, 劉若愚 저, 李章
    佑 역, 1984, 『中國詩學』, 동화출판사, pp.17−93.
22 劉若愚, 1984, 위의 책, p.43.

++ / − − +

− − / ++− R

나는 이러한 기호의 순열과 배치를 보는 것만으로 아름답게 느낀다. ++ / − − 또는 − − / ++가 기본이다. 마치 서양음악의 교향곡에 주제(theme)가 있고, 이어서 이의 변주(variations)를 듣는 것 같다. 평성(−)과 측성(+)은 음양으로 대대를 이루고 그 대대는 다시 변주곡으로 다양한 순열조합으로 하나의 그림을 보는 것 같다. 서양화가 파울 클레(Paul Klee)의 "기하학적 그림"을 보는 것 같다.

동양화도 마찬가지다. 사군자(四君子)의 난초(蘭草) 그림을 "칠 때", 대칭적 순서나 방향적 대조 등을 고려해서 한 폭의 그림을 완성하는 과정과 같다. 더 나아가서 난초 그림을 감상하고 오언율시를 보고 읽는 감상자의 "느낌과 이해의 수준과 폭"은 다양하기 이를 데 없다.[23] 얼마나 견문을 넓혔느냐에 따라서, 얼마나 훌륭한 선생의 지도를 받았느냐에 따라서, 아니면 스스로 "깨달음"과 "득음"의 경

---

23 지난 4월 14일 인문강좌 제5기 제2강 서지문 선생의 마지막 토론 시간에 매우 흥미로운 이야기를 들었다. 20세기 초, 보다 정확히 1910년 버지니아 울프(Virginia Woolf)는 영국에서 처음 열린 인상파 화가들의 그림 전시회를 보고 그녀의 글쓰기에 큰 변화를 가져왔다. 인상파 화가들은 사물을 그 객관적인 실체가 중요한 것이 아니라 그 사물이나 사건이나, 보는 사람의 관념과 감각에 어떻게 보이는가가 중요한 것이고 진실이 객관적 실체(부피, 질량, 색채, 소재 등)에 존재하는 것이 아니라 그 주관적 인상에 존재하는 것이라는 신념을 갖고 있었다. 울프의 문체 또한 시적(詩的)인 문체라는 평을 듣는데 울프는 인물의 묘사나 자연의 묘사나 감정의 묘사나 인상파 화가의 붓 터치를 연상시킨다. 서정적이면서도 명확한 선으로 그리기보다 붓 터치가 모여서 윤곽은 조금 모호한 듯하면서도 느낌이 신선하게 전해지는 문체라고 하겠다. 이러한 설명은 그림그리기와 글쓰기가 한 시대에 서로 영향을 주고 있음을 말해준다.

지에 다다랐는가에 따라서, 하늘과 땅만큼의 차이를 나타낸다.

나는 여기서 스타오(石濤) 화론(畫論)[24]의 제1장에 나오는 구절, "입어일획(立於一畫, 모든 것은 하나의 획에서 완성된다)"이나, 불교의 화두(話頭)·공안(公案)으로 들고 있는 "만법귀일(萬法歸一, 만 가지 진리는 하나에서 비롯한다)"이라는 것들이 상기된다. 따져보면 모두 대대문화문법을 통해 해석이 가능할 것이다.

제임스 류는 "한시가 영어로 번역될 때 시각적 효과는 과장되는 반면에 한시의 청각적 효과는 비교적 경시해왔다"고 지적했다.[25] 이러한 현상은 한시를 오늘날 한글로 번역하는 경우에도 마찬가지이다. 조선의 학자들은 이러한 사성의 압운까지 익혀서 한시를 즐긴 것으로 보인다. 그러나 벌써 나 같은 오늘의 세대들이 한시의 번역시를 읽고 감상하는 데는 이러한 압운의 음양적 대조를 감지하며 즐길 수 없다.[26]

여기에서 나는 다음과 같은 생각을 해 본다. 한자는 근본적으로 시어(詩語)다. 그리하여 "음양 범주적 사고"를 반복 준수하는 형식을 유지할 수 있었다. 여기서 정지창의 연구[27]가 연상된다. "[영남] 대구

---

24 김용옥, 1992, 『石濤畫論』, 통나무.
25 劉若愚, 1984, 위의 책, p.35.
26 나는 비근한 예로 사찰에서 불경을 낭독할 때 한자로 독경할 때와 한국말로 번역된 것을 읽을 때 느낌은 전연 다르다. 즉 비록 사성(四聲)의 압운 까지 감상하지는 못해도 글자 수(數)로 구절과 구절을 대비(대대)시키는 느낌의 즐거움은 한문과 한글상에 엄청난 차이를 느끼게 한다. 예를 들면 반야심경의 한문판과 한글판을 읽는다든지 들을 때 나에게는 한문의 운율이 훨씬 더 아름답게 다가온다. 길들여짐의 중요성을 자각하는 것이다.
27 정지창, 1995, "대구문화, 무엇이 문제인가," 『대구·경북사회의 이해』, 대구사회연구소 엮음, 서울:

의 정서는 비정상적이고 음성적으로 표출되는데 그 구체적인 예가 전국에서 투서가 가장 많은 지역이라는 것이다. 그리고 이 지역에서 시인은 많이 배출되어도, 소설, 희곡, 공연예술 분야에는 특출한 인재가 드문데, 이는 이 지역의 양반 사대부의 문화적 전통과 연관되어 있을 것"이라고 평가하고 있다. 안동 유림들은 스스로 안동을 "추로지향(鄒魯之鄕, 공자가 살던 고향 추로(鄒魯)를 일컬음)"이라고 한다. 한자를 일상의 "구별 짓기"[28]로 활용하여 온 역사적 전통으로 인하여 영남지역에서 시인을 많이 배출할 수 있었다는 지적은, 나의 발상을 증명하는지도 모른다.

　다음에 나는 이러한 형식 분석이 어떤 해석의 가능성을 생성할 수 있는가를 『천자문』, 『논어』, 『대학』, 『중용』 등의 첫 구절에 나오는 몇 구절들에 대한 해석의 문제를 통해 다루어 보고자 한다.[29]

　한울, pp.364–387.

28　Bourdieu, P., 1984, *Distinction*, London: Routledge and Kegan Paul. 영남사대부들은 중국고전과 고사(故事)를 얼마나 많이 아는가를 두고 스스로 자랑하고 타 지역 학자들과 "구별 짓기"에 급급했다. 이는 과거시험에 얼마나 많은 문중 사람이 합격했는가를 따지고, 얼마나 높은 벼슬을 했는가를 두고 위세를 과시하고 경쟁하는 구별 짓기다.

29　이 부분은 강신표, 2006, "동북아 전통문화의 보편성과 특수성: 한국인의 시각과 입장," 『동북아 사회문화의 보편성과 특수성: 2006년도 동북아 국제학술회의 논문집』, 경제·인문사회연구회, pp.213–240에서 발표한 논문 내용의 일부분이다. 발표를 앞두고 임재해 선생에게 논평을 구하였더니 다음과 같은 점을 친절하게 지적해 주었다. "동북아의 보편성, 그것도 일부분만 논의하고 한국의 특수성을 전연 고려하지 않았다"는 점을 상세히 지적하였다. 이에 대한 나의 입장은 다음과 같다. "공통점이 없다면 차이점도 성립할 수 없다. 공통점이라는 보편성도 제대로 알고 있는가. 따라서 나는 먼저 공통점에 대한 올바른 이해가 선행되어야 한다."는 입장임을 밝힌다. 사실 엄격히 말해서 공통점도 그렇지만 차이점. 즉 특수성을 나열한다는 것은 수많은 차원과 측면이 가능하다고 본다. 따라서 공통점도 한정된 차원과 측면에서만 논의가 가능하다고 본다. 따라서 대대문화문법이라는 나의 가설적 "형식 분석"의 차원에서만 논의를 하고 있는 것이다. 대대문화문법의 형식 분석 모델이 어느 정도 유의미한 이론인가는 후학들에게 숙제로 남긴다.

2) 『천자문』의 형식 분석

『천자문』의 첫 구절 "천지현황(天地玄黃)"은 한자 공부의 첫걸음으로 동북아 3국 사회에서 전통시대에 공통으로 가르치고 배웠다. 이를 형식 분석하면 다음과 같은 설명이 가능하다.

(1) 이러한 "천지현황"은 『천자문』의 첫 번째 4자구로서 '하나'의 사자성어(四字成語)같이 흔히 사용되는 것을 볼 수 있고,

(2) "천지"는 하늘과 땅의 '둘'(하나의 '짝')로 볼 수 있고,

(3) "천지 현황"은 다시 "천지인"으로 풀어 '셋'으로 볼 수 있다. 천지는 두 가지 범주이지만, 현황은 사람이 이 두 가지에 대하여 설명을 붙인 것이다.

(4) 천지는 남녀, 노소로 변환생성되기도 한다. 한자는 표의문자요, 비유와 은유의 문자이기 때문이다.

(5) 천(天)은 시간으로, 지(地)는 공간으로, 현황(玄黃)은 인(人)으로 볼 수 없을까? 하늘을 시간으로 보는 것(天時, 天運, 天圓), 땅을 공간으로 보는 것(東西南北, 地方), 이러한 발상은 인간의 "삶의 조건"은 시간과 공간이라는 '범주'를 떠나서는 존재할 수 없기 때문이다. 이를 다시 발전시키면, 한 개인에 있어서 시간은 "생사의 축"이오, 공간은 "남녀의 축"이다. 생사가 "시간의 축"이라는 것은 쉽게 이해되리라 믿고, 여기서 "공간의 축"에 대해서만 잠깐 언급하겠다.

인간은 자기중심의 어린아이로부터 출발하였다. 그러나 성장하면서 "더불어" 살아가고 있는 이웃과의 관계를 중심으로 발전하게 된다. 그러면서도 인간 각자는 "세상의 중심으로서 자기"(홀로서)의 역할관계를 기본으로 하면서, 우주의 중심에서 인드라(제석천)의 그물코(더불어)로 존재한다. 자기 가족/국가/민족중심주의에 기우는 것은 불가피한 것이다. 그러나 그것만으로 "이웃과 함께, 더불어" 하는 삶은 영위되지 않는 것이다. 공간상으로 이웃의 첫 번째로 꼽히는 존재는 남자에게는 여자요, 여자에게는 남자다. 이는 인간 생물학적 존재로서 남녀관계는 "지상의 공간"에서 기본 축이다. 그들의 출생 이전에는 부모와 자녀관계가 공간적 축의 근본이다.

(6) 천지가 현황이라면, 다시 다음과 같은 은유와 비유가 가능하다. 천지는 남녀, 노소로 이해될 수 있고, 현황 역시 남녀, 노소로 풀이가 가능하다.

(7) 사람(남녀노소)은 정신적인 존재요, 동시에 물질적인 존재다. "생사의 시간 축"은 "정신적 의지의 지향성"의 문제요, "활동의 공간의 축"은 "생명의 재생산과 물질적 풍요의 연속성"의 문제다.[30]

---

30 필자의 생각에는 동아시아 한자문화권의 전통적 식자들의 의식이 한자라는 시어(詩語) 문자로 인하여 전개한 시적 내지는 논리적 탐구가 어떤 "형식"으로 전개되었을까를 오랜 세월 동안 탐색한 결과로 얻어진 나의 결론이다. 이에 대한 정합적(整合的) 논의는 자세히 논의를 전개해야 하기 때문에 여기에서 생략하고 다음 기회로 미룬다.

3) 『논어』 "삼락(三樂)" 해석의 비교

『논어』 「학이(學而)」편 첫 세 구절은 나의 범주적 사고의 형식 분석으로 접근하면, 천지인(天地人)으로 풀이가 가능하고, 동시에 이를 시간, 공간, 인간으로 해석가능하다고 본다. 즉

(1) 學而時習之면 不亦說乎아: 나날이 공부가 "시간"(天)상으로 나아가니 즐겁지 아니한가. 시습(時習)에는 시간 개념이 포함되어 있다.

(2) 有朋自遠方來면 不亦樂乎아: 멀리 "공간(地)"적으로 떨어져 있는 친구가 불원천리하고 찾아오니 이 아니 기쁠소냐. 천원지방이라는 "하늘은 둥글고, 땅은 모나다"에서 지방(地方)이라는 단어가 보인다.

(3) 人不知라도 而不慍이면 不亦君子乎아: "사람(人)"들이 알아주지 않는다 해도 노여워하지 않는다면 이 아니 군자인가. 사람 '인(人)' 자(字)가 주제로 등장 한다.

여기서 나는 김용옥의 역주를 검토해 보고자 한다. 먼저 나는 한문학, 동양철학 및 사상에 대한 전문가가 아님을 전제한다. 그러나 나는 그가 『논어한글역주』에서 지금까지의 방대한 연구들을 섭력하고, 정리한 작업에는 존경의 마음을 금할 수 없다. 그의 말대로 1982년 하버드 대학에서 학업을 마치고 귀국한 이래 "번역의 중요

성"을 줄기차게 강조하고 "한문해석학"이라는 새로운 치학(治學) 방법을 제창하였다. 또한 그는 자신의 방법론이 그 중요성을 제대로 인정받지 못하다가 오늘에 와서 자기의 주장이 빛을 발하기 시작하였음에 만족하면서, '나 스스로 이러한 소임에 전력을 다하겠다는 각오'로 기존의 번역본들을 상세히 검토하고 이에 덧붙여 자기 고유의 해석을 "집주옥안(集注沃案)"이라는 항목으로 첨부하여 놓았다고 밝히고 있다.

한국학계를 위하여 축하하고 경하할 일이다. 이미 그의 학문적 업적은 누구도 반복할 수 없는 위업을 쌓아 놓고 있다. 단 한 가지 지적하고 넘어가야 할 사항이 있다. 그의 연구를 인용하고 반론을 제기하는 데 한국학계가 인색하다는 점이다. 그 이유는 여기에서 구체적으로 언급할 사항은 아니다. 그러나 그의 업적은 앞으로 더욱 빛을 발할 것이다. 여기서 나는 그의 『논어』「학이」편 첫 3구절에 대한 대안적 반론을 시도하고자 한다. 고전은 학문적 전공의 경계와 구분을 허락하지 않는다. 마치 거대한 산봉우리는 4방, 8방, 아래위로 바라볼 수 있고, 각자의 위치에서 제각기 다른 모습으로 다가온다. 『논어』 역시 "천의 얼굴을 가진 고전"이다.

김용옥은 "학이시습지(學而時習之)면 불역열호(不亦說乎)아"에 대하여 주자(朱子)의 도학적 해석에 맹목적으로 추종한 조선의 학자들을 비난하면서 다음과 같이 비판하고 있다. "[주자의 주석은…] 공자의 삶에 대한 바른 접근이라 할 수는 없다. 시습(時習)에 대한 해석도 지

극히 편협하고 도덕주의적이다. 조선의 유생들이 이런 주석 때문에 *소갈머리가 밴댕이 콧구멍만 해진 것이다.* 어떻게 앉을 때 시동(尸童)처럼 앉고, 설 때 재계자(齋戒者)처럼 서 있다는 말인가? 공자는 그렇게 앉고 선 적이 없었을 것이다."[31](* 흘림체 필자가 첨부).

이러한 김용옥의 해석과 표현이 한국학계가 그에게 인색한 이유일지도 모른다. 나의 생각에 이는 김용옥의 글쓰기의 미덕으로 보인다. 일찍이 누구도 감히 이런 표현을 자유롭고 과감하게 시도한 적이 없기에 "시원하고 매력적"이다. 그러나 다른 한편에서 보면 그가 조선의 유생들을 통칭해서 "*소갈머리가 밴댕이 콧구멍만 해진 것*"이라고 극언을 할 수 있을까라는 점에 분노와 반감을 불러일으킨다. 그는 분명히 "모든 해석의 지평은 열려있어야만 한다"[32]고 주장하는 자신의 입장에 모순을 보이고 있다.

그는 다음과 같이 지적한다. "많은 사람들이 『논어』를 피상적으로 읽어, '시습지(時習之)'를 '때때로 익힌다'고 말한다. 이것은 매우 크게 잘못된 해석이다. 여기서 '시(時)'란 '때때로'(occasionally)의 뜻이 아니라 '때로', '때에 맞추어'(timely)의 뜻이다"[33]고 하고 율곡, 다산, 황간, 주희 등의 해석에 자신이 해석한 것과 상세하고 정교하게 비교하여 논하고 있다. 이러한 작업은 『논어』의 전공 학자들 사이에

---

31 김용옥, 2008, 위의 책, p.256.
32 김용옥, 위의 책, p.231.
33 김용옥, 위의 책, p.251.

서 논의하는 주소학설사(注疏學說史) 상의 쟁점이다.

나는 이 분야의 문외한이기에 이 논쟁에 개입하고 싶지 않다. 다만 모든 해석은 열린 지평이라면 나도 문외한의 입장에서 대안적 해석은 제기할 수 있을 뿐이다. 즉 나의 "대대적문화문법의 형식 분석"으로 해석한다면 "삼락(三樂)"의 세 구절을 전체적으로 보는 것이 어떠할까라는 것이다. 즉 '범주적 사고의 틀'로 보자면 세 구절은 천지인(天地人)으로 풀이된다는 것이다.

김용옥은 "학이시습지(學而時習之)"가 시간을 함의한다는 것을 지적했다. 나는 위에서 시간은 천운(天運), 천시(天時)에 관계되는 천(天)이라고 하였다. 둘째 구절, "유붕자원방래(有朋自遠方來)"에 대하여서는 김용옥은 '붕(朋)'의 의미와 '원방(遠方)'의 의미에 대해서만 논의를 집중하고 있다. 그는 먼저 "공자는 '친구가 먼 곳에서 찾아오니 즐겁다'는 이야기를 하고 있는 것이 아니다"[34]라고 하면서 흔히 읽어온 바를 부정하고 붕과 원방에 대하여 다음과 같이 해석한다. '붕'은 "개인적인 친구가 아니라 학을 위하여 뜻을 같이하는 사람들이란 뜻이다. 공자에게 있어서 '붕'이란 실제로 그의 학단을 구성한 제자들이었다"[35]고 하고, '원방'은 "먼 나라 사람들까지 찾아온다는 뜻만이 아니다. … '원방'의 더 중요한 의미는 [국내외를 넘어] 국을 벗어난 비야(鄙野)의 세계, 즉 편벽한 서인(庶人)의 세계까지를 포함해서 말

34 김용옥, 위의 책, p.253.
35 김용옥, 위의 책, p.253.

한 것이다"[36]고 하였다. '원방'은 먼 지방을 의미한다.

그런데 김용옥은 '원방'에 "편벽한 서인의 세계"를 포함하면서 "공간적인 지방(地)"의 의미를 넘어서고 있다. 나의 "형식 분석"으로 본다면 "학이시습지(學而時習之)"와 "유붕자원방래(有朋自遠方來)"는 각각 시간(天)과 공간(地)을 의미한다. 또한 전자는 "홀로(개인)"를 후자는 "더불어(사회)"를 뜻한다. 더 나아가면 이 두 구절의 짝은 음양으로서 "대대"하고 있다.

마지막으로 "인부지이불온(人不知而不慍)"에 대해 김용옥은 다음과 같이 제시하였다(沃案). "인부지(人不知)는 남이 단순히 '알아주지 않는다'는 뜻이 아니다. 공자의 인생은 자기의 이상을 실현해줄 명군을 만나기 위하여 주유한 삶이었다. 결국 '인부지'란 뜻은 자신의 인생을 회고할 때, 정치적으로 등용의 기회를 얻지 못하고 좌절된 소인(素人)으로 마감한다는 뜻"[37]이라고 하고, 이어서 "'온(慍)'이란 '부끄럽다'라는 뜻으로 새길 수도 있다고 보았다. 그러나 그것은 단순한 '부끄러움'이 아니라 하안(河晏)[38]의 말대로 '속에서 치밀어 오르는 분노'(慍, 怒也), 일본말로 '우라미,' 한국말로 '한(恨)'에 해당되는 말이다. 오규 소라이(荻生徂徠, 1666~1728)는 이것을 '불울(怫鬱, 울체된

---

36 김용옥, 위의 책, p.254.
37 김용옥, 위의 책, p.254.
38 하안은 현존하는 텍스트로서 온전하게 보존된 최고(最古)의 주석서인 『논어집해』 10권을 내 놓았다. 김용옥, 위의 책, p.234.

담담함)의 심정'이라고 풀이하였다는 점[39]을 소개하고 총체적 해석을 다음과 같이 풀이해 놓았다. "나는 평생을 통해 나의 이상의 현세적 실현을 추구하였다. 그러나 아무도 나를 이해해주는 사람이 없었다. 그래도 여한이 없다! 왜냐? 바로 군자됨을 추구했기 때문이라는 것이다. [이 구절은] 이러한 콘텍스트에서 료해되어야(이해되어야) 하는 것이다."[40] 김용옥의 이러한 해석은 이미 누구나 이해하고 있는 내용이다. 주소(注疏)적 자료를 가미하고, 글자의 해석상에 조금 더 다양하고 엄밀한 뜻을 가미한 것 같이 보인다. 다시 말해서 새로운 해석이 아니다. 기존의 주소학의 굴레에 매인 것으로 보인다.

그러면 이제 나의 해석을 풀어 보자. "인부지"는 사람에 관한 것이다. "불온"도 사람의 "상호작용"에 관한 것이다. "군자" 역시 사람에 관한 것이다. 간단히 말해서 "상호작용 하는 사람"에 관한 것이다. 이 구절을 나는 천지인(天地人)의 "범주적 사고의 형식분석"에서 인(人)에 해당한다고 본다. 앞서 있는 두 구절 "학이시습지(學而時習之)"와 "유붕자원방래(有朋自遠方來)"는 각각 시간(天)과 공간(地)을 의미한다. 그리고 전자는 "홀로(개인)"를 후자는 "더불어(사회)"를 뜻한다고 보고, 더 나아가서 이 두 구절의 짝은 음양으로도 "대대"하고 있다고 본다. 따라서 "인부지이불온 불역군자호(人不知而不慍 不亦君子

39　김용옥. 위의 책. pp.254–255.
40　김용옥. 위의 책. p.255.

乎)"를 나는 다음과 같은 몇 가지 명제로 분석해 볼 수 있다.

(1) "학이시습지(學而時習之)"는 "유붕자원방래(有朋自遠方來)"와 더불어 천지의 관계형식이고, 개인(홀로)와 더불어 사회(더불어)의 관계형식이고, 시간과 공간의 음양관계라면, 이 "인부지이불온(人不知而不慍)" 구절은 음양이 화합하는 형식이다.

(2) "인부지(人不知)"라는 표현에는 사람이 다른 사람(사회)과 살아가는 데 자기를 알아주는 것과 알아주지 않는 두 가지 "사회적 상호작용" 형식이 내포되어 있다.

(3) "불온(不慍)"이라는 표현은 사람들이 알아줄 때 보람을 느끼고, 알아주지 않을 때 "부끄럽고", "속에서 치밀어 오르는 분노", "한"을 느끼는 두 가지 "개인적 느낌"의 형식이 전제되어 있다.

(4) "불역군자호(不亦君子乎)"라는 표현에는 사람 사는 세상(사회)에는 군자(君子)와 소인(小人, 非君子)이라는 두 종류(범주)의 사람(개인)이 있다는 함의를 가지고 있다.

(5) 위의 세 가지 (2). (3). (4).의 전제 위에서, 사람(人)에 대한 다음과 같은 몇 가지 "형식분석"이 도출된다.[41]

---

41 조동일의 '한국설화 유형분석'에서도 이와 같은 유형이 발견된다. "이기고, 지기," "속고, 속이기", "알았다고 생각했는데 모르기" 등으로 설화의 주인공 이야기는 언제나 반전되는 형식을 가진다. 나의 생각에 한자의 은유의 폭이 이런 형식을 생산하는 것으로 여겨진다.

(가) 사람들이 알아주어서 기뻐한다. 일반적인 소인이다. 보통사람
들의 모습이다.

(나) 사람들이 알아주어도 기뻐하지 않는다. 일반적으로 바람직한
군자다운 자세다. 쉽게 자신의 감정이 흔들리지 않는다.

(다) 사람들이 알아주지 않아서 "여한"이 많다. 많은 소인들의 인생
이다.

(라) 사람들이 알아주지 않아도 "여한"이 없다. 진정한 군자의 모습
이다.

이상의 형식 분석으로 도출된 명제들을 종합하면 다음과 같은 해
석이 따른다.

(A) 사람(人)은 "홀로(개인으로)" 살고 있으면서 "더불어(사회에서)" 살
고 있다.

(B) 다른 사람과 "더불어" 사는 사회에는 상호작용의 여러 가지 양
식이 있어, 때로는 "즐겁고" 때로는 "분노"를 자아낸다.

(C) 사람은 군자와 소인으로 나누어진다. 군자는 홀로서(개인적으로)
"학습(學而時習)"을 즐기고, 더불어 다른 사람과 사회적 "교류(朋
自遠方來)의 상호작용"을 즐긴다.

(D) 군자는 소인배들과 달리 더불어 사는 다른 사람의 자기에 대한

평판(不知와 可知)에 상관하지 않고 "홀로" 즐길 줄 안다.[42]

나는 언제인가 다음과 같은 글을 적어보았다.[43] 『논어』의 처음 부분에 나오는 "삼락(三樂, 세 가지 즐거움)"을 말하면서 둘째 구절 "有朋自遠方來하니 不亦樂乎아!(멀리 있는 벗이 찾아오니 이 아니 즐거운가!)"라고 했다. 이어서 "人不知라도 不慍이면 不亦君子乎아!(사람들이 자기를 알아주지 않아도 노여워하지 않으면 이 아니 군자인가!)"라고 했다. 앞의 것은 연결망이 있어서 좋고, 뒤의 것은 연결망에서 벗어나 있어도 좋다고 풀이된다.

유교나 불교는 한국인의 일상생활에 있어서 구분되지 않는다. 이는 한자 문화권에 내재하는 구조적 원리가 공통분모로 작용하고 있기 때문이다. 흔히 옛날 어르신네들의 이야기를 들어보면 "사람들은 인연 따라 사는 거지 … 자기 마음대로 할 수 있나…" 혹은 불교의 발원문 속에는 "좋은 인연 맺게 하고…"라는 구절도 보인다. 인연이 카르마(karma)라면 운명적이라고도 할 수 있다. 여기서 주목해야 할 점은 사람이 연결망을 떠나서는 살 수 없지만, 연결망을 벗어난 은둔자의 생활도 나쁘지 않다는 군자 또는 은일자(隱逸者, 숨어 사

---

42 이러한 군자의 모습이 퇴계의 문집에서 여기저기 많이 나타나고 있다. 퇴계가 얼마나 "홀로" 있기를 갈망했던가를 잘 보여주고 있다. 그리고 경연(經筵)에서도 "홀로"의 중요성을 강조하고 있다. "수신(修身)한다는 것은 한 가지의 편벽에 빠지지 말아야 하고, 제가(齊家)한다는 것은 한편에 치우치지 말아야 하며, 경계하고 두려워하여 '홀로' 있을 때에 근신하며 끊임없이 뜻을 강하게 가져야 하는 것이오니…" 『국역 퇴계집 II』, 1977, p.202.

43 강신표, 2004, 「연결망의 '그물코'와 송호근의 녹우당」, 『사회와 이론』, 제5집, pp.25-26.

는 군자)의 존재가치를 인정하고 있다는 점이다.[44]

이렇게 보면 연결망은 사람의 삶을 옭죄는 "그물망"이 될 수 있다는 함의를 가지고 있다. 캐나다 카리부 에스키모의 샤먼 무당은 다음과 같이 말했다. "참 지혜라고 하는 것은 사람들에게서 아득히 떨어진 채 절대고독 속에 은거(隱居)하는데, 이 참 지혜에는 오로지 고통을 통해서만 이를 수 있다. 버리는 것과 고통스러워 하는 것만이 세상으로 통하는 마음의 문을 열게 할 수 있는데, 사람들은 이것을 모르고 있다."[45]

정재서는 "동아시아 이미지의 계보학"[46]을 논하면서 흔히 알고 있는 바와 같이 동아시아의 사라진 신들과 그들의 이미지는 오늘날에도 끊임없이 재활성화되고 새로운 이미지로 탈바꿈하여 나타나고 있음을 주목해야한다고 지적하였다. 이 점이 한국의 문화전통이 중국을 중심으로 하는 동아시아 고전과 밀접히 연관되어 있음을 말한다. 그는 한 가지 예로 김수영의 그 유명한 시 '풀'의 이미지가 『논어』「안연」편의 한 구절에서 유래한다는 사실에 대하여 놀랍게도 한국의 평론계에서는 언급되는 것을 보지 못했다고 했다. 새로운 세대들이 한국의 문화전통에 대하여 얼마나 무지한가를 개탄하고

---

44 유준영. "조형예술과 성리학: 화음동정사에 나타난 구조와 사상적 계보," 강신표 편저, 1984, 『한국 문화연구』, 현암사, pp.340-391. 이 논문을 보다 면밀한 실측 자료로 첨부하여 정교하게 한 연구 결과는 다음 책이다. 유준영·이종호·윤진영 공저, 2010, 『권력과 은둔: 조선의 은둔문화와 김수증의 곡운구곡』, 북코리아.

45 조셉 캠벨·빌 모이어스 대담, 이윤기 역, 2000, 『신화의 힘』, 서울: 이끌리오.

46 정재서, 2007, 『사라진 신들과의 교신을 위하여』, 문학동네.

있다.

정재서는 김수영의 시가 군자의 이미지를 재활성화한 것으로 풀이하고 그 원문을 소개하고 있다. "군자의 덕(德)은 바람과 같고 소인의 덕은 풀과 같은 것. 풀 위에 바람이 지나가면 반드시 눕는 법이다."[47] "풀이 눕는다 / 비를 몰아오는 동풍에 나부껴 / 풀은 눕고 / 드디어 울었다 / 날이 흐려서 더 울다가 / 다시 누웠다 / ……." 옛날의 군자는 도덕적 바람을 일으키는 주체다. 따라서 소인들은 그 바람을 잘 쫓았다. 그러나 4·19 시절에 이 땅의 군자라는 정치지도자들은 소인들을 울게 만드는 바람이 되고 말았다. "홀로" 스스로를 경계하고 근신할 줄 모르니 어떤 바람을 어떻게 일으켜야 할지 모른다.

문화인류학자 김광억은 지역연구방법론을 논하는 글에서[48] 공간적, 시간적 차원의 연구가 필요하고 동시에 정치적 차원의 연구도 필수적임을 역설하였다. "지방"이라는 개념을 정치지도자들이 중앙과 지방에서 제각기 자기들의 이해관계에 따라서 발명하고 지속시킨다는 것이다. 지방을 생산하고 이를 정치적으로 이용하는 현실을 잘 해명하고 있다. 그리고 그 정치지도자들은 과거 조선의 지배세력(군자, 사대부, 향리)들이 하던 관행을 자기 조상들의 연줄망(network)으로 재활성화시킨다. 여기서 군자와 소인을 현대식으로

---

47 정재서, 1999, 『동양적인 것의 슬픔』, 살림, pp.46–47.
48 김광억, 1996, 「'지방'의 생산과 그 정치적 이용」, 『한국문화인류학』, 제29집 1호, pp.3–35.

풀이하자면 정치지도자와 일반 서민 백성으로 풀이된다. 정치학자들은 "인간은 정치적 동물이다"라는 아리스토텔레스의 말을 자주 인용한다. 군자는 정치인이다. 그러한 군자가 자기의 소임을 어떻게 해야 하는가를 논한 것이 『논어』의 첫 세 구절 "삼락(三樂)"이 뜻하는 것이다.

김용옥의 해석과 강신표의 해석이 어떻게 달리 나타나는가는 분명하다. 입장의 차이이다. 각자가 교육받고 훈련된 방법이 입장과 관점의 차이를 가져온다. 고전은 "열린 세계"다. 『논어』를 어떤 방식으로 해석하는가는 저마다의 장단점이 있다. "천", "지", "인"으로 "시간", "공간", "정치"로 풀든가, "홀로", "더불어", "더불어 홀로"로 풀든가, "음", "양", "음양 합일의 태극"으로 풀든가 모두 가능한 것이다. "범주적 사고의 형식분석"으로 풀어 본 것이다.

4) 『대학』과 『중용』: 대대문화문법의 범주적 사고의 형식

『대학』의 3강목(綱目) 8조목(條目)은 두 개의 짝을 일관되게 설정하고 있다. 다음에 이 짝들 상호간에는 변증법적 호혜관계가 나타나고 있음을 볼 수 있다. 즉 대대문화문법의 범주적 사고의 형식을 나타내고 있다.

흔히 『대학』의 핵심은 3강목과 8조목으로 삼는다.
3강목은 在明明德, 在親民, 在止於至善이고,

8조목은 格物, 致知, 誠意, 正心, 修身, 齊家, 治國, 平天下이다.

(1) 3강목은 천지인으로 풀이가 가능하다. 재명명덕(在明明德)은 천(天)이오, 재친민(在親民)은 지(地)이고, 재지어지선(在止於至善)은 사람(人)이다.

(2) 8조목은 철두철미하게 두개의 짝으로 구성되고, 이 둘을 연결하는 것은 "선(先)"이나 아니면 "이후(而後)"로 연결하여, 상보적인 변증법적 호혜관계로 "형식적 분석"이 가능하다. 흔히 "수신(修身), 제가(齊家)"를 이야기하는데 이것들은 8조목의 중간 부분이다. 제가(齊家)하려면은 수신(修身)을 먼저(先) 해야 하고, 수신하려면 먼저 정심(正心)해야 하고 ⋯ 이렇게 이어져 마지막으로 격물(格物)에 이른다. 그리고 난 다음에는 다시 반대 방향으로 연결시킨다. 물격이후(物格而後)에 지(知)에 이르고, 지(知)에 이른 후에 의성(意誠)하게 되고 ⋯ 여기서는 단어의 어순까지 반대로 표기하고 있다. 이리하여 "수신제가"를 "신수가제"로 표기하였다. 음양적 상보성을 나타내기 위하여 단어 하나하나의 어순에까지 반대로 표기하는 것을 시도하고 있다. 이는 음은 양을 함의하고 반대로 양은 음을 함의한다는 형식의 표현이다. 강신표의 대대문화문법의 형식분석, B($\frac{S(T)}{T(S)}$)D 에서 공간은 시간을 함의한다는 표기가 S(T)이고, 반대로 시간이 공간을 함의한다는 것이 T(S)이다.

(3) 여기서 임태승이 지적한 "팔(八)"이라는 숫자는 우주를 상징한다는 것이 주목된다. 앞에서 『논어』의 "팔일무"의 형식을 논하면서 분석한 내용이다. 그렇다면 8조목의 8은 우연한 분류형식의 숫자가 아님을 알게 된다. 이는 불교에서 "시방삼세"라고 하는데 시방(十方, 열 개의 방향)은 공간이고, 삼세는 과거세(過去世), 현세(現世), 미래세(未來世)의 시간이다. 여기서 시방의 구성을 다음과 같이 계산한다. 동서남북의 사방, 동서남북의 사이에 있는 또 하나의 간(間)4방, 이 둘을 합하면 8방이 된다. 여기에 둘을 더하면 10방향이 나온다. 이 둘은 상하의 두 방향이다.

다음으로 『중용』의 첫 3구절은 "천명지위성(天命之謂性)"이오, "솔성지위도(率性之謂道)"요, "수도지위교(修道之謂敎)"이다. 이를 나는 천지인으로 풀이가 가능하다고 본다. 하늘이 명한 성품(天), 이를 따르는 길(地), 그리고 도를 닦고 가르치는 바는 사람(人)이다.

여기까지가 동북아 전통문화의 공분모로서 『천자문』, 『논어』, 『대학』, 『중용』을 중심으로 논의를 해보았다. 나의 생각에는 이상의 유교적 경전을 중심으로 살펴보았지만, 불교나 도교와 관련된 내용에 대한 형식분석도 가능하다고 본다. 즉 대대문화문법의 '범주적 사고의 형식'이 한자에 내재해 있다. 이로 인하여 유교, 불교, 도교 등이 공존할 수 있었다고 본다. 범주적 사고의 기본 형식은 『천자문』의 4

자구가 기본을 이루고 있다는 것이 강신표의 이론이다.

5) 유가적 형식과 정명(正名)

동일한 한자가 어떤 콘텍스트에 위치하느냐에 따라 의미가 달라진다는 점은 앞에 지적한 장단점을 더욱 확대시킨다. 중국고전의 대표적인 『논어』에 대한 번역본이 수없이 많이 나올 수밖에 없는 이유가 여기에 있다. 최근에 김용옥에 의하여 『논어 한글 역주』[49] 3권이 출판되었다. 김용옥의 야심작으로 『논어』를 역주하기 앞서 동서의 "인류문명전관"이라는 서장으로 시작해서 "공자의 생애와 사상"을 정리하고 "논어해석사강", "논어집주서설" 및 "번역론"을 가미하여 김용옥 독자적인 번역과 해석을 시도하고 있다. 참으로 방대한 작업을 해냈다.

그는 "번역론"의 입장을 정리하면서 다음과 같이 말하고 있다. "모든 해석의 지평은 열려 있어야만 한다. 그래야 비로소 지평간의 융합이 가능해지는 것이다. 융합이 가능해야만 주관주의나 객관주의의 오류에 함몰되지 않는 이해가 성립하는 것이다."[50] 2500년 전의 공자의 『논어』는 공자와 제자 사이의 '반응의 체계'이오, 역사적으로 축적된 주소학(注疏學)도 "객관적"이라기보다는 "방편적이며, 유동적이고, 상황적일 수밖에 없다." 왜냐하면 공자와 제자 사이의

---

49 김용옥, 2008, 『논어한글역주 1, 2, 3』, 통나무.
50 김용옥, 같은 책, p.231.

'반응의 체계의 실재(reality)'는 궁극적으로 누구도 알 수 없다. "그 불가지론을 가지론으로 끊임없이 극복하는 과정이 곧 '지평의 융합'이오, 해석이오, 이해인 것이다."

이어서 그는 다음과 같은 자기 입장을 첨부했다. "나는 언어를 논리로 생각하지 않는다. 언어는 논리를 포괄하는 '느낌(Feeling, 나의 기철학적 개념)'의 총체성 속에서 현현하는 것이다. 논리도 궁극적으로 느낌의 반복적 정형일 뿐이다. 언어는 평면적 논리를 전달하기 위한 것이 아니라 느낌의 입체성을 전달하기 위한 것이다."[51](흘림체는 필자의 첨부) 이러한 김용옥의 번역론은 이제 자신의 번역과 해석에 대하여 다시 일반 독자로서 상이한 반응이 가능한 '열린 해석' 중의 하나라는 것을 선언하는 것이다.

일찍이 한형조도 유학은 "고정된 실체, 단선적 교조"로 존재하는 것이 아니라는 점을 강조하면서 "유학의 철학적 정식화인 이기(理氣) 또한 원론적으로 유물론과 관념론, 경험론과 선험론, 형이상학과 형이하학 … 사이에 넓게 걸쳐 있다, 혹은 걸칠 수 있다. 관건은 한 철학자, 혹은 경향이 이 가운데 어느 지점에서 사유의 지형을 형성하느냐이다"[52]라고 하였다. 유학은 한자의 은유의 넓은 폭으로 인하여 "열린 체계(open system)"이며, "열린 공간과 시간(체계)" 속에

---

51   김용옥, 같은 책, p.231.
52   한형조, 2000, 「혜강의 기학: 선험에서 경험으로」, 권오영 외 공저, 『혜강 최한기』, 청계출판사, p.205.

서 누구나 독자적인 해석의 지평이 열려 있음을 지적하였다.

한자가 지니고 있는 장단점이 바로 이렇게 나타난다. 김용옥은 "언어를 논리로 생각하지 않는다"고 하면서, "느낌의 총체성 속에서 현현"하는 "반복적 정형"이 있음을 지적하였다. 정형은 형식이며 논리이다. 또 언어는 결코 "평면적 논리"만 있는 것이 아니라고도 하였다. 논리는 점의 1차원, 면의 2차원, 입체의 3차원만이 아니라, 수학적 상상력으로는 무한 차원으로 확대되는 것이다. 나의 느낌으로 김용옥이 지적하는 논의에 "반응(response)"한다면 그가 지적하는 "논리"는 이(理, 性)의 차원으로, "느낌"을 기(氣, 情)의 차원으로, 은유적으로 변환생성이 가능한 것으로 보인다. 그리고 다시 음양논리로 연결시켜 보면 둘이면서 하나요, 하나이면서 둘이다. 인간의 인지적(cognitive) 차원과 감정적(motivational) 차원은 논의의 편의상(heuristic) 나누어서 논의되는 것뿐이다.

임태승은 유가 형식의 상징 작용을 분석하면서 『논어』「팔일」에 나타난 '정식(定式)의 성현(聖顯)'[53]을 논하고 있다. 팔일은 팔괘, 팔방,

---

[53] 임태승. 2009 여름. 「定式의 聖顯 —『論語·八佾』에 나타난 유가적 형식의 상징작용 분석」. 『철학』. pp.1-21. 성현(聖顯)은 역현(力顯)의 개념과 대비시키고 있다. 후자는 무력과 폭력으로 일반백성을 지배함을 말하고, 전자는 의례(儀禮)를 통한 상징적 위력으로 백성위에 군림한다는 것이다. 중국 역사는 역현의 시대에서 성현의 시대로 진행되어 왔고, 이러한 진행의 정상에 공자의 가르침인 유교가 존재한다는 것이다. 임태승이 역현에서 성현으로 진행되어 왔다는 입장과는 반대로, 조선왕조 때까지도 폭력적 역현이 잔존하고 있던 것을 어떻게 설명할 것인가를 다루고 있다. 르네 지라르가 주장하는 폭력과 성스러움은 동전의 앞뒤와 같다는 입장에 따라 "예의 기원과 유교적 안티노미"를 다루고 있다. 임태승의 논의와 연관지어 주목할 만한 연구다. 김상준. 2005. 「예의 기원과 유교적 안티노미」. 『사회와 이론』. 제7집. pp.49-92.

팔풍, 팔음 등 보다 폭 넓은 우주적, 정치적 조화의 의미까지도 포괄한다면서 구체적으로 팔일무(八佾舞)의 사례를 가지고 유가적 형식을 검토하고 있다. 팔(八)이라는 수는 "완벽한 조화"를 상징하며, "팔"일무는 지존인 천자가 독점함으로써 성스러운 힘을 과시했다는 요지이다.

그의 논의 가운데 내가 주목하는 것은 다음과 같은 설명이다. "전통이라는 것의 실질 혹은 본질은 바로 이러한 '정량(定量)으로서의 형식'이다. 또한 정명(正名)의 본질은 바로 이러한 이미 고정된 형식을 준수(반복)한다는 것이다. 형식이 바뀌면 그 형식(기표/아이콘)이 내포하고 있는 규약(기의/코드)이 흔들리게 된다. 그러면 규약에 의해 유지되는 사회도 혼란해진다. 그래서 그 사회규약을 받쳐주는 정량의 형식(전통)을 공자는 중시"[54]하였다. 따라서 공자의 입장에서 볼 때 일반 대중이 "형식에 대한 존중과 준수"는 도덕성 강화의 가장 중요한 통로로 여기고 있었음을 말해주는 것이라고 하였다.

그는 이어서 악무언어(樂舞言語)와 상징작용을 상세히 분석하고 있다. "팔일무의 상연에는 무자(舞者)들의 움직임이 순서, 방향, 자세, 완급 등의 기호체계로 표현된다. 이러한 동작기호의 체계는 아이콘[기표]과 코드[기의]의 조합관계로 구성된다. 여기서 코드[기의]는 본질이고 아이콘[기표]은 상징이다. 따라서 코드를 담지한 각각의 아

---

54 임태승, 2000, 위의 논문, p.8.

이콘은 시각적 이데올로기를 담고 있다. 이 때문에 팔일무의 아이콘, 즉 동작기호는 악무언어라 할 수 있다. 비언어체계로서의 악무가 언어체계로서의 이데올로기를 소통시키고 있다는 것이다. 이 때문에 '팔(八)-천자(天子)'의 조합은 '팔(八)-천자(天子)-제사권(祭祀權)'의 조합으로 확장된다."[55] 결론적으로 팔일무는 종법제(宗法制)와 왕권통치를 위해 기능하며 더 나아가 천인(天人) 사이, 인간과 사회 사이, 인간과 인간 사이 등의 지향성, 의사소통, 자기조절 등의 상징적 기능을 수행했다고 하였다.[56]

지금까지 검토한 김용옥, 한형조, 임태승의 논의에서 발견되는 몇 가지 중요한 개념들이 있다. 즉 정형, 논리, 언어, 형식, 정명(正名), 정식(定式), 코드, 반복, 준수, 열린 체계, 상징체계, 동작기호, 악무언어 … 등이다. 여기서 유추할 수 있는 점은 언어와 비언어에까지 어떤 형식이 코드로서 존재하고, 이를 준수하고 반복하는 것이 정명(正名)으로서 인간사회 질서에 중요한 상징적 기능을 하고 있었다는 점이다.

보드(Bodde)는 일찍이 이 지구상에서 중국인만큼 모든 현상을 두 개의 "짝"으로 "범주적 사고"를 하는 민족이나 나라를 세계 어느 곳

---

55 임태승. 위의 논문, p.10.
56 김근 저, 2012, 『예(禮)란 무엇인가』, 서강대출판부. 저자에 따르면, 전통 사회의 핵심 운영 원리가 곧 예였다. 막연히 인사 잘하고, 윗사람 잘 모시고 하는 식으로 그치는 것이 아니다. 『예기(禮記)』에는 사람이 태어나 죽을 때까지 겪는 일상생활의 행동방식을 일일이 적어 놓았다. 그때그때 상황에 맞게 해야 할 일과 해선 안 되는 일을 배우는 것이 곧 공부였다.

에서도 찾아볼 수 없다[57]고 하였다. 정명(正名)이라고 하였을 때 명실상부(名實相符, 이름과 실체가 서로 합치)하는 것을 말한다. 이름(名)은 기표, 아이콘, 표면이고, 실체(實)는 기의, 코드, 본질, 내면이다. 이른바 "군군, 신신, 부부, 자자…"(임금은 임금다워야 하고, 신하는 신하다워야 하고, 아버지는 아버지다워야 하고, 자식은 자식다워야 한다)의 논리다. 군주라면 군주라는 이름에 상부한 생각과 자세와 행동이 따라야 한다. 신하의 지위에서 군주의 노릇을 하려 한다면 정명(正名)이 될 수 없다. 이는 달리 표현해서 음은 음다워야 하고 양은 양다워야 한다는 형식(form)에서 나온다.

한국 전통사회에서는 이름을 붙이는 일(命名)에 극도로 주의를 기울였고, 일단 이름을 가졌다면 이 이름에 합당한 도리를 찾아 최선을 다 해야 하는 것이다.[58] 이 때 이름은 사회적 지위, 신분, 직업, 관직 등으로 다양한 은유로 확대된다. 막스 베버가 프로테스탄트 윤리를 이야기할 때 소명(Callingness, 하나님의 부르심)에 견주어진다. 기독교 사상에서 마틴 루터 및 츠빙글리가 종교개혁을 시작할 때 강조한 것은 그때까지 지배적인 종교의례와 달리 가톨릭 신부(father)를 통하지 않고서도 누구나 바로 하나님을 직접적으로 대화할 수

---

57 Bodde, Derk, 1939, "Types of Chinese categorical thinking," *Journal of the American Oriental Society*, 59 (2): 200–219. 이러한 〈범주적 사고〉에 대한 연구는 Marcel Granet, M. Mauss, E. Durkheim, E. R. Hughes, Needham, A. F. Wright, C. A. Moore, W. T. Chan, Levi-Strauss 등의 연구가 많다. 자세한 것은 강신표, 1984, 『한국문화연구』, 현암사, pp.22–28.
58 강신표, 1974, 『한국문화연구』, 현암사, p.12.

있다는 주장이었다. 성경은 신부들이 독점적으로 사용하며, 일반인들이 읽을 수 없는 라틴어로 기술된 성서였다. 이를 독일어로 번역하여 일반 백성 서민이 하나님의 "말씀"에 직접적으로 접할 수 있게 한 것이다.

당시의 기성세력인 기독교(가톨릭) "성직자 횡포"에 혁명적으로 대결을 시도한 것이다. 프로테스탄트(반기를 든 사람들, 개신교도) 성직자들은 새로운 하나님의 말씀을 전하기 시작했다. 성경을 열심히 읽고, 자기가 하고 있는 직업에 충실히 노력하면 다음 세상에 천국에 갈 수 있다. 각자가 지금 하고 있는 직업은 "하나님의 부르심(callingness)"을 받은 것이다. 따라서 직업에는 귀천이 없다. 각자에 주어진 일에 최선을 다하면 천당은 약속되어 있다. 이러한 가르침은 개신교 신도들의 윤리의식에 결정적인 역할을 하게 되었다. 충실히 일하며 자기가 번 돈을 아껴서 사용하는 "금욕 정신"까지 가미되어 자본을 축적하게 되고, 이러한 자본을 다시 재투자하면서 자본주의라는 제도를 형성하는 계기가 되었다고 베버는 풀이한다. 직업윤리에 충실하다는 것은 어떤 점에서 정명(正名) 사상과도 일맥상통한다. 다만 정명(正名)에는 하나님이라는 절대자가 개입되지 않는 것이 다르다. 스스로의 수양과 자각 위에서 실천된 윤리의식이다.

임태승이 지적한 "정명(正名)의 본질은 바로 이러한 이미 고정된 형식을 준수(반복)한다는 것이다. 형식이 바뀌면 그 형식(기표/아이콘)이 내포하고 있는 규약(기의/코드)이 흔들리게 된다"라는 것을 다시 주목해야 한다. 하나의 단어를 정확히 이해하고 사용해야 한다. 나는 한국 학계의 병폐 중의 하나는 단어와 개념에 엄격하지 못한[59]것이라 생각한다. 이는 한자가 가지고 있는 "폭 넓은 은유"에서 기인하는 것이기 때문에 불가피하다는 점을 이해하고 넘어갈 수 있다. 그러나 오늘날 세계화 시대에 살면서 서양 학계와 대화하고 교류하기 위해서는 "학문적 엄격성"에 좀 더 유의해야 한다. 알쏭달쏭한 개념의 단어들을 함부로 나열하며 연구업적의 수량적 축적에 급급하고 있는 것이 일부 문제다. 이에 비해 임태승이 밝힌 "정명(正名)은 형식(form)"이라는 것은 지금까지 들어보지 못한 명쾌한 해석인 것이다.

---

59 이는 한국전통학문이 단절되고, 서양에서 시작한 새로운 학문이 도입되고 이의 역사가 한국에서 오래되지 않은 데 있다. 외래학문이 주조를 이루는 상황에서는, 외래 개념의 번역상의 문제는 이미 일관된 엄밀성을 유지하기 어렵게 만든다. 자연과학의 경우는 번역상의 문제가 상대적으로 어려움이 적다. 그러나 일상어로 구성된 인문사회과학의 경우 번역상의 문제는 심각하다. "한국말로 철학하기"운동을 한때 일부의 소장 학자들이 시도한 까닭이 여기에 있다. 그러나 그들의 글을 읽어보면 또 다른 혼란을 불러일으키고 있는 것 같다. 내가 지적하는 병폐는 상당한 세월 속에 자연히 다듬어지게 될 것으로 보인다. 이는 학문도 생명체와 같아서 시류에 따라 끊임없는 진행과정 속에 있을 뿐임을 말한다.

제 3 장

—

한국인의 사회생활:
집단성, 급수성, 연극의례성

1. 들어가는 말

공부는 예습, 학습, 그리고 복습의 반복 과정이다. 이는 단순히 기계적 반복이 아니라 "하늘과 땅을 자기 식으로 꿰뚫는 것"이라고 하였다. 나는 이미 앞에서 화두를 던지며 몇 개의 기본 개념을 소개했다. "공부"라는 개념도 그중 하나였다. 그 밖에 "홀로와 더불어", "더불어 숲", "짝", "한국 전통 문화", "한자의 대대문화문법", "형식적 분석", "범주적 사고", 그리고 "동아시아인의 세계관" 등의 개념도 상기할 수 있을 것이다. 이제 여기에 하나 더 첨가하여 이 책의 가장 중요한 주제 중 하나인 "인학(人學)"의 개념을 소개하려 한다. 이 책의 제목이기도 한 "인학(人學)"은 나의 논의에서 가장 핵심적인 개념이다. 한마디로 내가 일생을 두고 작업한 주제들이 이 개념으로 축약된다고 할 수도 있을 것 같다.

여기서 "인학" 개념이 한국인의 사회생활을 어떻게 진단할 것인가라는 나의 물음에서 출발하였음을 다시 한번 이야기해야 할 것 같다. 사람들은 개혁과 변화를 위해서는 먼저 진단을 내리고, 그런 후에 적절한 처방이 가능하다고 여겨왔다. 물론 이러한 발상은 포스트모던 시대의 발상에서 보면 "전 시대적인 낡은 생각"의 일종으로, 계몽주의 시대의 발상으로 간주될 수도 있다. 그럼에도 불구하고 나는 나의 "학문적 "입장"이 이러한 한계를 넘을 수 없음을 먼저 고백해야 할 것 같다. 동시에 이 고백이 한국문화인류학이 한국적 문화전통 속에 살고 있는 우리 자신들을 이해하는 데 있어 어떤 "방편"을 모색하고 찾아간 족적의 하나로서 자리매김 될 수 있기를 바란다. "학문적 토착화를 위한 여정"에 작은 밑거름이 되기를 기대했던 그 진정성만큼은 분명하게 나누고 싶기 때문이다.

2001년 『공자가 죽어야 나라가 산다』[01]라는 제목의 책이 출판되자 독자들의 반응은 뜨거웠다. 저자 김경일은 "나는 우리 사회 곳곳에 검은 곰팡이처럼 자라고 있는 유교의 해악을 올바로 찾아내고 솎아 내지 못한다면 우리의 미래는 없다고 단언하고 싶다"[02]고 이야기한다. 그는 공자가 죽은 지 거의 2,500년이 지났지만 아직도 한국 사회 곳곳에는 공자의 유교 사상이 검은 곰팡이처럼 자라고 있어 이를 솎아내지 못하면 한국의 미래는 없다고 단정했다. 불과 10여 년전 일이다. 지금은 그 소리가 어디로 숨어 버렸는지 들리지 않는다. 그러나 분명 당시에는 호소력이 있었다. 인터넷에는 지금도 이 책을 다음과 같이 소개하고 있다.[03] 길지만 이것을 인용하면 아래와 같다.

01 김경일, 2001, 『공자가 죽어야 나라가 산다』, 바다출판사.
02 김경일, 2001, 위의 책, p.85.
03 출판사 리뷰, www.yes24.com/24/goods/18217?scode=032&OzSrank=1.

1997년 말 뜻하지 않게 찾아온 IMF 태풍은 사상 유례 없는 대량감원과 실직, 중소기업의 연쇄부도라는 충격을 우리에게 안겨주었다. 언론과 식자층은 일제히 국가의 존망이 달린 위기 운운하며 한국사회의 구조적 병폐를 한 목소리로 질타하기에 여념이 없었다. 그러나 우리 사회의 문제에 대한 철저한 진단과 자기반성, 구체적인 해법은 미처 궁리해보지도 못한 채 언제 그랬냐는 듯 이내 잠잠해졌다. 그렇게 위기는 또 한 번 잊혀져갔고 '역경을 극복하는 위대한 민족', '하면 되는 민족' 운운하는 또 하나의 헛된 구호와 자화자찬만을 남기고 말았다.

이 책은 감히 그 위기의 본질에 대해 말하려 한다. 이 책의 요지는 매우 간단하다. 한국사회 문제의 핵심에는 공자로 대표되는 유교 이데올로기가 있다는 것이다. 왜 하필 공자인가, 지금 어느 누가 공자를 받들고 이야기하는가, 그것은 소수의 한학자나 청학동 주민들에게나 유효한, 그야말로 시대착오적인 주장이 아닌가 하고 혹자는 반문할지 모른다. 그러나 공자를 전혀 알지 못하고 관심이 없는 사람일지라도 그가 한국에서 태어나 자란 이상 그는 골수까지 철저히 유교 이데올로기에 세뇌되어 있다. 한번 주위를 둘러보라. 한국사회의 심각한 문제들의 배후에는 예외 없이 공자와 유교의 그림자가 깔려 있음을 알게 될 것이다.

실용적 학문과 경제적 활동을 천시하다가 근대화에 뒤처진 것은 말할 것도 없이 학사적 엘리트주의, 그리고 그 기득권층의 보수대결

집 배후에는 유교의 사농공상적 신분질서 관념이 있으며, 논리보다
는 힘을 우선하는 토론 부재의 사회분위기는 유교의 가부장 의식
과 군사독재의 권위주의가 짬뽕된 결과이다. 혈연, 학연, 지연에 대
한 맹목적 충성과 그로 인한 끼리끼리의 협잡과 폐쇄성, 분파주의
는 조상 숭배와 족보 자랑이라는 유교적 전통에서 유래한 것이며,
지배층의 도덕적 위선과 무능력, 부패를 가려주고 말끝마다 '도덕
성 회복'이니 '민심이 천심'이니 하며 국민을 속이는 데는 있지도 않
은 군자와 성인의 입김이 한몫하기 때문이다. 또 뿌리 깊은 차별대
우에 시달리는 여성과 획일적 교육으로 자유와 창의성을 박탈당하
는 아이들은 남성과 성인 중심 유교문화의 최대 피해자들이다.

우리의 지도층 인사들이 공자와 유교에 애착을 느끼는 것은 어찌
보면 당연하다. 그것은 논리를 따지지 않으며 절대적 권위에 복종
케 하는 수직윤리이기 때문이다. 충이든 효든, 말이 되든 안 되든
일단 받아들이도록 만들기만 하면 만사 편안한 지배이데올로기인
것이다. 공자의 도덕은 '사람'을 위한 도덕이 아닌 '정치'를 위한 도
덕, 남성을 위한 도덕, '어른'을 위한 도덕, '기득권자'를 위한 도덕,
심지어 '주검'을 위한 도덕이었다. 때문에 공자의 도덕을 받아들인
유교문화는 정치적 기만과 위선, 남성 우월 의식과 여성 착취, 젊음
과 창의성의 말살 그리고 주검 숭배가 낳은 우울함이 가득할 수밖
에 없다. 이것들은 사람이 살아 숨 쉬는 삶의 공간에 꼭 필요한 투
명성과 평등, 창의력, 생명력과는 너무도 동떨어진 가치이다.

아직도 우리는 이미 유통기한이 지난, 진작에 폐기처분해 버렸어야 할 봉건제적 망령과 함께 숨 쉬고 있다. 지금 그 망령을 완전히 제거하지 않는다면, 우리는 언제고 또다시 주권을 잃고 동족상잔을 겪고, 경제 파탄에 이르고 말 것이다. 아니 꼭 생존의 논리에서가 아니라 인간적 삶을 위해서라도 이제 공자로 대표되는 유교문화는 마땅히 지양해야 한다.

김경일은 "한국에서 태어나 자란 이상 그는 골수까지 철저히 유교 이데올로기에 세뇌되어 있다. 한번 주위를 둘러보라. 한국사회의 심각한 문제들의 배후에는 예외 없이 공자와 유교의 그림자가 깔려 있음을 알게 될 것이다"라고 하면서 "이미 유통기한이 지난, 진작에 폐기처분해 버렸어야 할 봉건제적 망령"이라고 하였다. 과연 유통기한이 지난 사상일까? 글 속에 보이는 현상은 10여년이 지난 지금 많이 변했다.

그러나 지난 한 시대를 살아 온 세대들에게 이 글은 흔히 이야기되어 온 내용이고, 그 잔재 또한 여전히 남아 있다. 공식적인 국가의례에 사용하고 있는 "애국가"**04**와 "태극기"**05**는 이러한 잔재를 잘

---

04 "동해물과 백두산이/ 마르고 닳도록/ 하느님이 보우하사/ 우리나라 만세/…." 이 가사 속에는 대대문화문법이 잘 표현되어 있다. 특히 바다와 산, 마르고 닳다. 공간과 시간 같은 "짝의 개념"이 일관되게 "범주적 사고의 형식"으로 짜여져 있음을 알 수 있다(그림1 참조).

05 태극기는 《주역》 계사상전(繫辭上傳)에 나오는 태극→양의(兩儀)→사상(四象)→팔괘(八卦)라는 우주 생성론을 나타내는 태극도를 표현한 것이라 할 수 있다. 다만 차이라면 조선의 태극팔괘도는 복희선천팔괘(伏羲先天八卦)가 아닌 문왕후천팔괘(文王後天八卦)를 나타낸 것이다. 원 안의 태극 모

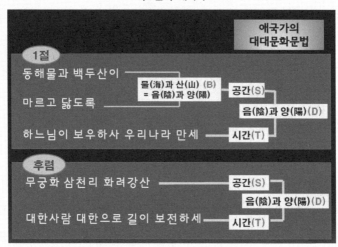

〈그림 1〉 애국가

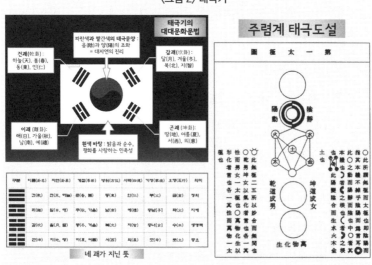

〈그림 2〉 태극기

보여준다. 이를 달리 표현하자면 공자로 대표되는 유교는 "한자에 내재하는 대대문화문법"으로, 한국사회와 한국인의 의식구조를 지배해 온 것이다. 한글 전용이 상용화되고 있다고 해서 한자에서 비롯한 원래의 뜻이 사라지지는 않는다.

대대문화문법의 '범주적 사고의 형식'은 이미 한자에 내재해 있는 것이다. 그렇기 때문에 유교와 불교, 도교 등도 공존할 수 있었을 것이라 생각한다. 세종대왕의 한글창제에 있어서 "천·지·인 삼재"를 기본으로 하였다는 것도 우연이 아니요, 1988년 서울올림픽의 상징(emblem)으로 천·지·인 삼태극을 사용했다는 것도 문화전통은 언제나 재생산, 재활성화되고 있음을 말해준다. 이는 대대문화문법이 한자 문화권에 있는 우리의 "무의식"에 형식으로 존재하기 때문이다.

양은 음양 양의를 나타내며, 4괘는 팔괘(八卦)를 대표하는 사정괘(四正卦)를 나타내는 동시에 그 하효(下爻)와 중효(中爻)로 태양(太陽)·소음(少陰)·소양(少陽)·태음(太陰)이라는 사상(四象)을 함께 나타낸다. 네 괘가 지닌 뜻은 이름(卦名)에 따라 각각 자연(卦象), 계절(季節), 방위(方位), 사덕(四德), 가정(家庭), 오행(五行) 등의 의미를 나타내고 있다(그림 2 참조).

2. 한국적 인학의 정립을 위하여: 조선 전통문화(불교)에 있어서의 인간관

인학[06]은 사람을 연구한다. 사람은 무엇이냐? 오래된 이 질문에 해답은 무한할 것이다. 그리고 앞으로도 무한히 나올 것이다. 많은 해답이 나올 수 있다는 것은 곧 해답을 모른다는 것일 수 있다. 그러나 해답은 계속 만들어질 것이다. 다만 정답[07]이 없다고 함이 옳을지도 모르겠다. 그렇다면 정답이 없다는 사실은 무엇을 의미하는가? 왜 없을까? 해답은 있으나 정답이 없는 것, 정답 가운데 꼭 맞는 옳은 답이 하나만 있는 것은 아니라는 말이다. 하나가 아니라면 몇 개가 있다는 것을 전제해도 좋다. 문제는 하나든 몇 개든, 누가 그 중 하나를 정답이라고 할 수 있고, 또 어느 것을 골라 정답이라고 지정할 수 있느냐는 것이다. 그 많은 해답을 내놓고 있는, 그 많은 누구들 중 누구만이 정답을 낼 수 있느냐는 것도 문제다. 즉 정답을 내어놓고 받아들이는 데 그 '누구'라는 요소가 누구냐는 데 어려움이 있다.

인간은 모두가 인간이며 신이나 절대자가 아니다. 이러한 인간적

---

06 나는 인류학(人類學)을 인학이라고 정의한다. 그러므로 Anthropology는 인학(人學)이라고 해야 마땅하다고 생각한다. Anthropology는 study of man이지 study of mankind가 아니다. 강신표, 1974, 「東亞細亞에 있어 韓國文化」, 『韓國文化人類學』 제6집, pp.191~194 참조.

07 해답(解答)과 정답(正答)을 구분하기 위하여 전자를 an attempted answer, 후자를 the correct answer라고 규정할 수 있겠다. 이러한 구분은 철학자 정대현(丁大鉉) 선생과의 토론에서 배운 것이다. 이 논문을 완성하는 데 선생의 많은 비평과 시사를 받았음을 이 자리를 빌려 감사드린다.

속성은 어느 주어진 시대와 사회에 태어나서 유한한 시간 속에서 살다가 사라지는 존재임을 의미이다. 이러한 존재는 시간과 공간이라는 좌표 속에 구속되어 있으면서, 동시에 그 구속의 시발과 종말 사이에서 끊임없이 변화한다.

사람이 무엇이냐는 질문에 정답이 없다는 것이 인간 자신이 갖고 있는 속성에서 연유한다면, 사람을 연구하는 인학은 성립할 수 없을지도 모른다. 그러나 인학은 인학도들에 의해 진행되고 있다. 앞에서 우리는 "홀로와 더불어" 그리고 "더불어 숲"도 이야기하였다. 삶의 의미는 반드시 '사회적 맥락' 안에서만 근거한다.[08] 이를 달리 말하면, 삶의 의미는 '문화적 맥락' 위에서만 구성된다고 할 수 있을 것이다. 한 사회의 구성원들이 공유하는 역사적 생활경험의 총체를 전통이라고 한다면, 이 전통이 현대 인학의 용어로는 문화가 되는 것이다.

사람이 무엇이냐는 것에 공유할 수 있는 의미 있는 해답을 찾는다면 결국 민족적, 사회문화적 배경을 살피는 것이 필요할 것이다. 실제로 인학은 민족지적(民族誌的) 연구를 통해서 민족학(ethnology)을 발전시키고 있다. 개별적인 민족사회의 문화를 정리, 기록하는 것

---

08 Peter Berger는 모든 의미 체계를 포함하는 가치는 오직 사회적 맥락 위에서만 성립한다고 하고, 가치체계를 바꾸려고 할 때는 사회적 맥락을 바꾸어야 한다고 했다. 뿐만 아니라 현재 한 개인이 갖고 있는 가치체계를 지속하기 위해서라도 그 체계가 통용되는 사회적 맥락을 주기적으로 재확인하는 작업에 참가하지 않으면 안 된다고 한다. Peter Berger, 1964, *Invitation to Sociology*, pp.78~79 참조.

을 민족지(ethnography)라고 한다면, 그 개별적 민족지들의 상사(相似)와 상이(相異)를 비교함으로써 보편적 이론을 도출하는 것이 민족학이다. 차원을 낮추어 한 개별 민족, 즉 한국을 대상으로 살펴보면, 한국 내 각 지역의 민족지를 먼저 정리하고, 이를 다시 비교 연구함으로써 한국 민족학을 정립할 수 있을 것이다.

그렇다면 사람이 무엇이냐는 주제에 한국 민족사회의 문화적 배경하에서 공유할 수 있는 해답은 무엇일까? 한국의 각 지역 사람들이 공유하고 있는 해답을 정리한 후, 이를 바탕으로 모든 한국인의 최대공약수의 공유된 해답을 구할 수도 있을 것이다. 또는 각 세대별로 정리해 볼 수도 있다. 때로는 젊은 세대와 늙은 세대처럼 양자의 해답이 너무 달라서 공약수를 구할 수 없는 경우도 있을 것이다. 그럼에도 민족사회의 역사적 전통은 급변하는 현대사회 속에서 지속적으로 그 저변을 흐르고 있다. 그것은 쉽게 변화할 수도, 단절될 수도 없는 것이다. 나는 이러한 지속성은 한국인의 의식 심층에 "대대문화문법"이라는 "범주적 사고 형식"이 일관되게 지속하고 있기 때문이라고 생각한다. 그리고 이것이 나의 "입장"이다.

불교는 전근대 한국사회에서 중요한 위치를 차지하였다. 이러한 불교적 생활 전통이 오늘날의 한국사회에서 어떻게 그 명맥을 유지하면서 일상생활 속에서 지속되는가를 살펴보는 것은 중요한 관심사의 하나이다. 오늘날 한국인의 행동양식은 불교 전통에 비추어 볼 때 많은 부분이 설명될 수 있다. 그뿐 아니라 다수의 지역 구성원들이 여전히 불교적 종교생활을 적극적으로 실천하고 있어 오히려 불교적 전통이 더 강화되는 모습도 발견된다. 그러므로 한국 민족사회 문화적 배경하에서 최대공약수적인 해답을 찾는다면 그중 하나는 불교에서 찾아볼 수 있다. 이러한 노력은 한국적 인학의 정립을 위해 어떤 방향을 제시할 수 있다는 어떤 기대감일 것이다.

　여기서 전근대 한국의 전통문화에서 나타나는 인간관을 다루어 보려는 것은 통도사의 경봉 스님이 보여주는 인간관이다. 통도사의 가장 높은 조실스님은 팔순이 지난 고승이다. 매월 1회씩 법회를 열 때면 사찰 주변과 멀리 부산, 대구 등지에서 약 800여 명의 신도들이 모이곤 했다.[09] 법문(설법)의 내용은 전근대 한국 전통문화의 기본구조를 잘 보여주고 있다.[10] 스님의 주제는 "이 세상에 와서 연극 한번 잘하고 가라"는 것이었다. 스님과 주고받은 대화는 스님의 논리를 잘 보여준다. 스님은 내게 "자네가 누구냐"고 물었고, 내가 이름을 말하자 "그 이름이 뭐냐"고 다시 물었다. 이름 석 자를 풀어서 설명했더니 "그것이 자네냐? '보는 대로와 같습니다'라고 해야지"라고 했다. 스님을 만나는 다른 사람을 관찰해 보아도 대면하는 형식은 마찬가지였다. 누구냐고 했을 때 이름을 대면 이름이 뭐냐는 것으로 공박하고, 보는 대로와 같은 사람이라고 하면 이름도 없느냐고 한다.

09　여기에 기록한 자료는 1970년대 수집한 자료다.
10　졸고, 「亞細亞에 있어 韓國文化」 참조.

나중에 스님이 이렇게 말하는 이유를 들을 수 있었다. "풀밭으로 걸어가면서 막대기로 풀 속을 툭툭 치면서 가면, 새는 후다닥 날고, 개구리는 폴짝폴짝 뛰고, 뱀은 쉬쉬하고 도망간다. 자네가 어떤 사람인가 하고 툭툭 쳐 본 것이다"라고 말하며, "사람은 변증을 잘해야 한다. 이리 물으면 이리 척 답하고 저리 물으면 저리 척 답해야 한다"고도 했다. 이러한 노선객(老禪客)의 대화가 곧 한바탕의 연극인지도 모른다.

스님의 변증의 논리는 그날 들은 삼보의 설명 속에 더 잘 나타나 있다. 삼보(三寶)는 불교에서 불(佛), 법(法), 승(僧)을 말한다. 이것은 아래의 세 가지로 풀이할 수 있다.

첫째, 불은 부처님이고, 법은 부처님 말씀이고, 승은 부처님을 따르고 그 말씀대로 사는 스님을 말한다.

둘째, '심청정시불(心淸靜是佛)'(마음이 맑고 고요한 것이 부처님), '심광명시법(心光明是法)'(마음이 밝고 환한 것이 부처님 말씀), '심정광처처무애시승(心靜光處處無碍是僧)'(마음이 고요하고 밝아서 어느 곳에 있든지 걸림이 없는 것이 스님)

셋째, '불'은 나락(벼)이고, '법'은 보리이고, '승'은 콩(콩)이다.

첫째는 글자 그대로를 풀이한 것이며, 둘째는 각각이 의미하는 바를 깊게 해석한 것이다. 그러나 셋째는 둘째를 전적으로 부정하는 것과 같은 설명이다. 경봉 스님은 이 말의 뜻을 알겠느냐며 잘 생각해 보라고 했다. 세 글자를 세 가지로 풀이했는데, 그 풀이가 모두 다른 것이다. 그 뜻은 각자가 이해할 수 있는 만큼 이해하는 것을 전제로 삼고 있다.

이는 바둑의 급수에 비유할 수 있을 것 같다. 바둑에서 급수가 높은 사람은 낮은 사람의 수를 읽어 바둑에서 이길 수 있다. 바둑의 급수는 18급에서 시작해서 1급까지 엄격하게 상하로 구분되어 있다. 한 급수의 차이는 바둑알 하나로 계산한다. 바둑의 연륜으로, 또는 타고난 소질로 급수는 올라간다. 삼보에 대한 설명과 이해도 불교에 대한 '수련'의 '연령'과 '소질'로 '급수'(?)가 올라간다고 볼 수 있다. 따라서 사람이 뭐냐 하는 불교적 해답의 하나는 "'급수'(?)를 가진 인간"인 것이다.

흔히 쓰는 말로 "수가 높다"라는 말은 급수적 인간을 무의식적으로 전제하고 있는 것이다. 따라서 수가 높고 낮은 데 따라, 사람이 무엇이냐에 대한 해답도 높고 낮아질 수 있는 것이다. 바둑처럼 18급부터 1급까지 세분할 수 있는 주어진 등급은 없지만, 차원이 다른 사람에 의해 차원이 다른 해답이 나올 수 있을 것이다.

'삼보'의 세 가지 풀이는 삼보가 무엇이냐는 물음에 대한 차원이 다른 해답들이다. 수가 제일 낮은 해답은 '자자구구적(字字句句的)' 풀이이다. 첫째 풀이가 그것이다. 그러나 둘째 풀이는 불교를 조금 알고 익힌 사람이 알아듣고 음미할 수 있는 차원이다. 셋째 풀이는 삼보를 나락, 보리, 콩에 비유했는데 언뜻 보기에는 얼토당토않은 풀이처럼 보인다. 이는 더 이상 설명을 하지 말아야 하고, 또한 할 수도 없는 수의 세계이다. 그러나 이를 이해할 수 있는 '수가 높은 사람'은 이 수의 세계를 쉽게 알아차릴 수 있는 것이다.

경봉 스님은 법문을 시작할 때, 첫 말로 "조사(祖師)가 단상에 오르기 전에 이미 설법은 다 끝났다"고 했다. 그리고 계속해서 "이 좋은 날 여러분이 찾아왔으니…" 하며 자신의 도(道)의 마음을 풀어 놓는다. 법문(法門)의 이 첫마디는 수가 높은 사람에게 하는 말이다. 내 말에 나락, 보리, 콩 이외에는 무엇이 있는가, 찾아왔으니 찾아온 것으로 오늘의 법문은 이미 얻은 것이 아니냐는 것으로도 풀이할 수 있다.

스님의 법문 속에 자주 나오는 가르침은 "연극(演劇) 한번 잘하고 가라"는 것이다. 이 사바세계에 와서 사는 것은 연극이니 연극의 마디마디가 끝났을 때는 딴 사람이 되어야 한다. 배우는 한 막이 끝났을 때는 본래의 사람으로 돌아가야 하고, 미련 없이 지난 것은 끊어 버려야 한다는 것이다. 사실 이 말 역시 급수가 다른 인간에게 제각각 다른 풀이를 요구하는 것이다.

이제 스님이 보여준 "자네가 누구냐?" 하는 연극을 재음미해 보자. '누구냐'라는 질문에 이름을 대면 이름이 자네냐 하고, 보는 대로와 같은 사람이라고 하면 이름도 없느냐라고 하며 처음 대면하는 사람을 어리둥절하게 만드는 그의 말솜씨는 한바탕 연극 장면과도 같다. 그리고 이렇게 하는 것이 자네를 이해하는 방법이라는 설명을 덧붙인다. 이것을 나의 생각대로 풀이해 보면 '급수적 인간'을 이해하기 위해서는 '연극적 인간'이 되어야 한다는 것이다.

"풀밭을 걸어가면서 막대기로 풀 속을 툭툭 치면서 가면…"이라는 행위는 마치 "자네가 누구냐"라는 질문으로 양면을 공격하는 연극행위에 비유될 수 있을 것 같다. 찾아온 사람이 어떠한가를 알기 위해 막대기로 툭툭 쳐 본 것이다. 오늘날 한국 사회에는 "그 사람을 이해하려면 바둑을 한번 두면 알 수 있다"라는 말이 있다. 바둑판에서 흑백(黑白)의 응수는 서로가 서로의 사람됨의 특징을 나타낸다고 한다. 대세(大勢)를 잘 잡는 사람, 끝처리를 잘 하는 사람, 세심한 사람, 덤벙거리는 사람 등 갖가지 사람됨을 바둑이라는 상호작용 행위를 통해 파악하는 것이다.

바둑판의 경우보다는 사업가들이 술집에 가거나 노름판을 벌여 아랫사람을 이해한다는 것이 오히려 더 적절한 연극적 예가 될 수 있겠다. 윗사람은 아랫사람들과 돈 따먹기를 해 보면 아랫사람들의 급수를 안다고 한다. 돈 따먹기 노름판에 가보면 '시끄러운 사람', '조용한 사람', '계산에 밝은 사람', '수가 높은 사람', '수가 낮은 사람'이 다 노출되게 마련이라는 것이다. 물론 당일의 운수도 중요하다. 그래서 몇 번 정도 같이 노름을 해보면, 부하에게 적재적소의 일을 맡길 수 있다고 한다. "사람이 무엇이냐"를 알아보는 전략(strategy)이 노름이라는 연극을 통해서 표출되는 것이다.

이번에는 내가 경험한 '섰다'판을 보자. 족보를 옆에 두고 족보에 등록되어 있는 화투장이 들어오면 내가 선다. 그리고 족보에서 낮으면 안 선다. 이런 것이 상대방에 노출될 경우에는 내가 나오면 다른 사람들은 모두 들어가 버리고 만다. 이것이 곧 돈을 딸 수 없는 전략이다. 상대방에게 자기의 화투장이 무엇인지는 노출시키지 않아야 한다. 이른바 '단수가 높은 사람'은 낮은 숫자로도 상대방을 압도시켜 돈을 얻는다. 이때 놀이의 현장은 각종의 전략으로 상대를 현혹시키면서 대결이 펼쳐진다. 카드 노름의 규칙이 복잡할수록 '단수'의 대결로 바뀐다. 따라서 '수가 낮은' 사람은 낄 자리도 없다. 수와 수의 대결을 연극적 상황을 통해 흥분하며 즐기는 것이다. 술좌석에서 하는 언어적 놀이 또한 마찬가지다. 사무실의 잡담 속에도 수의 대결은 짐작할 수 있다.

어떤 사람은 "슬쩍 거짓말을 해보는 거지"라는 연극을 즐긴다. "일부러 화를 내 보는 거야" 등 '급수적 인간'을 알기 위해 자신의 수만큼 '연극적 인간'이 되어 보는 것이다. 동시에 그러한 연극을 통해서 자기를 상대방에게 노출시키기도 한다. 그러나 수가 높고 낮은 것이 모든 경우에 통하는 것은 아니다. 상황에 따라 높은 수가 낮은 수가 되기도 하고, 낮게 보이던 수가 높은 수가 되기도 하는데, 바로 여기에서 묘미를 느낄 수 있다. 뿐만 아니라, 농담은 수가 비슷해야 통하는 대표적인 경우로, 이 경우 수가 전혀 틀리면 실례가 되기도 하고, 때로는 밥이 되기도 한다.

그러고 보면 수가 통하는 사람끼리 살려는 경향도 있다. '집단적 인간'이라는 표현이 이 경우에 적절할 수 있겠다. '유유상종'(類類相從)이라는 뜻의 인간집단 형성이 집단적 인간의 특징이다. 수가 통한다는 것은 반드시 수가 꼭 같다는 것을 의미하지는 않는다. 상대의 수가 무엇인지를 알고, 상대의 수와 상보적 관계에 들어갈 수 있을 때 집단을 형성할 수 있다. 그러므로 끼리끼리 산다는 표현은 공유된 수의 목록(repertory) 내에서 연극이 통하는 삶을 말한다고 할 수 있겠다. 이 공유된 수의 목록은 그 집단의 문화라고도 할 수 있다. 각종의 경쟁적인 정치인 집단, 문화인 집단, 경제인 집단들은 상대방이 "무슨 수를 쓰는지"를 주시한다. 여러 가지 정치적 연극 역시 연극적 인간이 연출하는 것이다.

가장 대표적인 연극의례성은 지율 스님[11]이 벌인 KTX 천성산 터널 공사 반대운동일 것이다.[12] "무슨 수를 써야 할 텐데…", "미리 수를 써야 할 텐데…"라는 일상적 표현은 집단적 인간이 서로를 어떻

---

11 지율 스님은 환경운동가, 사진작가로 활동하고 있는 경남 양산 내원사의 승려이다.
12 2003년 10월 KTX 경부선 서울~부산 간 주행시간을 단축시키기 위한 경남 양산의 천성산 원효터널 공사를 둘러싸고 환경단체인 '도롱뇽의 친구들'은 도롱뇽을 원고로 내세워 공사착공금지 가처분 소송을 냈다. 소송이 진행되는 과정에서 대구~부산 간 KTX 공사는 세 차례에 걸쳐 총 289일간 중단되었다. 이 과정에서 내원사 소속 지율 스님은 "천성산에 터널이 뚫리면 산에 도롱뇽이 살지 못하는 등 생태계가 파괴된다."며 2003년부터 2005년까지 4차례에 걸쳐 단식농성을 벌였다. "새처럼 가벼워지겠다."는 자살을 암시하는 극단적인 표현까지 서슴지 않으면서 전국적인 유명인사가 되어, 국민들에게 "지율 스님을 살리고 나아가 천성산 도롱뇽도 살려야 한다."는 범국민적인 운동까지 불러일으켰다. 결국 이 사건은 2006년 6월 대법원에서 환경단체가 낸 가처분 신청은 "환경파괴의 구체적 피해를 입증하지 못하는 개인이 국가 개발까지 막는 건 헌법이 보장하는 환경권을 넘어선 것"이라는 이유로 기각되었다. 이후 공사가 재개되어 2010년 11월 천신만고 끝에 천성산 터널(원효터널)이 완공되었다.

게 상보(相補)할 것인가를 논하는 것이다. 이 경우, 수는 급수적 인간의 술수(術數)의 수요, 한편으로는 수단(手段)의 수(손)일 수도 있다. 둘 다 함축하고 있다고 보아야 할 것이다. 눈치작전의 개념도 이 범주에서 검토할 수 있다.[13]

지금까지 인학의 주제인 사람이 무엇이냐는 질문에 대하여 불교적 해답이 무엇인가를 중심으로 살펴보았다. 불교적 해답이라 해도 인학도의 한 사람인 나에게는 민족지적 상황 속에서 접해진, 극히 지엽적인 내용일 수 있다. 전근대 한국의 전통문화는 불교만이 아니다. 그러므로 유교적 해답, 무속(shamanism)적 해답, 또는 토착화된 기독교적 해답 등에서도 인간관(image of man)을 정리해 볼 수 있을 것이다. 이 글에서는 불교를 중심으로 한 전근대 한국의 전통문화에 나타나는 인간관을 '급수적 인간', '연극적 인간', '집단적 인간' 등 3가지로 정리해 보았다.

그러나 이러한 시안이 갖는 의미가 무엇인지를 독자에게만 맡길 수는 없다. 외래의 새로운 이론 도입을 통해서가 아닌, 전근대 한국 민족사회의 문화적 배경을 보다 깊이 파악함으로써 오늘날의 한국인을 이해해 보려는 것이 나의 시도이다. 한국적 인학의 방향을 정립하는 데 이러한 나의 시도가 작은 디딤돌이 될 수 있기를 바란다.

---

13 2012년 5월 국회의원을 뽑는 총선을 치르는 과정에서 민주당의 김용민과 "나꼼수" 사건, 그리고 통합진보당의 이정희 대표가 보여주는 부정선거 처리과정은 전근대 한국문화의 문화문법이 무엇인가를 실감하게 한다.

3. 현대사회 속의 전통문화: 급수성, 집단성, 연극의례성

현대의 한국사회에는 두 개의 문화가 있다. 이를 전통문화와 현대문화로 대별해 볼 수 있을 것이다. 임희섭(林熺燮)은 문화정체성(文化正體性)을 논함에 있어 '전통 문화'와 '문화적 전통'의 구분을 제안하였다.[14] 전자는 기본적으로 과거 전통사회의 문화라는 뜻이며, 후자는 '과거로부터 현대까지 축적되어진 문화 양식으로서 현재의 사회 환경 속에서도 유지되고 있는 문화'를 의미한다. 따라서 한국의 고유문화로서 '과거에 속하는 것'과 '현재에 속하는 것'을 각각 '전통 문화'와 '문화적 전통'으로 구분할 수 있다는 것이다. 문화의 연속과 단절을 논할 때 우리가 생각해 볼 수 있는 여지를 제공하고 있는 것은 틀림없다.

그러나 한국의 고유문화를 다루는 데 과거에 속하는 것과 현재에 속하는 것을 구분하기란 쉽지 않다. 왜냐하면 고유문화는 이미 역사적 전통의 배경을 빼놓고는 설정할 수 없기 때문이다. 사실 이러한 의문과 혼란이 제기되는 데는 '문화란 무엇이냐'라는 물음에 대해 각 학문마다 다종다양한 정의를 내리고 있기 때문이다. 뿐만 아니라 문화인류학 내에서도 경험론적 입장과 관념론적 입장에 따라 문화의 정의가 완전히 다른 것을 볼 수 있다. 여기서 나의 입장은

---

14 임희섭, 1984, 「한국문화의 변화와 전망」, 『한국사회 어디로 가고 있나』, 한국사회학회편: 서울: 현대
사회연구소, p.114; 임희섭, 1984, 『한국의 사회변동과 문화변동』, 서울: 현암사, pp.5–27.

레비스트로스(C. Levi-Strauss), 뒤몽(L. Dumont), 터너(V. Turner), 그리고 슈나이더(David Schneider) 등과 같은 관념론적 입장에 서 있음을 밝혀 두어야 할 것 같다.[15]

내 생각에 현대 한국사회에는 다양한 문화가 공존하고 있는데, 그 가운데 주류를 이루는 것은 전통문화라고 여겨진다. 이미 앞에서 이를 "대대문화문법"이라 정의하고 자세히 살펴보기도 했는데, 앞에서는 불교적 인간관을 살펴보면서 전통문화의 특성을 구체적으로 열거해 보았다. 이제 이것을 더욱 발전시켜 '전통적 생활양식의 구조'[16]를 살펴보기 위해 "가족주의적 문화"를 바탕으로 이를 세 가지 분석적 차원에서 요약하여 정리해 보자.

첫째가 급수성(級數性)이요, 둘째가 집단성(集團性)이요, 셋째가 연극의례성(演劇儀禮性)이다. 급수성은 바둑의 급수처럼 모든 인간관계를 등급별로 파악하는 성향이다. 가족관계에 있어 부자(父子)로부터 시작되는 촌수(寸數)의 항렬이며, 신분 차등 서열이며, 요즘 많이 논의되는 관료적 권위주의이다. 이미 앞에서도 언급했지만 한국어에 내재하는 존비어의 사용이 없어지지 않는 한 인간관계를 상하의 구조로 파악하는 '마음속의 형식'은 사라지지 않을 것이다. 중앙과 지방, 도시와 농촌, 양반과 평민, 혼반(婚班), 지체, 그리고 일류학교와

---

15 Edmund Leach, 1982, *Social Anthropology*, p.232, New York: Oxford.
16 강신표, 1984, 「傳統的 生活樣式의 構造」, 『東園 金興培博士 古稀記念論文集』, 서울: 한국외국어대학교 출판부, pp.275-293.

이류학교, 학력 예비고사 등급 등 한국 사회를 '지각하고 판단하는 데 사용하는 마음속의 형식'으로서 이러한 급수성의 차등의식은 한국사회 곳곳에 헤아릴 수 없이 많이 있다.

한상복(韓相福)은 한국의 전통사회가 평민문화와 양반문화로 구분되었음을 언급하고, 나아가 평민문화가 다분히 양반문화 지향적이었음을 지적했다.[17] 한편, 전경수(全京秀)는 이러한 전제를 토대로 평민의 양반문화 지향 노력이 1980년대에 구체적으로 어떻게 진행되고 있는가를 안동지역 동족부락의 사례를 대상으로 하여 민족역사학적 분석(Ethnohistorical approach)의 결과로 보고하고 있다.[18]

급수성에서 나타나는 상위지향이 한국 문화만의 고유한 특성은 아니다. 그러나 한국문화에서는 최소한 가족주의적 문화전통에 있어서 항렬의식(行列意識)이 현대까지도 사회생활의 여러 측면에서 변환되어 많이 나타나고 있는 것은 분명하다. 이 밖에도 나이를 속이면서까지 형(兄) 대접을 받고 싶어 하고, 우리 대학은 왜 데모를 하지 않는지를 두고 다른 대학과 경쟁하며, 데모를 한다면 좀 더 크게 해야 한다고 따지고, 유언비어가 유행할 때는 누가 더 빨리 많은 속보를 아느냐를 두고 경쟁하기도 한다. 이러한 경쟁은 전근대 한국 사회에서도 다르지 않았다. 한 집안이 사환(仕宦)을 얼마나 냈느

17 한상복, 1982, 『한국인과 한국문화』, 서울: 심설당, pp. 294-296.
18 전경수, 1984, 「동족집단의 지위향상이동과 개인의 역할」, 『傳統的 生活樣式의 硏究』下, 성남: 한국정신문화연구원, pp.157-209.

냐를 자랑하면, 다른 집안은 학자를 얼마나 배출했느냐를 자랑한다. 한 집안이 벼슬한 사람이 얼마나 많은가를 자랑하면, 다른 집안은 얼마나 높은 벼슬을 했는가로 대응한다. 오늘날에도 급수경쟁은 곳곳에서 볼 수 있는데, 이는 롤렉스 시계나 피에르 가르뎅 넥타이와 같이 일류나 외제상품, 유행 상표에 대한 선호도에서 잘 드러난다. 최근 종종 사회문제로 대두하고 있는 혼수경쟁에서도 이러한 사례를 쉽게 볼 수 있다.

둘째로, 집단성은 한 개인이 가족집단의 일원으로서 존재하는 것이다. 개인은 혈연으로든 지연으로든 반드시 어떤 집단에 소속된다. 이 경우 개인은 독립적인 한 개인으로 평가받기보다는 그가 속한 집단의 평가가 곧 개인의 평가로 간주되는 존재로서 인식된다. 한 개인의 잘못은 그가 속한 집단·가족·문중 더 넓게는 지역 등으로 잘못의 책임이 확대되어 간다. 이른바 공동체의식이 그것이다. '국가와 민족을 위하여'에서 '우리 집안을 위하여'에 이르기까지 한 개인이 흔쾌히 자기를 희생하려는 정신은 가족주의 문화를 공유하고 있는 동아한자문화권사회(東亞漢字文化圈社會)의 특성이다. 동족(씨족)집단, 파족(派族), 우리 집안, 우리 고향사람, 학교 동창, 그리고 1980년대에 와서 대우가족, 삼성가족 등 현대의 대기업들도 가족집단을 강조함으로써 집단의식을 고취시키고 있다. 이러한 집단의식은 21세기에 접어든 오늘날에도 "영포라인", "고소영" 등에서 볼 수 있듯이 변함없이 이어지고 있다.

김진균(金晉均)이 한국사회의 구조적 역동성을 분석하기 위한 개념으로 연줄망, 연줄결속체를 제시한 것도 집단성을 설명해 주는 좋은 사례라 하겠다.[19] 그는 "60년대와 70년대에 와서 세계적인 냉전체제에 밀접히 연결된 한국은 자본주의적 경제발전 모형을 좇아 경제개발계획이 진행됨에 따라 외국자본에의 의존도가 심화되는 한편으로 내적으로는 군·산업복합체의 발전에 따라 국가부분·공업부분·군대부분의 기능적 연관성이 더욱 커지고, 따라서 그 부분을 구성하는 엘리트들의 연줄결속체는 더욱 확고하게 구성되어 갔다"고 보고 "한편으로는 … 1970년대, 특히 유신시대에 오면 민주주의와 민족주의의 기준에서 주도적인 세력의 속성을 비판하고 저항하는 세력의 연줄망이 형성되기도 한다. 소위 반체제세력의 연줄망이 이들인데 민권운동자로 불리는 일련의 사람들, 즉 일부의 종교인·문필가·언론인 및 기타 지식인·노동자·농민·대학생 등이 대체로 긴급조치 위반이라는 계기로 연줄망이 형성되었다."

전근대 한국 전통사회의 혈연 및 지연처럼 현대사회에서는 학연·지연 및 직업의 인연으로 함께 만난 업연(業緣)이 또 하나의 연줄망을 이루고 있는 셈이다. 사실 출세하고, 사업하고, 취직하고, 정치하는 데 있어 이러한 연줄망 내지 연줄결속체에 직접·간접으로 소속되지 않고서는 빛을 볼 수 없는 것이 사실이다.[20] 오늘날

---

19 김진균, 1983, 『비판과 변동의 사회학』, 서울: 한울, p.193.
20 사실 이 점은 어느 나라나 마찬가지이다. 미국의 경우 레이건, 부시, 카터와 같이 많은 대통령들이

에는 학원문제와 노사문제에 있어 업연집단이 전통사회의 혈연집단과 지연집단의 역할을 대신하고 있는 것이다. 여기서 한 가지 흥미로운 사실은 혈연집단과 지연집단에서 보이던 분절(分節; segmentation) 현상이 업연집단에서 똑같이 발견된다는 점이다. 대기업·군대·정당 등 여러 업연집단에 있어 분쟁이 생길 때면 항상 혈연집단의 파벌계보 형성의 원칙이 이들의 결속·이산의 분절을 가져오는 데에도 똑같이 작용하고 있음을 볼 수 있다.

셋째로, 연극의례성이다. 이 점은 과거 전근대 한국의 전통사회로부터 현대에 이르기까지 면면히 잘 이어져 오고 있다. 이 측면의 문제성은 한국인의 언어 문법처럼 무의식 속에 자리 잡고 있는 문화적 문법이라는 데 있다. 앞에서 "대대문화문법"을 언급하였지만, 음양합일에는 연극의례성을 강요하는 면이 있다. 즉 음양적 관계로 두 사람의 관계가 설정되면 연극의례적으로라도 합일해야 하는 문화적 규칙이다. 두 사람이 친형제 또는 친부자가 아니더라도 형뻘과 동생뻘 사이라든지, 아버지와 아들 사이로 보여질 수 있는 관계 상황에 처하게 되면, 각자는 자기 역할을 연극적으로 또는 의례적으로라도 수행해야 한다는 '마음속에 있는 형식'이 작용하는 것이다. 식당에 가면 여자 종업인에게 "이모", "언니"라는 가족관계적 표현을 즐겨 사용하는 것도 같은 맥락이다.

각기 자기 고향 출신 사람들로 참모진을 조직했다.

어른이 걱정할까봐 거짓말을 할 수 있다. 거짓말을 해서는 안 되지만 때에 따라서는 할 수도 있는 것이다. 회의를 할 경우 자신이 안건에 반대되는 생각을 가졌더라도 "그 자리에서 '차마' 반대할 수 있어야지?"라며 표결에는 찬성해 놓고 나와서 반대하는 경우도 빈번하다. 이른바 '예'와 '아니요'가 연극의례성이 지배하는 사회에서는 겉으로 또는 체면상의 '예'와 '아니요'가 되기 쉽다. 연극의례성의 사회는 연극과 의례를 잘해야 정치도, 사업도, 심지어 학문도 잘할 수 있는 것이다.

한국 사회는 관청이나 직장에서 높은 자리에 올라 출세한 사람일수록 아랫사람이 무엇인가 요청할 때 가부를 분명하게 표현하지 않는다고 한다. 찬반과 가부를 분명하게 말하기보다는 찬성하는 것 같으면서도 반대하는 것 같은 모습을 자주 보인다. 그래서 시험답안지에서만 ○×가 분명할 뿐, 실생활에서는 찬반 양쪽의 어느 집단에서도 욕을 먹지 않도록 연극을 잘하는 사람이 잘살게 되는 것이다. 한때 젊은이들 사이에서 팽배했던 '같아요' 증후군이나 '글쎄요'의 표현은 전근대 한국 전통문화의 이러한 구조적 원리에 기초하고 있는 것이다.[21]

---

21 '글쎄요'에 대한 '대대적 인지구조(대대문화문법)'로 분석한 글은 강신표 편, 『한국문화연구』에 실린 한승미(pp.188-195), 권숙인(pp.165-172), 박상미(pp.238-247, pp.154-158) 등의 글(pp.102-207)에서 참조할 수 있다. 또한 같은 책에 실린 유동주의 〈캐사면서〉에 대한 일고찰〉(pp.225-230)도 '글쎄요'의 의미개념과 연관지어 주목할 만하다. 한편, 한국인의 일상생활 언어에서 나타나는 한국 문화의 구조에 대한 연구와 관련해서 최재석의 『한국인의 사회적 성격』(1965, 서울: 개문사, 개정판 1976)과 이후 같은 제목으로 간행된 최봉영의 업적도 주목할 만하다.

따라서 '만장일치', '일사불란' 등의 표현이 오늘날 한국 정당들의 협의에서 자주 나타나는 것도 이러한 연극의례성을 대변하는 것으로 볼 수 있다. 김광억(金光億)은 '한국농촌에서 이견조정 및 분쟁해결의 정치과정이 어떻게 이루어지고 있나'를 자세히 보고하고 있다.[22] 지도자나 중재자를 통해 전체 마을사람들의 '만장일치'를 공식적(표면상)으로 얻어 내고, 분쟁의 해결은 양편이 모두 '말이 된다'는 식으로 이끈다. 전근대 한국 전통문화에서 분쟁해결의 대표적인 사례를 꼽는다면 '없었던 것으로 하자'를 들 수 있을 것이다.[23] 시비와 분쟁이 있을 때, 해결은 양편 모두 옳은 것이 되는 동시에 양편 모두 옳지 않은 것이 되기도 한다. 따라서 그 어느 것도 용납 안 된다면 '없었던 것'으로 하는 방안밖에 없다. 황희 정승의 명판결인 "네 말도 옳고 네 말도 옳다"는 것도 이런 범주에 속할 것이다.[24]

"우기면 되고," "큰소리만 치면 안 될 것도 없다" 등의 말이 무엇을 뜻하는가? 1980년대 TV 방송극 중 '풍란(風蘭)'과 '새벽'을 보면 조선 중기와 해방 이후의 사회가 얼마나 비슷한지 새삼 실감하게 된

---

22 김광억, 1984, 「傳統的 生活樣式의 政治的 側面」, 『傳統的 生活樣式의 硏究』下, 성남: 한국정신문화연구원, pp.41–122.

23 강신표, 앞의 책, pp.287–292, 주12) 참조. 5·18민주화 운동과 관련하여 그 후 전 전대통령이 광주를 방문했을 때도 "없었던 일로 하자."고 발언한 바가 있다.

24 강신표, 1979, 「朝鮮傳統文化에 있어서 리더십: 어른(Father man)」, 『文化人類學』 10:21–25, 서울: 한국문화인류학회. 이 점은 요즘 청소년 사이에서 보이는 '가꾸타임'에서 보이는 진도의례와도 관련된다. 이와 관련해서 한경구의 「상징전달의 정치적 측면에 있어서의 애매와 모호성에 대하여」, 강신표 편, 『한국문화연구』, pp.286–327는 한국문화의 문법성에 '연극/의례성'을 가장 구체적이고 명쾌하게 드러내 주고 있다는 점에서 주목할 만하다.

다. 시대적 배경이 다름에도 불구하고 두 극은 모두 권모술수와 모략중상에 생사를 걸고 '연극의례'를 하고 있는 것이다. 물론 TV 방송극은 오늘날 사람들이 재구성한 것이다. 따라서 오늘의 상황과 오늘의 문화문법이 잘 반영되는 것은 당연한 일이다. 그러나 사극의 특성상 전해 오는 이야기에 근거하고 있다는 점도 간과해서는 안 된다. 전통문화는 현존하고 있고, 동시에 다시 재활성화, 재생산되고 있는 셈이다. 물론 여기에서 연속 TV 방송극의 내용은 당대 청취자들의 흥미를 돋우기 위하여 시대 상황적 요소를 가미하는 점도 유념해야 할 것이다.

1980년대 경험한 일이다. 나는 서울 마포아파트에 임시로 이사 와 있으면서, 일요일 오후 아파트 잔디밭 옆 한 모퉁이에서 벌어지고 있던 시골 동네 생활의 한 "풍경"을 볼 수 있었다. 한편에서는 40~50대의 남자 어른들이 장기를 두고 있고, 그 옆에는 5~10세 정도로 보이는 남녀 아이들 10여 명이 여기저기를 뛰어다니며 놀고 있었다. 좀 떨어진 다른 한편에서는 부인네들이 유모차를 끌거나 아이를 안고 나무 밑에 모여 있었다. 그때 한 아이가 울음을 터뜨렸다. 아마 자전거를 가진 아이가 자기 발등을 여러 번 찧자 화가 난 아이가 자전거를 발로 찬 것 같았다. 쓰러진 아이가 울음을 터뜨리며 "엄마" 하고 큰소리로 부르기 시작했다. 곧 아이들은 두 편으로 나뉘어 각자 편을 들어주기 바빴다. 먼저 한 놈이 "너는 뭐야?"라고 하면 곧 다른 아이가 "사람이다"라며 답했다. "사람이 뭣고?" 하면 다시 "사람도 모르냐"며 맞섰다.

고만고만한 또래의 아이들이 이러한 대화들을 마치 공식이 있는 것처럼 목청을 돋우어 합창을 했다. 작은 소란 속에서도 남자어른들은 여전히 장기두기에 여념이 없었고, 부인네들은 아이들의 이름을 불렀다. 연극의례성, 집단성 그리고 급수성이라는 전근대 한국의 전통문화에서 나타나는 가족주의적 문화문법이 이 풍경 속에 다함께 엉켜서 작용하고 있음을 볼 수 있었다. 또한 가족주의적 문화문법이 앞 장에서 설명한 "한자문화권의 대대문화문법"에서 비롯하고 있음도 알 수 있었다.[25] 현대의 서울 아파트촌에서 전근대 한국 전통문화의 여러 규칙(rule)들이 여전히 아이들의 사회화 과정을 통해 실천되고 실습되며 재현되고 있는 광경이었다.

지난 40년간 한국의 근대화 과정을 단순하게 말하자면 사농(士農) 중심의 농경사회로부터 공상(工商) 중심의 산업사회로의 변동이라 말할 수 있을 것이다. 농경사회의 특성이 "순응과 안정"이라면, 산업사회의 특성은 "모험과 도전"으로 대비시켜 볼 수 있다. 농경과 산업이라는 서로 다른 두 사회의 문화적 특성을 한국의 전통문화와 서양의 외래문화의 특성으로 변환시켜 이해해도 무리는 없을 것이다.

'한다'와 '된다'라는 두 개의 상징적 "짝"은 '산업사회 문화의 모험과 도전' 그리고 '농경사회 문화의 순응과 안정'이라는 의미내용을

---

[25] 이 점에 관해서는 다음 장에서 동아시아 한자문화권에서 대대문화문법의 범주적 형식이 어떻게 일관되게 작용하고 있는가를 분석하였다.

뜻하고 있다고도 볼 수 있다. 지난 백년간 한국이 직면했던 '외세의 도전'은 '된다'는 것으로 살아온 사람들에게 '한다'를 익혀야 하는 도전이었다. 해방 이후 40여 년간 한국인이 해본 '제한된 실험'은 한마디로 '하면/된다'로 표현될 수 있을 것이다.[26] 비록 제한된 기회였지만 '한다'를 '된다'에 접목시켜 성공을 이루어 냈을 때 지난 백년간 한민족이 서양 중심의 국제사회에 당당한 일원으로 참여하고자 노력해 온 것이 비로소 성공한 것이다. '조국근대화'의 국가적 목표가 '선진조국창조'의 구호로 바뀐 변화 속에서도 '하면/된다'를 실감하게 된다. 그리고 그것을 이룩하기 위해서는 '한다'의 극단이 '하면/한다'였음도 밝혀 보았다.

'대대적 인지구조'[27]라는 '마음속의 형식' 또는 '문양(文樣)'에 구속되고 있는 한국인에게 '하면/한다'의 "짝"은 '되면/된다'이다. '순응과 안정'의 생활원리는 '되면/된다'를 철칙으로 삼아 언제나 때와 장소를 가리고, 어떤 난관도 참고 견디며 기다리는 것이다. '하면/한다'라는 '모험과 도전'은 때와 장소를 가리지 않을 뿐 아니라, 인간이 자기가 하고 싶은 것은 어떠한 해괴망측한 짓도 다 '실험'해 보는 것이다. 그래서 '토끼가 방아 찧는 달나라'까지 사람을 보내서 알아

---

26 박정희 군사정권의 산업화 정책이 본격적으로 진행되던 시기까지를 말하지만, 이 점은 지금도 진행 중이라고 하겠다.

27 대대문화문법이라는 정의를 내리기까지 몇 가지 분석적 단계를 거쳐 왔다. 처음에는 "음양 논리에 입각한 대대적 인지 구조"라 하였다. 그러나 "음양"이라는 개념에 너무 많은 다의성이 내포되어 있어서 "대대"라는 표현으로 수정하였다. 이 점에 대하여 이미 2장에서 자세히 논의한 바 있다.

보고, 생각하는 컴퓨터로 인간을 대신할 로봇까지 만들어 내는 실험을 계속하고 있다. 순응과 안정은 인간사회와 자연에 대해서도 조화를 추구한다. 모험과 도전은 사회와 자연에서 갈등과 대립을 추구하며, 때로는 자연생태계의 균형을 파괴하고 공해(公害)를 가져오기도 한다. 오늘날에는 서양 산업문명의 '한다'가 가져온 문제가 더 이상 피안의 불이 아니라 우리 눈앞에 벌어지는 현실이 되었음을 실감한다.

'하면/한다'는 곧 사람들에게 가릴 것이 없는 것이다. 돈과 권력을 쥐기 위해서는 물불을 가리지 않는다. 문제는 모든 사람이 다 '하면/한다'를 할 수 있는 것이 아니라는 점이다. '되면/된다'를 믿고 때에 따라서 '한다' 하더라도 '되면/한다'를 믿고 있는 사람들은 천륜과 인륜을 가리고 도리를 다하는 것이 삶의 양식이었다.[28] 실험은 없다. 오직 성현과 조상들이 대대로 해온 대로 하늘과 땅을 믿고 순리대로 '되는' 것을 실천할 뿐이었다. 비록 '한다' 하더라도 조상의 음덕으로 또는 하늘이 도와서 '된다'고 믿는다. 또한 실제 모습과 다르더라도 조상과 성현의 훌륭함은 신화로 만들어져 후손들이 따를 수 있는 모범으로 제시되었다. 이들은 언제나 극단으로 치닫지 않도록 조심하며 인간적 한계에 대해 겸허한 자세를 유지하도록 요구받았다. 그러나 '한다'와 '된다'가 성공적으로 접목된 지난 20세기 후

---

28 강신표. 1984. 『한국사회학의 반성』. 서울: 현암사. pp.145-146.

반의 40년간 수많은 새로운 사회문제들이 파생되었다.

첫째로, '하면/한다'는 것이 오늘날 얼마나 많은 무리수를 동시에 쌓아 왔는가 하는 점이다. '부국'을 달성하기 위하여 가난하고 힘없는 사람들에게 가족주의 문화문법인 "집단성"을 호소하며, 밤낮으로 죽도록 뛰게 한 다음, '하면/된다'를 체험한 사람이 있게 했는가 하면, '해도/안 된다'를 결론 내린 사람들도 있었다. '해도 안 된다'를 말하는 사람들은 그 절대치에 있어서 '안 된다'가 아니라 상대적 박탈감을 절감하는 것이다. 이 경우 그것은 더욱 뼈저린 아픔이 되기도 했다.

이른바 '하면/한다'를 체험함으로써 많은 것을 누려온 사람들은 계속해서 그것을 누리고자 하는 타성이 있다. 이에 따라 한편에서는 '좋은 시절'이 다 갔다는 푸념이 자주 등장했다. 대다수의 한국인들이 '된다'는 것을 믿고 있었을 때 '한다'를 적극적으로 실험했던 사람들은 길바닥에 널린 기회들을 얼마든지 독점할 수 있었다. 국토개발이라는 미명 아래 정부의 고위관리에서부터 국민 개개인에 이르기까지 '한탕'이 얼마나 많이 성행했던가. 한때 강남개발, 여의도개발, 강동개발 등은 '하면/한다'로 사람들을 환장하고 미치게 만들었다. 당시 경험했던 성공적인 부동산 투기의 경험은 이후 경제개발 과정이나 결과에서 나타나는 많은 무리를 순리처럼 여기도록 만드는 데 일조하기도 했다.

그러나 '하면/한다'가 언제까지나 어떤 것에나 마냥 통할 수는 없다. 소비풍조는 하늘 무서운 줄 모르게 되었고 외채도 엄청나게 불어났다. 너무 비대해진 일부 대기업들은 도산했으며, 여기저기서 각종 대형사고가 터무니없이 터져 나오기도 했다. 교육개혁에서 군사 작전식으로 몰아붙였던 '하면/한다'는 오늘날 반성이 가장 많이 요구되는 분야 중 하나이다. 말하자면 '하면/한다'는 실험이 이제 '되면/된다'는 전통문화의 지혜를 다시 한 번 되씹어 보게 하는 계기를 만들어 주고 있다. 오늘날에 와서는 인터넷과 정보화 시대의 각종 기기로 더 많은 변화를 실험하게 만들고 있다. 그 실험은 다시 과거 문화유산을 재검토하게 만들기도 한다.

둘째로, '한다'는 것에 대한 가치우선은 실험 대상을 가리지 않는다는 것이 또 하나의 문제이다. 성(性)의 개방문제도 실험대상의 확대에서 오는 불가피한 것이다. 특히 매스컴을 통한 새로운 외래 정보의 유입은 종전에 해보지 않았던, 그리고 상상할 수 없었던 모든 것을 다 실험해 보도록 개방을 요구하고 있다. 자연과학의 끝없는 연구발전처럼 인간의식과 사회체제의 끝없는 가능성의 탐색도 현대 서양과학기술 문명사회 그 자체의 존립을 위해서 필요로 하는 것이다. 더욱이 자유민주주의의 자본주의체제는 이러한 실험정신을 빼놓고는 유지되기조차 어렵다. 조국의 분단 상황에서 비롯되는 '제한된 실험'은 우리가 세계무대에서 한국인의 뜻을 펴 보기에 너무나 많은 제약을 주고 있다. 최근 '민중교육'으로 문제가 된 교사들의 글은 한국교육계에서 한번 다루어 보아야 할 '논의의 실험'으로 필요한 부분도 많이 있다. 그러나 결과적으로 '한정된 실험의 기회'는 엉뚱하게도 실험해 보아야 하는 것은 못하게 하고, 실험해 보지 말아야 하는 것은 용납하는 상황을 만들고 있는지도 모른다. 결국 누가 그것을 결정하고 있느냐에 달렸다. 어떤 집단의 이해관계가 이 결정에 가장 크게 영향을 미치느냐가 문제이다.

집단 간의 이해관계가 대립할 때는 정치권력의 '급수'가 높고, '집단성'이 강하고, '연극의례'를 잘하는 집단이 이기기 마련이다. 그래서 이해관계를 조정하기 위해 대화를 한다면 김광규(金光圭) 시인의 다음과 같은 '대화연습(對話演習)'을 펼치게 되는 것이다.

아니다/ 그렇지 않다/ 나는 반대한다. 네/ 그렇습니다/ 저는 찬성합니다. 물론이다/ 너는 언제나 찬성을 해야 한다/ 나를 반대하는 것은 있을 수 없다/ 너의 사전에는 반대라는 말이 존재하지 않고/ 나의 사전에는 찬성이란 말이 존재하지 않는다. 그러므로 우리는 같은 말을 쓰지만/ 우리의 사전은 다릅니다/ 앞으로 더욱 주의하여/ 반대하시기 전에 찬성하도록 하겠습니다.[29]

김광규 시인은 이 시 앞에 주를 달아 놓았다. "안개나라에서 … 다음과 같은 대화의 문형(文型)을 모르고 있다"는 것이다. 따지고 보

---

29   김광규, 1983, 『우리를 적시는 마지막 꿈』, 서울: 문학과 지성사, pp.64-65.

제3장 한국인의 사회생활: 집단성, 급수성, 연극의례성 **133**

면 우리가 지금 근대화되었다고 하면서 실제 대화하고 있는 실험은 대화의 기본문형도 모르고 행하고 있는지도 모른다.

셋째로, 근대화의 목표로 설정되었던 '부국', '강병', '민주'의 상징과 그 상징의 의미내용 간의 괴리문제이다. 특히 '민주'라는 상징이 무슨 의미를 내포하고 있느냐에 대한 혼란이다. 전통문화의 문법에서는 각 집단의 자기 주장만이 '민주'고 '민주화'다. '국민적 합의'라는 단어도 '연극의례'상으로만 존재할 뿐이다. 이 문제는 '민주'를 다루는 정치지도자들의 문제뿐 아니라, 그 개념을 둘러싼 한국 사회과학도들의 문제 진단에서부터 우리의 근본문제를 직시하여 해명하지 못하고 있다고 하면 지나친 표현일까? 사실 학문이 어떤 "입장"을 떠나서는 성립할 수 없는 것이라면, 객관적인 진단에 앞서 각자의 소속집단이 이미 내린 결론에 무의식적으로 따르는 데서 비롯된 것일까.

그뿐 아니라, '민주화'를 '한다'고 하면서 그 내용은 오직 '연극의례' 뿐일 수도 있고 또 반대로 아무리 상대가 '민주'를 내세우고 있지만 저들이 오직 '연극의례'로 그럴 뿐이라고 몰아붙일 수도 있다. 정부와 학생, 여당과 야당, 노사 간에 나타나는 불신은 한국 문화에 내재하고 있는 대대문화문법의 발로에서 오는 것으로 보인다. 그리고 동시에 그러한 경험은 실제로 지난 반세기 동안의 역사적 사건 속에 무수히 많이 체험했던 것임을 부정할 수 없다. 천륜과 인륜의 도리 속에 '된다'로 살던 때의 문화문법이 어떠한 규제도 속박도 없는 '한다' 속에 그 나래를 폈을 때, 그것이 무리 없이 제자리를 찾아들 때까지는 아직도 많은 대가를 치르는 실험의 역사가 계속되어야 할 것 같다.

*** 정수복의 『한국인의 문화적 문법: 당연의 세계 낯설게 보기』 비판
적 검토**

최근 정수복은 한국인의 문화문법에 대한 연구 저서를 내놓았
다.[30] 매우 반가운 주제요, 중요한 작업이다. 내가 지난 40년 이상을
다루어 온 주제이기 때문일 것이다. 500페이지가 넘는 방대한 저서
다. 저자는 프랑스 파리에서 한국을 멀리 바라보고 "당연의 세계를
낯설게 보기"로 분석한 것이라 하였다. 그는 서장에 다음과 같이 적
고 있다.

이제 산업화와 민주화단계를 거친 한국사회는 미래를 내다보면서
장기적인 관점에서 이루어지는 자기분석을 통해서 새로운 정체성
을 수립해야 할 단계에 접어들었다. 지금 여기 한국인의 삶의 방식
을 규정하는 삶의 규칙들을 총체적이고 장기적인 관점에서 점검하
고 그 대안을 모색하는 작업이 필요한 때가 왔다."[31]

그의 지적대로 정치적 진보와 보수의 입장을 떠나, 영남과 호남
출신을 불문하고, 한국사회의 구성원 모두가 공유하는 한국인의

30 정수복, 2007, 『한국인의 문화적 문법: 당연의 세계 낯설게 보기』, 생각의 나무.
31 정수복, 2007, 위의 책, pp. 6-7.

"문화적 문법"에 관심의 초점을 맞추고 있다고 하였다. 그는 분석하기를 "부정적 효과"를 자아내는 문화적 문법의 구성요소들을 "해석학적 방식"으로 이해하고 "계보학"적으로 추적하여 그것들이 한국사회에 당연한 것으로 정착하는 과정을 보여 주려고 하였단다. 이런 표현 속에 그의 결론은 이미 어떤 방향으로 향하고 있는가를 분명히 암시하고 있다. "부정적인 문화문법"에 분석의 초점을 맞추어 논한다는 것이다.

문화문법에는 부정적인 것도 없고, 긍정적인 것도 없다. 문법은 규칙일 뿐이고, 그 사회에서 통용되는 관행이다. 이의 "사회적 효과"는 각자의 입장에 따라서 평가가 가능하다. 그의 연구에 대한 나의 일차적 비판은 문법이라는 개념과 문화라는 개념에 대하여 엄밀성을 갖추지 못하고 있다는 점이다. 극단적으로 말해서 한국사회에서 학자가 아닌 일반인들 사이에서 일반적으로 통용되고 있는 이른바 "자기 비하"적인 평가를 수집해 나열해 놓고,[32] 이론적 개념인 해석학, 계보학 등의 단어로 어설프게 포장한 수준이다.

그가 분석의 초점으로 나열한 문화적 문법의 대상은 다음의 열두 가지 요소들이다. "현세적 물질주의, 감정우선주의, 가족주의, 연고주의, 권위주의, 갈등회피주의, 감상적 민족주의, 국가중심주의, 속도지상주의, 근거 없는 낙관주의, 수단방법 중심주의, 이중규범주

---

32 앞에서 논한 김경일, 2001, 『공자가 죽어야 나라가 산다』에서 논하고 있는 내용과 다름없다.

의"**33** 등이다. 이 책의 서평을 논한 이병혁은 정수복이 "문화적 문법의 구성요소들로서 제시하는 12가지 구성요소가 문법의 수준, 즉 랑그(langue)에 속하는 것이 아니라, 파롤(parole)에 속하는 행위유형으로 파악하는 것이 구조상 더 적절하지 않나 여겨진다"고 지적하였다.**34**

앞에서 나는 한국학계의 병폐를 지적하면서 하나의 단어, 하나의 개념 사용에 엄밀하지 못하고 "알쏭달쏭한 개념의 단어들을 함부로 나열하며 연구업적의 수량적 축적에 급급하다"는 극언을 표현하였지만 이 책 역시 이러한 지적에서 과연 벗어나 있는 것인가를 재고하게 한다. 그러나 그의 문제의식의 심도나 나름대로의 탐색과정에 쏟은 연구 공력이 나름대로 빛을 발하고 있다는 점도 부정하는 것은 아니다. 그렇지만 그가 조선왕조 유교 규범, 일제식민지, 한국전쟁, 유신체제, 각종 종교 등을 논하는 부분에서 너무나 피상적인 것들에 머물고 있음은 유감이다.

연구의 생명은 '독자적인 이론'적 제안이 제기되어야 한다. 다시 말해 우리 학계는 표현만 달리할 뿐 비슷한 내용을 서로 반복하는 경우가 대부분이다. 정수복의 경우도 예외는 아니다. 특히 다음과 같은 대안 제시 부분이 오히려 염려를 불러일으킨다. 그는 "한국인의 오래된 문화적 문법을 해체하고 재구성하기 위한 뇌관이 '개인주의'에 있다"고 하고, 한국사회에 건강한 개인주의가 뿌리내리지

---

33 정수복, 2007, 위의 책, p.7.
34 이병혁, 2007년 10월 15일자, 『교수신문』.

못한 역사적 이유를 밝혀야 한다면서 "유교전통을 긍정적으로 재해석하는 유교찬양론이 힘을 얻고 있음은 아이러니다. 유교의 긍정적 요소를 되살리는 일도 중요하지만 그 이전에 유교의 부정적 요소를 *깨끗하게 청산하는 작업이 먼저 이루어져야 한다*"(흘림체 필자 가미)고 하였다.[35]

긍정적 요소와 부정적 요소가 과연 엄밀하게 나누어지는 것일까? "깨끗이 청산"한다는 용어는 군사독재시대에 자주 등장하던 말이다. 그때 통용되던 용어가 정수복에 의해서 반복된다는 것이 오히려 아이러니다. 문화적 문법은 쉽게 해체도 재구성도 거부하는 것이고, 그 문화문법 속에 사는 사람들은 이미 그 문화문법의 구속에서 제약받으며 살아가고 있다. 따라서 그의 연구는 자기 개인사의 체험에서 오는 "희망사항"을 "낯설게" 풀어 놓고 있는 것이다.

"한국인의 '얼'", "은근과 끈기", "호박주의"(호박처럼 둥글둥글하게 살아야 한다는 생활 방식) 등 이전에 논의해 온 여러 가지 논의 방식과 정수복의 연구는 맥을 같이한다. 나는 이러한 분석방법에 대안을 찾아 지난 40년을 한 가지 주제로 작업을 해 왔다. "대대문화문법"을 일상적 언어로 풀면 "가족주의"다. 국가(國家)에도 집 가(家) 자(字)가 들어 있다. 집은 이미 가족이라는 공동체 집단이다. 개인은 존재하지 않는다. 개인은 집단의 한 성원으로서 정체성을 인정받는다.

---

35 정수복, 2007, 위의 책, p.350.

옛날 어른들은 인사를 하면 "고향이 어딘고?", "관향이 어디지?"
했다. 지금은 정부 관료를 선발할 때 출신지, 출신학교, 다니는 교
회 등을 따진다. 족보를 따지는 보학(譜學)은 과거 식자(識者)들의 기
본이었다. 보학은 개인이 속한 소속 집단의 문중을 따지는 것이오,
동시에 항렬을 따지고, 나이를 따져 상호소통상의 적절한 언어와
행동을 결정한다. 학맥을 따지고 혈연과 지연을 따지는 것이 아직
도 살아서 작용하고 있음을 본다. TK(대구, 경북), PTK(부산, 대구, 경북),
"고소영"(고려대, 소망교회, 영남) 등의 용어가 연줄망(network)으로서 움
직이는 현실에서, 정수복의 희망사항인 "개인주의"는 과연 어디서
연원하고 있는 것일까? 그가 받은 교육, 지적 훈련의 틀에서 비롯한
다. 모든 설명은 어떤 차원에서, 어떤 측면에서 어떤 현상을 설명하
고 이해하게 해준다. "입장"이 다른 것뿐이다. 다만 어떤 설명력을
선호하는가가 문제이다. 그의 설명력이 기존의 논의로부터 조금도
탈피하지 못했다는 것이 나의 불만이다.

다원 사회, 다문화 사회, "세계·지방화시대"[36]는 한국사회가 맞
이하는 새로운 세상이다. 정수복은 새로운 시대를 희망하면서 문화

---

36 조동일은 2004년부터 2009년까지 계명대학 석좌교수로 지내면서 매학기 강의한 내용을 책으로
출판해서 10권의 책을 내고 2009년 8월 정년퇴임 하였다. 이 연속 강의의 출판된 책 제목이 『세
계·지방화시대의 한국학』이다. 영어로 Glocalization 시대이다. 세계화는 보편성을 지향하는 것이
오, 지방화는 특수성을 지향하는 것이다. 이 양자는 서로 공존하는 것이 불가능하다고 지금까지 여
겨왔다. 그러나 우리들 21세기 삶은 이 양극이 함께하고 있음을 알아차리게 하였다. 다원사회는 다
양성을 서로 인정하며, "홀로와 더불어" 상이한 입장이 공존함을 인정하고 함께 노력해야 할 시대
를 의미한다. 그러한 점에서 정수복의 연구에 대한 나의 논의가 학계발전에 작은 밑거름이 되길 기
대한다.

적 문법을 근본적 문법 6가지 요소, 파생적 문법 6가지 요소로 나누어, 모두 12가지 요소로 진단하였다. 그와 마찬가지로 나는 "대대문화문법"이라는 개념으로 "범주적 사고의 형식분석"을 시도하고, 다음으로 이를 현실에 적용할 때는 "가족주의"라는 표현을 사용하면서 3가지 측면을 제시하여 보았다. 즉 집단성, 급수성(상하 위계적 서열성), 연극의례성 등이다.[37]

이론은 "간결성의 원칙"(principle of parsimony)을 요구한다. 따라서 간단한 "형식분석"(formal analysis)의 공식과 이를 현실에 적용해 3개의 개념으로 단순화시켰다. 나의 3개념으로 정수복의 12개념을 분류해 본다면 다음과 같다. 어느 분석이 "간결성의 원칙"에 더 적합한가는 독자에게 맡긴다.

근본적   문법파생적 문법

집단성: 가족주의, 연고주의   감상적 민족주의

                                              국가중심주의

급수성[38]: 물질주의,[39] 권위주의   속도지상주의

---

37 이러한 개념에 대한 설명은 2장의 여러글에서 자세히 설명하고 있다.

38 급수 개념은 바둑(棋)에서 사용하는 개념을 빌려왔다. 바둑의 급수가 단순히 높고 낮은 것에 그치지 않고, 급수가 높은 사람은 급수가 낮은 사람의 전략을 읽을 수 있는 반면에, 급수가 낮은 사람은 반대로 급수가 높은 사람의 전략을 읽어 내지 못한다는 것을 "변별적 자질"상의 중요한 지표(indicator)로 사용 가능하다고 보았다.

39 한국 전통사회와 문화는 너무나 정신주의에 기울어 있었다. 이에 대한 반동으로 물질주의로 기울었다. 물질주의도 물량주의적 수량으로 많은 것을 지향한다는 점에서 급수성에 포함시켰다.

연극의례성: 감정우선주의   근거 없는 낙관주의
    갈등회피주의   수단방법 중심주의
                          이중 규범주의

4. 동아시아인들의 문화문법(文化文法)과 사회적 생활의 형식적 분석

한국 전통사회의 선비학자는 '실체(actuality)'보다 '명명(naming)'에 더 관심을 가졌다. 그들은 '실체'가 '명명'을 변환시키는 반면, '명명'이 '실체'를 창조한다고 믿었다. 군(君), 사(師), 부(父)는 몇 가지 이유로 '명명'을 다루는 일에 매우 신중했다. 일단 실재에 관한 '명명' ─사회적 또는 자연적─ 이 사(師), 부(父)에 의해 주어지면, 그 제자나 가족들은 그들의 지각 속에서 실재(實在)의 존재를 가정하게 된다. 그들은 또한 성숙도가 다른 많은 사람들이 존재함으로써, 그 '명명'이 의사소통 과정에서 잘못 이해될 수 있고, 그 결과 자연과 사회에 현존하는 균형에 혼란이 올 수 있을 것을 염려했다. 결과적으로 주어진 순간에서 '명명'이란, 자신의 연령을 말해주는 자신의 우주관을 반영한다는 사실과, 연령이 높아짐에 따라 후에는 실재보다 성숙한 명명이 가능할 것을 주의하였다.

따라서 적절하게 '명명'을 하기 위해서, '명명'의 기초가 되는 마음

'수양'에 더욱 전념했었다. 그 자신의 정신세계에서는, 마음의 '수양 (cultivation)'을 통하여 적절한 명명법을 찾으려고 하였고, 각각의 상황에서 그 '명명'을 적절히 소통시키는 법을 구하였고, 또 나이가 들어 성숙해 감에 따라 적절히 '명명'이 수정하게 되는 길(道)도 깨닫게 되었다. 마음의 '수양'은 동아시아인이 일반적으로 공유한 유교 교육의 주요 핵심을 이루고 있다.

2차 세계대전 이후, 동아시아 3국(한국인, 중국인, 일본인)은 서구 이데올로기와 행동에 보다 직접적으로 접촉하게 되었다. 일본인은 미국 군정통치를 경험했고, 서구 지향적 엘리트의 통제하에 다양한 사회개혁을 시작했다. 중국인 역시 또 다른 서구 이데올로기에 따라 광대한 대륙에 사회주의국가를 건설하기 시작했다. 일본 식민기간 동안 이미 어느 정도 '서구화(?)'를 겪어 온 한국인은 전후 서구사상의 두 조류─남한의 자본주의와 북한의 공산주의─를 접하게 되었다. 한국전쟁 동안 사회생활에서 이 두 서구 이데올로기 사이의 갈등을 체험했다. 지난 수십 년 동안 한반도의 양쪽 국가의 사회생활은 각기 다양한 변화와 체험을 쌓아왔다. 그 변화는 발전뿐 아니라 사회적 혼란도 수반하였다.

과거와 같이 대다수 사회성원이 서로 이해하는 방식으로 생각하고 행동하는 것도 아니고, 판단과 행위의 불일치도 느낀다. 이와 같은 불일치가 근대 아시아인을 심리적으로 불안하게 만들며, 동료의 사유와 행동도 동일한 모순을 안고 있다는 사실을 갖고 이 불안을 합리화하곤 하였다. 그럼에도 불구하고 그 불일치는 여러 가지 새로운 사회병리(社會病理)의 근원이 되었다. 자기 정체감(自己正體感)의 변질, 정신적 무질서 등 사회규율의 와해는 동아시아에서 보이는 가장 현저한 현상 중 하나이다. 어떤 점에서는 새로운 질서를 수립해 가는 과도기라고도 할 수 있다.

아시아인은 이러한 문제들의 해결에 다양한 접근방법을 찾게 됐고, 그 해결방안의 길은 계속 다양해져 가고 있다. 어떤 사람은 전통에 복귀함으로써 정체감을 회복하려 하고, 또 다른 사람들은 자기들의 전통을 서구 이데올로기로써 해석하려 들기도 한다. 어느 경우에나 다소간 서구화되고 소외된 아시아인은 종래 무의식적이었던 자기 전통의 어떤 측면을 의식하기 시작하였다. 그러한 아시아인은 많은 서구인에 의해 제기되는 '사회와 전통의 왜곡된 해석'에 만족할 수 없었다. 서구인들은 동아시아의 문화와 사람을 이해하는 데 동아시아인의 '실체'에 대한 왜곡된 해석에서 초래되는 여러 가지 잘못된 '명명'을 부여해 왔다.[40]

아시아 태생의 일부 학자들은 서구인과 동일한 '명명'을 부여하지만 어떤 학자는 상이한 '명명'을 사용하기도 한다. 대체로 상호 모순되는 명명 ―일반화 또는 결론― 이 동일한 실체를 두고 서로 공존하고 있다. 예를 들면, 동양적 전제제[전제적 공포감, 완전한 복종, 완

40　내가 이러한 점을 지적한 때는 1973년이다. 사이드의 『오리엔탈리즘』논의는 나의 논의와 맥을 같이 한다. Edward W. Said, 1978, *Orientalism*, New York, Pantheon Books.

전한 고립감·비트포겔(Wittfogel), 1957l를 상정한 학자가 있는가 하면, 봉건지주사회[계약적으로 결정된 사회조직·에버하르트(Eberhard), 1965, 슈 Hsu, 1965[41]로 보는 이가 있고, 중국을 사회 조화의 이상[드베리(De Bary), 1957l으로 간주하는 연구자가 있는 반면, 천민 민주주의[아이젠슈타트(Eisenstadt), 1957][42]로 보는 연구자가 있고, 봉건적 위계[이시노(Ishino), 1953][43]로 보는 연구자도 있다. 덧붙여 인간과 안정의 자연적 평등을 실현한 사회[먼로(Munro), 1969][44]로 보는 연구자가 있는 반면, 추상적 사유의 결핍, 형식적 동조, 그리고 비합리적 경향[나카무라(Nakamura), 1964][45]을 지적하는 연구자도 있다. 그 외에도 중국인의 사유에서 자연법의 서구적 개념이 결여[니담(Needham), 1956][46]된 것으로 본다거나, 또는 중국 사회를 심미적 청교도 윤리를 결여한 사회[베버(Weber), 1951][47]로 보는 연구자가 있는 반면, 일본의 정치적 가치의 우월성[벨라(Bellah), 1957][48]을 논의한 연구자도 있다. 이러한 논의에

---

41 Hsu, C.Y., 1965, *Ancient China in transition: an analysis of social mobility 722~222 B.C.*, Stanford: Stanford Univ. Press.

42 Eisenstadt, N. S., 1957, "Review of K. Wittfogel, Oriental despotism," *Journal of Asian Studies*, 17.

43 shino, I., 1969, "The ⟨oyabun-kobun⟩: a Japanese ritual kinship institution," *American Anthropologist*, 55.

44 IMunro, D.J., 1969, *The concept of man in early China*, Stanford: Stanford Univ Press.

45 Nakamura, H., 1964, *Ways of thinking of Eastern peoples: India, China, Tibet, Japan*, Honolulu: East-West Center Press.

46 Needhan, J., 1956, "Science and civilization in China," *History of scientific thought*, Vol. 2, Cambridge: The University Press.

47 Weber, M., 1951, *The religion of China: Confucianism and Taoism*, New York: The Macmillan.

48 Bellah, R. N., 1957, *Tokugawa religion: the values of pre-industrial Japan*, Boston: Beacon.

덧붙여 중국정치에서 권위의 위기[파이(Pye), 1968][49] 등을 지적한 연구자도 떠올릴 수 있다. 이처럼 제각기 상반되거나 모순된 명명의 사례를 수도 없이 지적할 수 있다.

행동과학 분야의 일본 연구도[노벡(Norbeck)과 파르만(Parman), 1970][50] 일본인의 최빈적(最頻的) 인성(Personality)을 둘러싼 서구학자들의 견해들 사이에는 명백한 모순이 있다고 지적한다. 즉 "일본인들은 어떤 면에서는 서구인들보다 덜 합리적인 것 같이 보이지만 다른 면에서는 오히려 더 합리적인 면이 보인다"는 논의도 그중 하나일 것이다. 일본 사회가 점차 산업화, 도시화된 국가로 전환되면서 일본에서의 사회변화는 "봉건적, 가족적 공동체 중심의 전산업적 유형에서 산업화, 기술중심사회, 도시화, 민주주의로 예시될 수 있는 서구적 이상과 실천으로 완전히 변환(變換)한 것"으로 간주하는 논의도 마찬가지일 것이다.[51]

이와 관련하여 베네트(Bennett)는 다음과 같이 경고한다. "변화에 대한 이와 같은 일반화는 베버(Max Weber) 이후 서구적 관점으로 세계를 보려는 결과로, 서구화와 근대화에 관한 서구 사회과학적 영향을 받은 것이다. 변화에 관한 이러한 견해는 전적으로 허위는 아

---

49 Pye, L. W., 1968, *The spirit of Chinese politics: a Psychocultural study of the authority crisis in political development*, Cambridge: The M.I.T. Press.

50 Norbeck, E., and Parman, S. eds., 1970, "The study of Japan in the behavioral sciences," *Rice University Studies*, 56-4.

51 J. W. Bennett, *Some Observations on Western Anthropological Research in Japan*, Rice University studies, Vol.56, No.4, 1970, p.18.

니지만, 일본의 모든 사실을 이해하는 데는 부적절한 것이다."[52] 전체적으로 볼 때, 일본사회의 변동이론에 이러한 서구적 준거(準據) 기준은 "새롭고 고유한 관점을 탐색하기 위해서는 포기해야 한다"[53] 고 강조하고 있다.

그럼에도 불구하고, 또 하나의 서구적 접근법은 아시아 문화의 기본 특징을 보다 정밀하게 묘사하고, 자신의 전통을 재검토하려는 아시아인에게는 가치 있는 도약대(跳躍臺)가 되고 있다. 민족지적(民族誌的) 방법론(ethnomethodology)은[54] 인류학자뿐 아니라 자기들의 문화를 분석하려는 지역 원주민 학자에게도 매우 유익하게 보인다. 여러 가지 일반적 경우처럼 그 지역 고유문화를 서구와 비교하는 대신, 원주민 출신의 민족학자가 자신의 언어와 전통적 용어로 자기 문화에 접근해야 한다고 하기 때문이다.

문화는 "인간이 마음속에 가지고 있는 형식으로 지각하고 관련시키고 해석하는 데 사용되는 모형"이라고 구디너프(Goodenough)는 정의한다.[55] 그리고 민족과학(ethnoscience)은 다양한 주민들이 사회적으로 획득하고 공유된 인지체계를 기술하려고 노력한다. "문화적으로 적절한 행동의 규칙을 진술하는 것"이 민족학자(인류학자)의 일

---

52 *Ibid.*, p.18.
53 *Ibid.*, p.23.
54 이에 관련되는 분야는 민족과학(ethnoscience), 민족의미론(ethno- semantics), 인지인류학(cognitive anthropology), 구조주의(structuralism) 등이다.
55 W. H. Goodenough, 1964, "Cultural Anthropology and Linguistics," *Language in Culture and Society*, D. Hymes, ed., New York Harpers and Row, p.36.

차 목적이다.[56] 수학자, 논리학자 및 언어학자들이 사용하는 방법과 유사한 방법으로 분석될 수 있는 규칙을 가정한다.

　라운즈베리(Lounsbury)는 경험적 자료의 '형식적 설명'이란 "첫째, 원초적 요소군과 둘째로 그 요소군에 작용하는 규칙들을 확인할 때 이루어진다. 원초적 요소와 규칙들로 어떤 모형이 생성되고 이 모형은 우리가 이해하려는 경험적 자료의 상호관련성과 체계적 성질을 보일 수 있을 것이다. '형식적 설명'은 그래서 자료들을 예견하고, 그것들을 이해할 수 있도록 해주는 도구인 바, 그 근원에서 작용한다고 보이는 기초 원리의 법칙성 또는 기대되는 결과를 보여주기 위한 것"이라고 지적한다.[57]

　그 기초를 이루는 원칙은 "문화에 대한 다양한 전제를 서로 맞추어 과학자가 구축하는 '정합적 논리'도식이다.[58] 문법의 경우처럼 문화의 형식적 분석은 단지 '기대되고 또 적절한' 행동에만 관여한다. 그러므로 프래이크(Frake)가 말한 대로, 민족지적 진술의 모형은 '어떤 사람이 X라는 자극을 받으면, Y라는 행동을 할 것이다'가 아니라 '어떤 사람이 X라는 상황에 처해 있을 때, Y라는 행동이 그 원

56　C. O. Frake, 1964, "Notes on Queries in Ethnography," *American Anthropologist*, Vol. 66, No. 3, Part 2, p.133.
57　F. G. Lounsbury, 1964, "The Formal Analysis of Crow and Omaha-Type Kinship Terminologies," *Explorations in Cultural Anthropology: Essays in Honor of G. P. Murdock*, W. H. Goodenough, ed., New York, McGraw-Hill, p.35.
58　G. Bateson, 1958, *Naven*, Palo Alto, Stanford University Press; 그레고리 베이트슨 저, 김주희 역, 2002, 『네이븐』, 아카넷.

주민 행위자에 의해 적절하다고 판단될 것이다'로 되는 것이다.[59]

이와 관련하여 레비스트로스(Levi-Strauss) 역시 문화는 "의미 있는 의사소통과 교환이 허용되는 부호들(codes)이며, 호혜성의 특수한 규칙－친족제도는 여성의 교환을 확보하기 위한 연합이며, 경제제도는 물질적 상품 교환을 허용하기 위한 집단 내의 규칙－들을 지배하는 문법으로서의 모든 사회과정"으로 간주한다. "이와 같이 문화의 내용보다는 구문에 관심이 주어진다면, 인류학적 방법은 경험적이라기보다는 '형식적이고 구조적'이어야 한다. 따라서 수학적 논리에서와 같이 문제는 개별적 사실들이 아니라 '상호간의 관계'인 것이다."[60]

1) 신민족지학(New Ethnography), 민족과학(Ethnoscience)의 문제점[61]

원주민의 판단에 적합한 인지체계를 발견하기 위해 신(新)민족지학자들은 적절한 행동을 제시할 개인 제보자를 사용한다. 발견 절차가 적합한지, 즉 적절한 행동을 예견할 수 있는지는 결과로 알 수

---

59 Frake, *op. cit.*, p.133.

60 B. Scholte, 1966, "Epistemic Paradigms: Some Problems in Cross-Cultural Research on Social Anthropological-History and Theory," *American Anthropologist*, Vol. 68, p.1194.

61 여기서 논의하는 것은 1970년대 발표자가 박사학위 논문을 작성할 때 작업한 것이다. 그러나 그 때의 논의가 지금도 의미 있다고 보기 때문에 지금도 이러한 문제제기에 주저함이 없다. 그러나 한 가지 지적해 두어야 할 점은 민족지 방법론은 1장에 일부 언급한 대로 1980년대 이후 많은 발전이 있었다. Clifford, James and George Marcus, ed., 1986, *Writing Culture: the poetics and politics of ethnography*, University of California Press. 제임스 클리포드·조지 마커스 공편, 이기우 역, 2000, 『문화를 쓴다: 민족지의 시학과 정치학』, 한국문화사. 한국에서 2000년대 들어와서 덕성여대 이용숙 교수에 의한 '에스노그래피 연구소'가 설립되어 응용인류학적 차원에서 많은 발전을 시키고 있다. 발표자의 논의는 이러한 방법론이 가지고 있는 근원적인 차원의 문제다. 즉 문화문법적인 차원의 문제임을 밝혀둔다.

있기 때문에, 연구자는 "시행착오나, 신적 영감이나, 또는 제보자의 인지과정에서 연구자의 감정이입(感情移入) 등이 개입할 수 있다"고 전제한다.[62] 이러한 접근법에는 몇 가지 문제가 있다.

첫째, 제보자와 관련된 문제이다. 급변하는 사회에서, 그 개인 자신의 인지적 부조화로 한 제보자의 판단이 시간과 상황에 따라 극단적 차이를 보일 수도 있다. 제보자의 규칙군(規則群)이 명확성이나 일관성이 결여될 수도 있다. 이와 비슷하게 변동하는 사회에 사는 사람들은 상이한 사회계급 배경이나 신분 배경으로 인하여 '적합한' 행동에 대한 판단이 서로 다를 수가 있다.

따라서 변동하는 상황하에서는 '문화문법'에 대한 분석의 출발점으로 제보자의 진술보다는 그 사회의 전통적 철학 사상 또는 이데올로기의 체계를 통해서 분석하는 것이 더 적절할 수도 있다. 특히 동아시아 같은 오랜 문화적 전통이 축적된 문명사회를 다루는 경우에 더욱 그러하다. 이 점에 관하여 김광억은 "동아시아의 인류학적 재현: 비판적 성찰"[63]을 논하면서 "문화의 정치, 역사와 역사의 기억, 국가와 사회의 관계 그리고 문명의 문제" 등을 다루어야 함을 제안하고 있다. 제보자의 진술보다 철학적 또는 이데올로기의 체계를 통한 분석이 더 적절할 수 있음을 동의하고 있다.

---

62 W. Bright, 1967, *Toward a Cultural Grammar*, Lecture delivered at Delhi University,

63 김광억, 2011, "Anthropological Creation of East Asia: A Critical Reflection −With reference to notions of politics of culture, state−society relations and civilization". 『동아시아 인류학적 재현: 비판적 성찰』 국제학술대회, 기조강연, 2011. 12. 9. 서울대.

중국인은 그들 사회생활의 원칙과 우주론을 2,500년 전에 기록해 두었고, 이러한 원칙들이 사회생활의 모든 면에 전통적으로 응용되어 왔다.[64] 그것이 유교, 도교 또는 불교 중 어느 것으로 표현되든, 이와 같은 이데올로기의 '형식적 원리'는 개인생활의 주요 교의(教義)가 되어 왔다. "어떤 공동체에든…, 거기는 그 집단에 대한 기준으로 가정되는 보다 많은 지식을 가진 사람으로 간주되는 지도자가 있다. 그들은 그 집단 성원 간의 논쟁점에 대하여 판결 기준을 밝혀줄 의무가 있다."[65] 전통 중국사회에서 그러한 권위는 가족에서는 아버지, 촌락에서는 유교의 가르침을 설명하는 학자였다. 이와 관련하여 풍(Fung, 1949)이 전통적 중국사회의 기초를 중국 철학이라고 본 것도 참조가 될 것이다.

둘째 문제는, 이러한 방법론이 사례의 분류에만 관심을 가져올 뿐, 분류된 사례들 간의 '관련성'을 간과했다는 점이다. 오늘날 인류학자들은 상이한 문화가 물리적 세계의 무한한 다양성을 조직하고 분류하는 데 각기 상이한 방식을 갖는다는 견해를 갖고 있다. 제보자의 언어에서 어휘는 원주민의 분류체계를 반영한다. 따라서 의미체계의 기술은 신민족지학의 기본 작업이다.

스터트번트(Sturtevant)는 "문화 그 자체는 주어진 사회의 민속분류

---

64   Y. L. Fung, 1949, "The philosophy at the basis of traditional Chinese society," *Ideological differences and world order*, F. S. C. Northrop, ed., New Haven: Yale Univ. Press.

65   Goodenough, *op. cit.*, p.101

의 총합, 그 사회의 민족과학의 전체, 그 사회의 물질적 및 사회적 우주를 분류하는 특수한 방식들과 같다"[66]고 말했다. 그리하여 민족과학의 노력은 위계적 분류와 성분분석에 많이 치중해 왔다. 분류 및 성분분석도 마찬가지로 층위(class)[67]와 성분의 속성 또는 특성의 차이에만 관심이 있는 것이다. 그들은 분류상의 층위 상호 간이나 구성요인 간의 '관계'에는 관심을 갖지 않았다. 최근에 이르러 분류상의 산물의 논리(class-product logic)를 사용하는 전통 의미론적 분석의 대안으로 왈라스(Wallace)는 어휘적 분류영역(lexical taxonomic domains)에서 '관계적 산물'에 의한 분석가능성을 제안하였다(1970). 분류 및 성분분석의 개념은 기계론적 지향을 갖는 서구인의 심성과 매우 유사하다. 이러한 개념들만이 분석적 준거기준으로 사용될 경우, 그와 같은 개념에 모순을 느끼지 않는 제보자의 인지체계 측면만이 언급되고 보고하게 될 것이다.

이 경우 특히, 인류학자가 비서구인을 연구대상으로 하는 경우에 중요한 조직원리가 간과되기 쉽다. 스터트번트 역시 지적하는 바, "민족 과학적 연구는 층위(class) 선택에 관련되는 인지구조의 종류에 집중되어 왔다. 각 범주의 상호관계성이 다양한 환경조건하에서 일련의 선택적인 것으로 고려되었다. 그 결과 상이한 층위선

---

66   W. C. Sturtevant, 1964, "Studies in Ethnoscience," *American Anthropologist*, Vol. 66, No. 3, Part 2, p.100.
67   여기서 논하는 class는 박물관에서 사용하는 분류개념의 하나다. class는 강(綱)이다. 분류의 등급은 phylum(문), class(강), order(목), family(과), genus(속), species(종) 등으로 나뉜다.

택은 범주의 시간적·공간적 배열, 즉 '조합의 규칙'에 관련되는 구조를 조사하기 위하여 요구되는 방법에는 별로 관심을 갖지 못했다."[68] 사실상 "중국인의 사유는 특히 실체를 기피하고 '관계'에 집착한다."[69] 더 나아가 "그러한 중국인과 같은 사상체계에서 강조되는 것은 '과정'인 것이다."[70]

셋째, 신민족지학자들은 그 분류에서 원주민을 간과했다. "어떤 의미의 세계에 기존질서를 부과하는 대신, 인지인류학자들은 그 원주민의 무의식의 심층에 존재하는 질서를 발견하려고 노력하였다."[71] '질서를 발견한다는 것'은 '질서 속에서 생활한다는 것'과는 전혀 별개의 것이다. 발견이란 외부 관찰자에 의하여 진행되는 행위들이다. 반대로 생활이란 그 속에서 생활하는 행위자에 의한 일련의 행동이다.

생활하는 행위자는 그 '분류 체계' 내에서, 그 자신의 위치를 설정하면서 살아가지만, 반면에 외부 관찰자는 원주민 행위자를 고려하지 않고 단순히 객관적인 의미 세계만을 찾아내려고 한다. 리(Lee)는 "문화적 행동은 자아가 우주에 관련되는 체계라고 볼 수 있다. 그리고 우주는 사회, 자연, 알 수 있는 우주, 또는 절대적 실체 등 각

---

68 W. C. Sturtevant, 1964, *op. cit.*, p.124.
69 J. Needham, 1956, "Science and Civilization in China," *History of Scientific thought*, Vol. 2, Cambridge: The University Press, p.243.
70 H. G. Creel, 1929, *Sinism: a Study of the Evolution of the Chinese .Worldview*, Chicago: The Open Court Pub., p.122.
71 S. A. Tyler (ed.), 1969, *Cognitive Anthropology*, New York, Holt, Rinehart and Winston, p.11.

상황에 따라 변화한다. 문화적으로 구조화된 각 상황의 개인행동은 자아와 우주와의 관계를 표현하고 있다."[72]

이렇게 볼 때, 가베트(Garbett, 1970)[73] 및 카슨(Carson, 1969)[74]의 연구는 '행위자 지향적'인 상황 접근법이 훨씬 세련된 것이라고 하겠다. 일찍이 1920년대 토마스(Thomas)와 즈나니엑키(Znaniecki)는 『폴란드 농민』(1927)[75]에서 이미 사회과학자가 객관적 사회 상황뿐만 아니라 주관적 개인 "상황 정의"(definition of situation)에 유의할 것을 요구했었다. 슈(Hsu)는 "중국인의 지향이 인간관계에서 가족 지향적 기초를 갖는 상황 중심적"[76]이라고 강조하였다. 동아시아인에 관한 한, 나는 쉽게 자신을 분류체계 내에 위치시킬 수 있고, 또한 "원주민 인류학자"(존스, 1970)[77]로서 주어진 상황의 '의미의 세계'를 쉽게 의식할 수 있다.

넷째, 신민족지학자들은 대체로 마음속에 있는 '형판(型板, template)'에 관심을 가졌고, '변환자(transformer)'로서의 인간에는 주의하지 않았다(브라운(Brown), 1964]. 그들은 의미 특성으로 구성된 '범주적 격자(categorical grid)'[78]를 논의하는 데 집중했다. 인간 행동은 통용

---

72 D. Lee, 1951, *Freedom and Culture*, Englewood Criffs: Prentice—Hall, p.1.

73 Garbett, G. K., 1970, The Analysis of Social Situations, *Man*. n.s. 5(2).

74 Carson, R., 1969, *Interaction concepts of personality*, Chicago: Aldine.

75 Thomas, W. I. and Znaniecki, F., 1927, *The polish peasant in Europe and America*, New York: Alfred A. Knopf.

76 G. Murphy and J. B. Murphy (eds.), *Asian Psychology*, New York, Basic Books, 1968, p.146.

77 Jones, D.J., 1970, Towards a native anthropology, *Human Organization*, 29(4).

78 R. Brown, 1964, "Discussion of the Conference, in Transcultural Studies in Cognition," A. K. Romney and R. G. D. Andrade, eds., *American Anthropologist*, Vol. 66, No. 3, p.251.

되는 '분류 범주'에 의해서 규제받는다. 그러나 인간은 또한 그들의 행동 전략에 있어서 새로운 범주를 발명하고 창조한다는 사실도 유의해야 한다. 사실상 모든 범주들은 '발견된 것'[79]만이 아니라, 발명된 것이고 재구성된 것이다. 형판만을 논의할 경우 마음의 일면만을 보기 쉽다. '형판과 변환자를 동시에 엮는 작업'[80]이 필요하다. 여기에서 나는 인간 행동을 이해하는 데도 "이원적 짝"으로 "형판과 변환자"를 동시에 고려해야 한다는 브라운의 지적에 전적으로 동의하고 있다.

기타 연주의 경우, 왼손의 작동이 형판이라면, 오른손의 연주는 변환이라 할 수 있겠다. 기타 악보는 격자의 일종으로 묘사될 수 있고, 기타의 목은 형판같이 보인다. 왼손의 작동(형판)에 따라 오른손이 연주(변환)한다. 음악을 창조하기 위해서는 2개의 손이 필요한 것과 같이, 인지구조(형판)와 상호작용과정(변환)은 행동의 이해에 불가결한 것이다. 또 다른 가정을 해본다면 작곡가의 역할을 형판이라 할 때, 연주자의 그것은 변환이라 할 수 있고, 이런 과정을 통해서 음악은 창조된다. 더 나아가, 나는 형판과 변환 간의 변증법적 관계를 본다. 즉 변환은 형판의 반명제(反命題)인 동시에 다음 변환의 정명제(正命題)이다. 인간관계의 상호작용에서 "A라는 사람의 행동은

79 J. S. Bruner, J. J. Goodman and G. A. Austin, 1956, *A Study of Thinking*, New York, John Wiley, p.232.
80 Brown, *op. cit.*, p.252.

B의 이전 행동의 반응이며 미래 행동의 자극인 것이다."[81] 이런 식의 발상은 중국인의 세계관에서의 음양의 기본이다. 양은 형판이요 음은 변환이다. 변환은 다음에 형판이 된다.

형판과 변환의 무한한 변증법적 과정은 부분적으로 '출현(出現, emergence)'이라는 개념에 비유될 수 있다[블라우(Blau), 1964]. 가베트(G. K. Garbett)는 그 개념을 다음과 같이 요약하였다.

블라우의 교환이론에서 행위자는 제한된 정보와 지각만을 가지고 합리적 선택을 하는 것으로 보인다. 자기이익을 얻기 위해 행동한다 하더라도 그렇게 하기 위해서는 타인의 이익도 어느 정도 만족시켜야 한다. 행위자들 간에 일어나는 교환은 균형을 유지하는 경우가 드물고, 어느 한 관계군(關係群)에 있어서 균형은 다른 수준 또는 다른 관계군 하에서는 불균형을 발생시키는 것으로 개념화된다.[82] 상호작용과 교환 과정에서, 개인 행위자의 속성과 무관한 속성이 나타나며 이는 그들의 앞으로의 행위에 영향을 주게 된다.[83]

아시아인은 『도덕경』에 나오는 '배움의 최선책은 날마다 무언가를 잊어버리는 것'이라는 말에 익숙하므로 '어느 한 관계군의 균형

---

81 G. Bateson, "Some Systematic Approaches to the Study of Culture and Personality," *Character and Personality*, Vol. 11, 1942, p.78.
82 P. M. Blau, *Exchange and Power in Social life*, New York: John Wiley, 1964, p.214.
83 G. K. Garbett, "The Analysis of Social Situations," *Man*, n.s. 5(2), 1970, p.224.

은 다른 관계군에서는 불균형'이라는 말에도 쉽게 친숙할 수 있다. 마찬가지로, 끝없는 '출현'의 과정에서 '명명(형판)'은 '실체(변환)'를 창조하고 '실체'는 '명명'을 창조한다.

신 민족지학(민족과학)에 대한 이 일련의 비판들은 동아시아아인의 마음을 분석하는 방법론으로서 중요한 것이다. 동아시아 원주민으로서 나는 아시아의 철학전통 속에 제시된 인지체계의 구조를 살펴보고, 체계 내에서 각 층위(class)들 간의 관계의 중요성을 밝혀내고, 그 원주민이 그가 한 분류체계 내에서 자신을 어떻게 위치 짓는가를 보여주고, 끝으로 원주민이 어떻게 그들의 전략에 따라서 사회상황을 변환시키는가를 밝혀내 볼 것이다. 어떤 의미에서 네 가지 비판들은 서로 긴밀한 관계를 갖고 있다. 만일 우리가 그들 철학의 구조적 원리를 분석할 수 있다면, 우리는 '관계'의 중요성을 곧 알게 될 것이고 그들의 분류체계에서 자연과 사회가 별개의 것으로 분리되어 있지 않다는 것을 쉽게 알 수 있을 것이다.

2) 동아시아인들의 문화문법과 사회적 생활의 형식적 분석

벌링(Burling)이 지적한, 일종의 "형식 분석"은 "어떤 자료의 완벽성이나 적절성을 검토하는 데 매우 유용하다. 이것은 문법적 설명을 기록하는 것과 같이, 화자의 탓이건 아니든 상관없이, 미리 예측하지 못한 가능성을 알아볼 수 있게 해주는 방법이다."[84] 형식적 특

---

84 R. Buring, "Linguistic and Ethnographic description," *American Anthropologist*, Vol. 71, 1969, p.426.

성은 사람들의 행위뿐 아니라 인지체계를 이해하는 데 유용하게 사용될 수 있다. 따라서 나는 다음에 중국문화의 영향을 받은 동아시아인의 사회적 행위를 구성하는 3개의 기본 개념을 해석하는 데 그 형식을 적용해 보고자 한다. 여기서 다룰 개념은 보(Pao, 報·중국), 아마에(甘ㅗ·일본), 그리고 눈치(한국)이다.

사회적 행위에 적용되는 이러한 개념들을 논하는 이유는 다음과 같다. 첫째, 사회적 행위는 '범주적인 사고(격자, grid)'만으로 수행될 수 없다. 사회적 행위는 정태적이고 동태적인 인간관계에서 발생하고, '삶이라는 연극의 참여자'의 전략에 따라 계획되고 진행된다는 것이다.[85] 동시에 사회 내의 개개인 성원에 따라 변환되고, 처리되는 것이 사회적 행위이다[삐아제(Piaget), 1965,[86] 바르트(Barth), 1966[87]].

여기서 나는 '형판(template)'으로서뿐 아니라 '변환자(transformer)'로서도 파악될 수 있는 중국문화의 문법으로서 형식적 구조(formal structure)를 개괄하고자 한다.[88] '논리에 선행하는'[89] 문법이란 여기에서 촘스키(Chomsky)류의 의미를 따르는 것이다. 이러한 의미의 문법을 벌링은 다음과 같이 요약하고 있다.[90]

---

85 G. A. Miller, E. Galanter and K. Pribram, 1960, *Plans and the Structure of Behavior*, New York; Holt, Rinhart and Winston, p.2.

86 Piget, J., 1965, *The moral judgement of the child*, New York: The Free Press.

87 Barth, F., 1966, "Models of social organization," *Royal Anthropological Institute: Occasional Paper*, No. 23.

88 Brown, *op. cit.*, p.252.

89 L. S. Vygotasky, 1962, *Thought and Language*, Cambridge, The M.I.T. Press, p.127.

90 Burling, *op. cit.*, pp.71~72.

1. 문법이란 언어가 작용하는 방법을 설명한 이론이다.

2. 문법은 특수한 경우뿐 아니라, 말해질 수 있는 것들을 특정화한다.

3. 문법은 그 자체가 포함하고 있는 것보다 훨씬 많은 자료를 생성시킬 수 있어야 한다.

4. 새로운 문법적 연속성이 예측되는, 규칙적 체계로 문법은 과업을 수행하고 있다.

5. 언어학자에 의해 구성된 문법의 규칙은 그 예측력(predictive utility)에 의해 정당화되는 것이지, 그 규칙을 활용하는 데 사용되는 절차에서 정당화되는 것은 아니다.

6. 문법 규칙이 말하는 사람의 생각 '바깥 어디에' 있는 것인지, 아니면 단순한 설명적 고안인지는 아직 해결되어 있지 않다.

지금까지 논의된 형식구조들은 벌링이 밝혀낸 특성들을 지니고 있는 것들이다. 즉 형식구조가 중국문화의 모든 영역에서 상동(homologous structure)하고 있기 때문에, 나는 다음에 이것을 문화문법이라고 부르고자 한다.

1. 중국의 문화문법은 범주적으로 그들의 지각과 행위가 될 수 있는 것을 밝혀주는 하나의 고안(device)이다. 이것은 적절한 '명명' 및 '행위(실체)'와 부적절한 명명 및 실체를 구별할 수 있는 수단을

제공한다.

2. 문화문법은 어떤 특수한 명명과 행위의 구조를 밝혀주는 것이 아니라, 가능한 명명과 행위가 될 수 있는 것만을 밝혀준다.

3. 문화문법은 문법규칙으로서의 간결성의 기준을 충족하고 있다. 어떤 의미에서는 지나치게 추상화되어 있지만, 그러나 그 자체가 포함하는 것보다는 훨씬 더 많은 자료들을 생성할 수가 있다.

4. 문화문법은 이미 알려진 구조를 설명하고 예견할 수 있을 뿐 아니라 이를 넘어 이 문법은 명명과 행위에 관한 경험적 정보에 원래 포함되지 않은 새로운 자료들을 예견하고 생성할 수 있다. 이렇게 하여 조사자(調査者)는 경험적 자료를 대상으로 이 형식을 검토할 수 있다. 즉 문법적 규칙에 의해 생성된 명명과 행위의 새로운 결과들이 실제로 용납될 수 있느냐 없느냐 하는 문제는 동아시아 원주민의 판단을 대상으로 하여 검토되어질 수 있다.

5. 문화문법은 원주민 인류학자에 의해 그의 지식을 근거로 구성되는 것이다. 그 예측력(predictive utility)에 의해 정당화되는 것은 아니다. 한 원주민의 변환자(transformer)로서의 개인에 의해 취급되는 문화문법의 능력은 그 능력의 정당성을 입증하는 구조적 연쇄를 생성시키는 것이지 그것을 찾아낼 수 있는 방법에 있는 것이 아니다.

6. 문화문법은 원주민에 의해 '깨달음(覺)과 성실성'을 통해 이해되는 것이지, 하나의 발견적 절차를 통해서만 이해되는 것은 아니

다. 그리고 이것은 변증법적 변환과정을 통해 '바깥 어디에' 있는 것처럼 이데올로기, 자연, 사회에서 지각될 수 있는 것이다. 중국적 사고에서 인간은 '깨달음(覺)과 성실성'에 의해 변환에 영향을 준다. 이것이 실제로 '바깥 어디에서' 발견되는 것인지, 혹은 원주민 자신들의 지각대상을 설명하기 위해 구성한 단순한 고안(device), 도식(scheme), 책략(trick)인지에 대해서 원주민은 의문을 가질 여지가 없다. 오히려 '명'과 '실' 간의 불확실성을 깨달음으로써(계몽됨으로써) 한 개인으로서의 원주민은 불확정한 상황에 참가하는 하나의 도구(噐)가 될 수 있다.

군자는 보다 큰 도구에 불과할 뿐이다. 더욱이 연쇄적 삼단 논법에 따라서 군자가 있다면 백성은 교화되는 것이며, 양이 음을 보완하고 또 음양이 서로 교차되고 있는 것으로 믿고 있다. 때로는 음양의 관계와 마찬가지로 백성은 통치자에 대해서 보충하고 상호 교차된다. 이것은 끝없는 변증법적 과정이다. 그러나 이 과정은 '논리'로서 '바깥 어디에' 존재하는 것이 아니라 그들 생활 속에 명과 실의 한 문법으로서 존재하고 있을 뿐이다.

한 쌍(dyad)이란 두 사람이 대면하는 최소의 단위이다. 동아시아인은 쌍에 대하여 어떤 문화적 정의를 내리고 있는가? 찐쭌쩬(Tzintzuntzen)에서의 호혜성의 원리를 논의하면서 포스터(Foster)는 '쌍무계약(雙務契約)(the dyadic contract)'(1961, 1963, 1967)이란 개념을 제안했는데, 그것은 "어떤 면으로 분석하든지 간에 사회를 통합시키는 아교로서, 또 그 운행을 원활하게 해주는 기름으로서의 역할을 수행하는 모든 형식(formalities)의 기초를 이루고 있는 것"이다.[91]

나아가서 그는 이 쌍무 계약적 유대를 두 가지 기본적 형태로 구분하고 있다. 즉 동료적 계약(colleague contract)과 단골적 계약(patron-client contract)이 그것이다. 전자는 동등한 사회적, 경제적 지위를 가진 사람과의 유대관계를 의미하며 동일한 종류의 물품과 서비스를 교환한다. 이러한 쌍은 수평적이며 대칭적인 관계이다. 반면에 후자는 상이한 사회적, 경제적 지위를 가진 사람들의 유대관계이며 상이한 물품과 서비스를 교환하며 수직적이고 비대칭적 관계이다.[92]

슈(Hsu)도 역시 중국의 친족제도는 부자(父子) 2인의 쌍무관계가 지배적이고, 미국의 경우는 부부 간의 2인 쌍무관계가 지배적이라고 시사하고 있다(1969). 부자 2인의 쌍무관계의 특성은 위계적이며 부부간의 그것은 동등하다고 그는 말한다. 동아시아인에서 2인 간의 수직적 '일 대 일'의 관계는 일본사회에 대한 나카네(Nakane)의 분석에서도 역시 나타나고 있다(1970). 또한 워드(Ward)도 "중국의 경우에도 기본적으로 이와 유사한 가족구조와, 가족을 떠난 외부세계를 이해하는 데도 이 2인 관계를 가족구조와 마찬가지로 구성하고

---

91 G. M. Foster, 1967, *Tzintzuntzan: Mexican Peasants in a Changing World*, Boston, Little Brown, p.214.
92 *Ibid*., p.217.

있는 것이 중국 전역에 걸쳐 존재하고 있다"[93]는 점을 지적하였다. 한국의 수직적 2인 관계의 원리도 중국이나 일본과 거의 동일하다고 볼 수 있다. 슈(Hsu)의 모델을 따른다면 동아시아인의 2인 관계에 대한 문화적 규정은 전형적으로 수직적이며 반면 서구에서는 훨씬 더 수평적이다.

동아시아인의 유명한 쌍무관계, 즉 왕과 그 신하, 부자, 오야붕 꼬붕(oyabun and kobun), 선배 후배와 같은 것은 $B\left[{S(T) \atop T(S)}\right]D$ 의 형식적 특성을 지닌 음양 관계에 의해 설명될 수 있다. 2인 관계는 이원체계와 일치한다. 그 관계가 대등한 것은 아니고, 공간적으로 위계적이고 시간적으로 연속적이다. 결국 이원체계는 비대칭적 속성(변증법적 상호성)을 교환함으로써 '끝없는 조화 속에서의 합일'이 되고자 노력한다. 효(孝), 도(道), 충(忠), 인(仁), 성(誠), 중(中) 및 조상숭배는 이 공식에서의 변증법적 호혜성(D)의 표현들이라고 볼 수 있다. 그럼에도 불구하고 D는 그 구조 내에 B, S, T를 함축하고 있다.

유교적인 인성을 분석하면서 라이트(Wright)는 유교교육의 초석이며 동시에 전통에 대한 기본교재인 『논어』에서 몇 가지 태도 및 행위 유형을 추출하여 다음과 같은 목록을 작성하였다.[94]

93　A. F. Wright, 1962, "Values, Roles, and Personalities," *Confucian Personalities*, A. F. Wright, ed., Stanford University Press, p.8.

94　W. Caudill, 1970, "The Study of Japanese Personality and Behavior," *Rice University Studies*, Vol. 56, No. 4, pp.40~43.

1. 권위에 대한 복종－부모, 노인, 상관

2. 원규(原規) 및 규범(理)에 대한 복종

3. 과거에 대한 숭상과 역사의 중시

4. 전통적 학문에 대한 사랑

5. 모범을 보이는 데 대한 존경

6. 전문적 능력보다는 폭넓은 도덕적 교양의 우선

7. 국가, 사회에서 비폭력적 도덕의 개혁에 대한 선호

8. 사려분별, 신중, 중도(中道)에 대한 기호

9. 비경쟁성

10. 용기와 위대한 전통에 대한 책임감

11. 역경에서의 자존심(어느 정도의 자기연민을 포함함)

12. 도덕적, 문화적 근거에서의 배타성과 결벽성

13. 타인을 대접하는 데 무미건조한 형식성

코딜(Caudill)은 일본인을 대상으로 한 심리학적 쟁점에 대한 몇 년 간의 연구로 중요한 주제들을 다음과 같이 요약하였다. 이 주제들은 일본인 생활에서 실제적이고 흥미로운 심리학적 특성들을 나타내는 것으로 분석해 내고 있다.[95]

---

95 리처드 니스벳 저, 최인철 역, 2004, 『생각의 지도』, 김영사; EBS 〈동과 서〉제작팀 · 김명진 저, 2008, 『EBS 다큐멘터리 동과 서』, 위즈덤하우스 참조.

1. 가장 핵심적 중요성을 지니는 것으로 간주되는 집단의식 혹은 공동체 의식
2. 은(恩)과 의리와 같은 강한 의무감과 감사하는 마음
3. 타인에 대한 동정과 인정
4. '우리들' 대 '그들'이라는 강한 감정, '우리 집단' 대 이방인 또는 국외자에 대해서는 일본사회에서도 강력하게 강조될 뿐 아니라, 국제적 수준에서도 '우리들 일본인' 대 타국민이라는 감정이 강하다.
5. 세부적, 계획, 규칙 등에 의해 민감히 좌우되는 감격성 및 흥분성 (emotionality and excitability)
6. 근면성과 장기적 목표에 대한 준비성
7. 부모에 대한 헌신, 어린 시절부터 시작하여 강하게 오랫동안 지속되는 어머니와의 유대
8. 앞장서지 않으려는 것(self-effacement)과 자신과 타인의 행위에 대한 책임회피 경향
9. 모나지 않은 신중한 언어(understatement) 표현경향과 비언어적 의사소통의 강조
10. 생활에서 아름다운 주변 환경, 어린이와의 유희, 목욕, 음주, 식사, 성과 같은 단순한 일들에 대한 큰 만족감

동아시아인에 대한 위에 열거한 2개의 인성 특성목록은 전형적

미국의 '문화와 인성'학파에 의해 묘사된 특성들을 반영하는 것이다. 유교적이고 일본적인 심리를 물질의 화학적 구성요소를 분석하듯이 한 항목 한 항목씩 '기계적'으로 분석하고 있다.[96] 다음에는 나의 '형식 분석'에 의한 동아시아인 행위의 중요한 3개의 개념 —보(報·중국), 아마에(甘ㅈ·일본), 눈치(한국)— 을 분석해 보고자 한다.

3) 중국의 보(報)

크릴(Creel)에 의하면, "상호적 권리와 의무에 대한 엄격한 규정은 중국 사회조직의 전형적인 성격을 나타내는 것"이라고 한다.[97] 양(Yang, 1957)은 보(報)를 중국 사회관계의 기초가 되는 개념으로 이해하고 있다. 동사로서의 보(報)라는 중국말은 '책임을 지다', '상응하다', '보답하다', '앙갚음하다' 등의 의미가 있다. "이러한 의미 영역의 핵심은 '반응'과 '보답'이며 이것은 중국 사회관계의 한 기초를 이루는 것이다. 중국인은 인간과 인간, 인간과 초자연적 실체 간의 행위의 상호성(호의와 증오, 보상과 징벌)은 인과관계(cause and effect relationship)처럼 확실한 것이어야 한다고 믿고 있다. 그러므로 중국인이 행위할 때는 반응과 보답을 정상적으로 기대하게 된다."[98]

"상호반응의 원리 혹은 보는 오류, 즉 다섯 가지 관계의 첫 번째

---

96 Creel, *op. cit.*, p.121.
97 Yang, L.S., *op. cit.*, p.291.
98 Yang, L.S., op. cit., p.291.

인 군신관계로 시작하는 모든 종류의 사회관계에 적용되어 왔다. 고대에서조차도 보은(報恩) 혹은 은총에 대한 감사는 이미 선정의 기초로 인식되었다."[99] 분명히 5가지 인간관계인 오륜은 '존귀와 비천', '상위와 하위', '노인과 젊은이', '분명함과 희미함', '가까움과 멂'이라는 보다 일반적 범주로부터 유래된 구체적 형태의 호혜작용들일 뿐이다.[100] 보는 이원적 관계(B)를 의미하는 것이며, 또한 수직적 관계(S) ―상위와 하위― 그리고 연쇄적 관계(T) ―노인과 젊은이―를 의미하는 것으로 이해할 수 있다. '반환하는 것' 혹은 '보답하는 것'으로서의 보는 그와 같은 관계(BST)에서의 변증법적 호혜성의 한 표현이다.

슈(Hsu)는 "보의 위치가 실제로 개인이 자신을 발견해내는 사회적 상황"이라고 제시하고 있다.[101] 개인이 'T'의 상황에서 후자임을 발견해도 'T'에서의 앞선 자에게서 무엇을 받았을 때에는 'D'라는 표현으로, 받은 것을 보(報)하거나 주어야만 한다. 보는 일상적으로 'S'에 있어서 낮은 위치에 속한다고 하더라도 이상적으로는 어느 위치에나 다 적용되고 있다. '사회관계에의 반응과 보답'은 '항상 즉각적일 필요가 없다'고 양(Yang)은 설명하고 있다. "예를 들면 정초나 명절 때의 선물교환은 거의 전부가 즉각적이다. 생일, 결혼식, 장례식

99 *Ibid.*, p.296.
100 T. T. Chu, 1965, *Law and Society in Transitional China*, Paris, Mouton, p.236.
101 F. L. K. Hsu, 1971, "Eros, Affect, and Pao," *Kinship and Culture*, F. L. K. Hsu, ed., Chicago Aldine, p.455.

과 같은 다른 경우의 선물이나 부조 같은 것은 유사한 상황이 발생했을 때에만 되돌아갈 수가 있는 것이다.[102]

　그러므로 '행해진 행위'에 대한 보상은 때로는 지연될 수 있다. 게다가 드보스(DeVos)가 지적했듯이(1965), "보상에서의 만족, 즉 보가 지연되더라도 사회적 찬사가 계속 있게 마련이다."[103] 더욱이 보가 개인관계 특히, 관리들 간에 인간적 관계에 적용될 때는 "서구인이 소위 말하는 연고주의 혹은 편애주의 등을 고무하게 된다"는 것은 사실이다.[104]

4) 일본의 아마에(甘工)

　보(報)의 반대편이 은(恩)이다. 베네딕트(Benedict)가 정의한 것처럼, 은은 "수동적으로 초래하게 된 의무이다. '은을 받았다', '은을 입었다'고 할 때, 은은 수동적 수령인의 관점에서 볼 때 의무가 되는 것이다."[105] '보답하는 것 또는 주는 것'을 의미하는 보(報)는 '받는 것'인 은(恩)에 대해 보충적이다. 이런 결과로 2개의 단어가 한 단어, 즉 보은(報恩)을 형성하게 된다(bao-on 중국, ho-on 일본, po-un 한국).

　이 단어의 의미는 받은 것에 대한 보답의 의미이다. 이 보은을 나

102 Yang, *op. cit.*, p.292
103 C. W. Kiefer, 1970, "Motivation for Social and Economic Change in Japan," *Rice University Studies,* Vol. 56, No. 4, p.126.
104 J. K. Fairbank, 1957, "Introduction: Problems of Method and Content," *Chinese Thought and Institutions,* J. K. Fairbank, ed., Chicago, University of Chicago Press, p.11.
105 R. Benedict, 1946, *The Chrysanthemum and the Sword,* Boston: Houghton Mifflin, p.116.

의 공식으로 해석한다면, 보는 음이고, 은은 양이 되며, 보은은 도 (道)가 되어 '끝없는 조화 속에 결국 합일(D)'이 되는 것이라고 할 수 있다. 도이(Doi)는 "천황과 부모의 은에 대한 보답의 의무를 강조하는 것은 아마에(甘ㅗ)를 지나치게 행사하려는 것을 규제할 목적으로 사용되었다"[106]고 보고 있다.

아마에는 "일본인의 감정 유형을 이해하는 데"[107] 가장 중요한 개념이다. "아마에가 은에 대한 보답이라는 의무의 배후에 숨겨져 있다"는 사실은 분명히 "외부의 관찰자 베네딕트 같은 예리한 학자에게조차도 보이지 않는 것이었다."[108] 도이는 이것을 '타인의 사랑을 기대하고 가정하는 것'으로, '타인의 은총을 바라고 요구하는 것'으로 해석하였다. 그는 이것을 발린트(Balint, 1952)의 개념을 따라 "유아기의 피동적 대상으로부터 사랑을 받으려는 욕구"[109]라는 서구적 개념에 대한 일본식의 한 표현으로 설명하고 있다.

서구의 심리학으로 일본인의 심리상태를 설명하려는 경향은 일본인 학자들 사이에서는 상당히 일반적인 현상이다. 이것은 부분적으로는 서구의 모델과 경쟁하려 하는 욕구와 한편 일본인을 설명하려는 서구적 모델을 거부하는 데서 온 것으로 이해될 수 있다(베네

---

106 L. T. Doi, 1962, "*Amae*: A Key Concept of Understanding Japanese Personality Structure," *Japanese Culture*, R. J. Smith and R. K. Beardsley, eds. Chicago: Aldine, p.137.
107 L. T. Doi, 1967, "*Giri—Ninjo*: an Interpretation," *Aspect of Social Change in Modern Japan*, R. P. Dore, ed., Princeton: Princeton University Press, p.327.
108 Doi, "*Amae*," p.137.
109 *Ibid.*, p.135.

딕트 1968, 1970 참조). 사쿠라이(Sakurai)는 은(恩)의 특성을 기대의 이중
적 상호관계성(double contingency of expectation)으로, 결속된 상전과 하
인 간의 계약관계로 설명하고 있다.[110] 양측이 모두 상호 의무 관계
에 적극적 참여를 강조하면서 보은(은에 대한 보답)과 수은(은을 받는 것)
을 상호 관련시킨 베네딕트를 비판하고, 후자를 시은(施恩, 은을 베푸
는 것)과 대치시키고 있는 것이다. 요컨대 은은 항상 강자가 약자에
게 베푸는 것이고, 이렇게 하여 위계적 질서를 강조하는 사무라이
(samurai)의 윤리를 구성하며, 의리는 상인들과 장인(匠人, artisan)의 직
업을 가진 도시민(町人, 도시에 사는 사람) 사이에서 발생하는, 즉 대등
한 자들 사이의 의무 관계에서 발생한다. 그리하여 도시민의 윤리
인 의리는 사무라이의 윤리인 은과 대비되고 있다.

카와시마(Kawashima)[111]는 은의 호혜성(on-reciprocity)을 "하나의 가
부장적 규범으로 보고 봉건적인 규범인 경외와 구별하였다." 전자
는 베풀어진 은에 따르는 충성심에 대한 의무로 그 특성을 나타내
는 것이고, 후자는 복종자의 비상호 조건적(non-contingent) 일방적
의무를 표현하는 것이다. 또 다른 외부 관찰자인 벨라(Bellah, 1957)는
정치적 권위와 종교적 사고에 관련된 은의 중요성을 간단히 분석하
였다. 이러한 관계에서 볼 때, 위의 개념들은 나의 공식으로 형식화

---

110 /T. S. Lebra, "Reciprocity and the Asymmetric principle: An Analytical Reappraisal of the Japa-
   nese Concept of 恩," *Psychologia*, Vol. 12, 1969, p.131에서 인용.
111 위의 책에서 인용.

될 수 있는 심층구조(deep structure)(촘스키, 1957, 1965)로부터 발생하는 표면적 구조라고 볼 수 있다.

나의 가설에 따라 은과 아마에(甘ㅗ)를 해석한다면 은과 아마에의 이원적 의미(B)는 '일 대 일의 관계'[112]와 '직접적 대인관계'[113]의 중요성을 환기시킴으로써 분명히 이해될 수 있다. 이들은 일본사회에 대한 나카무라(Nakamura)의 견해를 따르는 것이다(1964). 사쿠라이가 앞에서 언급했듯이 은은 항상 강자가 약자에 대해 부여하는 것이다. 아마에도 역시 강자에 대한 약자의 행위를 함축하고 있는 것이다. "'아마에'란 말은 사회적 강자의 사회적 약자에 대한 행위에는 드물게 사용된다"고 도이는 주장한다.

"사회적 강자도 약자에 대해 아마에식의 감정적 의존성을 가질 수 있고 또 실제로 그런 경우가 자주 있다. 그러나 대체로 이러한 감정을 자신이나 타인에게 나타내는 것을 경계해야 한다."[114] 어떤 의미에서 그들의 인지구조 내에는 수평적 쌍무관계가 없다. 그 결과 오늘날 "동일한 분야의 대등한 조직체 내에서조차도 협동과 의사소통은 매우 엄격히 제한되어 있고 경쟁은 격렬하다. … 단일 조직체 내부에서도 대등한 자들 내에 만족스러운 수평적 유대관계를 유지하기란 쉬운 것이 아니다."[115]

---

112 C. Nakane, 1970, *Japanese Society*, Berkeley: University of California Press, pp.21~22.
113 Doi, *"Amae," op. cit.*, p.136.
114 Doi, *"Giri–Ninjo," op. cit.*, p.328.
115 Caudill, *op. cit.*, p.45.

결국 아마에는 "타인의 자비심을 기대하고 가정함으로써" '끝없는 조화 속의 합일'을 성취하기 위한 약자의 강자에 대한 역할 수행이라고 볼 수 있다. 보가 주는 것인 반면, 은과 아마에는 받는 것이다. 키타노(Kitano)의 지적처럼 "엔료(遠慮, enryo, 일종의 아마에)는 일본계 미국인의 행위를 이해하는 데 많은 도움을 준다. 예를 들면, 다양한 상황하에서 일본인을 관찰해 보자. 회의에서 발언의 망설임, 특히 첫 번째 초대의 거부, 자유롭게 선택할 수 있을 때 덜 원하던 대상을 선택하는 것, 특히 (인종적) 복합집단에서의 대화 참여의 결핍, 질문하지 않는 것, 봉급인상 요구의 망설임 등, 이 모든 것이 엔료(enryo)에 근거를 두고 있다."[116] 의리와 인정은 '대인결속관계 형태'[117]의 묘사라기보다는 나의 공식에서의 'D'의 한 표현으로 이해될 수 있을 것이다.

이렇게 볼 때, 인정에 대한 다음과 같은 도이의 해석은 올바른 것이라고 볼 수 있다. 즉 "인정이란 따라서 적절하게 아마에 하는 방식을 아는 것이고, 또 타인의 아마에의 요구에 반응하는 방법을 알고 있는 것을 의미한다."[118] 끝으로 한 가지를 첨부한다면 아마에의 한국어 대응은 "응석 부린다"로 볼 수 있을 것이다.

---

116 H. H. L. Kitano, *Japanese Americans: The Evolution of the Subculture*, Englewood Cliffs, Prentice-Hall, 1969, p.104.
117 Doi, "*Giri-Ninjo*," *op. cit.*, p.327.
118 *Ibid.*, p.33.

5) 한국의 눈치[119]

한국인의 눈치는 동아시아 문화에 대한 나의 공식에서 D의 다른 표현이라고 볼 수 있다. 명사로서의 '눈치'는 '임기응변, 재주, 감각, 사회적 감각, 전망, 사회적 안목'으로 정의될 수 있고, 동사로서의 '눈치보다'는 '마음을 알아내려 하다, 사람의 동기를 탐지하다, 얼굴 표정을 살피다, 상황을 이해하다, 대세의 흐름을 알다'로 정의된다.[120] 위에서 지적한 것이지만, 상황 중심적 경향은 동아시아인의 행위에서 하나의 일반적 특성이다. 추상적인 도덕률에 의해서보다는 오히려 상황에 대한 적절성에 의해 행위를 평가하려는 일본인의 경향을 많은 학자들이 지적해 왔다.[121]

일본인 도덕의 상황적 특성을 벨라(Bellah, 1957) 같은 외국인 학자는 단순히 특수주의(particularism)로 해석하고 있다. '상황을 이해함'으로써 사람들은 'S'에서의 자신의 위치의 상하, 그리고 'T'에서 자신의 선후의 위치를 적절하게 결정할 수 있다. 즉 그의 상급자로서, 하급자로서 자신의 위치와, 선도자로서 또는 추종자로서 자신의 위치를 알아야 한다. 최근 소푸에(Sofue)는 일본인의 인성에 대하여 다음과 같이 언급하였다. "표면적 일본인의 인성은 전후의 극적인 개

---

119 崔在錫, 1965, 『韓國人의 社會的 性格』, 현음글방; 최봉영, 1994, 『한국인의 사회적 성격』 1,2, 느티나무 참조.

120 E. M. Martin, Y. H. Lee and S. U. Chang, 1967, *A Korean English Dictionary*, New Heaven, Yale University Press, p.80.

121 Kiefer, *op. cit.*, p.127.

혁에 의해 상당히 변화되어 왔다 하더라도, 상하관계에 관한 한 이에 대한 인식은 여전히 일본인 인성의 가장 중요한 면모라고 할 수 있다."[122] 그리고 '타인의 마음을 읽으려고' 함으로써 '무한한 조화 속에서의 합일(D)'을 얻기 위해 자신에 대한 타인의 기대를 충족시킬 적절한 행동을 취할 수 있다. 합일(oneness)에 대한 인지적 요구에 의해 아시아인은 '상황적 적응성'을 강요받게 되는 것이다.[123]

노자(老子)의 "선견지명(先見之明)은 단지 도(道)의 꽃일 뿐이다(D)"라는 말을 언급하면서, 왕필(王弼)은 "선견지명이란 (그들의 행위가 지향해 나갈 방향에 대해) 다른 사람들보다 더 빨리 아는 것을 의미한다"고 지적하였다. "이것은 (타인의 책략으로 앞설 수 있는) 하나의 저급한 덕(德)이다. 이러한 것이 선견지명이라고 생각하면서 자신의 교활한 솜씨를 발휘한다는 것은 그 개인의 목적을 달성할 수 있다 하더라도 종종 기만(deception)과 음흉한 것이 되게 한다."[124]

나의 견해로는 선견지명이란 눈치의 한 고전적 형태이며, 이것은 한편으로는 '도의 꽃'이고 다른 한편으로는 '속임수가 있는 임기응변적 재치'라고 볼 수 있다. 교양 있는 사람, '제왕' 혹은 '고귀한 인물'은 지위고하를 막론하고 내적으로나 사회적 관계에서 조화롭게

122 Kiefer, op. cit., p.127.
123 T. Sofue, 1969, "Review of M. Harris, The Rise of Anthropological Theory," Current Anthropology, Vol. 9, p.528.
124 Y. T. T'ang, 1947, "Wang Pi's New Interpretation of the I-Ching and Lun-Yu," Harvard Journal of Asiatic Studies, Vol. 10, No. 2, p.155.

화합되고 모든 사회적 상황에서 균형을 이루는 사람을 말한다. 즉 "이러한 사람은 '무한한 조화의 합일(D)'을 추구하기 위해 자제된 안정, 적당한 냉정, 기품과 위엄에 따라 행동하고 처신한다."[125]

눈치는 하급자(약자)의 상급자(강자)에 대한 '기만적 요령'을 의미하는 것으로도 자주 사용된다. 어떻든 눈치는 '동조(conformity)'와 밀접히 관련되어 있다. 때때로 "개인성원이 집단결정에 근본적으로 의견을 달리하는 경우, 회의에서 전원 동의했음에도 불구하고 사적으로는 그러한 결정을 무시하기 쉽다."[126] 이러한 것은 '무한한 조화 속의 합일성(D)'을 구축하기 위해 공개적으로는 타인에게 동조하고, 결정에 복종하는 척할 수밖에 없다. 따라서 한 집단의 지도자는 눈치를 발휘해서 '예견적 동조'[127]를 통찰할 수 있는 사람이어야 한다.

아마에도 역시 눈치의 책략적 측면을 부분적으로 포함하고 있다. "어머니는 자신의 아이들이 아마에를 부려야만 하고, 그래서 자신은 아이들의 응석을 받아들이고 소중히 한다고 말할 수도 있다. 또 다른 상황에서 그녀는 자기 아이들이 지나치게 아마에를 요구하고 또 행동하고 있을 때 그녀는 그 아이들의 요구를 거절하거나 행동을 무시할 수도 있다. 어린이 쪽에서 볼 때, 이것은 사랑, 관심, 인

---

125 M. Weber, 1951, *The Religion of China: Confucianism and Taoism*, New York: The Macmillan, p.156.
126 F. Fraeger, 1970, "Experimental Social Psychology in Japan: studies in social conformity," *Rice University Studies*, Vol. 56, No. 4, p.245.
127 *Ibid.*

정, 인식을 요구하는 상호작용의 한 기술인 것이다."[128]

전체적으로 볼 때, 'D'로서의 눈치는 '주는 것' 혹은 '받는 것'이 아니라 주거나 받기 위한 전략 혹은 판단이다. 이 판단은 2인 관계를 적절히 이해하는 방법과, 'S'와 'T'에서의 자신의 위치를 설정하는 방법과 관련되어 있다. 한 개인이 '무한한 조화 속의 합일(주거나 혹은 받는 것·D)'을 추구하지 않는다면 그는 타인과의 2인 관계(B)의 상태를 일부러 회피하려 할 것이다. 그가 우연히 한 2인 관계에 있게 되었을 때는 단지 표면적으로만이라도 '무한한 조화 속의 합일(D)'에 이르게 되는 것은 피할 수 없게 된다.

만약 한 개인이 어느 누구와 함께 'S'와 'T'에서 위치를 결정할 수 없다면, 상급자와 하급자, 선도자와 추종자로 일대일의 관계(B)를 설정하지 않으려 하고 그 사람과의 어떤 가능한 '무한한 조화 속의 합일성(D)'도 피하려 한다. 왜냐하면 그들 사이에 주기로 되어 있는 사람과 받기로 되어 있는 사람 간의 있음직한 인지적 불일치는 오히려 '무한한 조화 속의' 불완전한 '합일성'을 초래할 것이고, 더욱이 미래의 가능한 완벽한 '합일성'도 저해하리라는 것을 알기 때문이다. A에 있어서 가능한 하나의 해결책은 "자신보다 높은 지위나 나이가 많은 것을 나타내는 용어가 되더라도"[129] 낯선 타인에 대해

128 Kitano, op. cit., p.105.
129 E. Norbeck, and O. H. Befu, 1970, "Informal Fictive Kindship in Japan," American Anthropologist, Vol. 60, p.115.

서 하대하는 말을 사용함으로써 자신을 상위 위치에 앉힐 수 있는 것이다. 만일 하대하는 태도의 말이 B에 의해서 용인된다면 그들은 부드럽게 상호작용할 수 있게 된다.

만약 상대방도 역시 자신을 높은 위치에 두고, A와 무한한 조화 속의 '합일성'을 갖기를 원한다면 여러 가지 가능한 "행위양식들의 선택순서의 위계"[밀러(Miller), *et al*., 1960]를 고안하여 각기 적절한 상황에서 적절한 양식으로 행위해야만 할 것이다. 즉 B는 A의 상황에 대한 해석에 도전하면서 똑같이 하대하는 태도의 말을 사용할 수도 있다. 혹은 현재의 상황하에서는 A의 말을 용인하면서 상위의 위치

〈도표 4〉 동아시아인의 사회행위상 주요 개념의 '변별적 특징분석'

형식적 구조 B(S(T)/T(S))D / 동사로서의 개념	이원적 함축성 (이원법 혹은 일대일)(B)	공간(S) (위계적)		시각(T) (연계적)		변증법적 호혜성(D)				
						교환				S, T, D에 대한 판단과 전탁
						~부터 받는 것		~에 주는 것		
		상	하	선	후	상(선)	하(후)	상(선)	하(후)	
보(報)	+	+	+	−	+	−	−	+	+	−
효(孝)	+	−	+	−	+	−	−	+	−	−
인(仁)	+	+	−	+	−	−	−	−	+	−
충(忠)	+	−	+	−	+	−	−	+	−	−
아마에(甘エ)	+	−	+	+	+	+	−	−	−	-,(+)
인 정	+	+	+	+	+	+	+	+	+	+
은(恩)	+	+	+	+	+	+	+	−	−	−
눈 치	+	+	+	+	+	−	−	−	−	+
제 사	+	−	+	−	+	−	−	+	−	−
풍 수	+	+	+	−	−	−	−	−	−	−

* 이원적 함축성란에 B(S(T)/T(S))D 공식의 설명이 포함되었다. 이 분석이 이원적 관계이므로 모두가 +이다. 반사회적 또는 이원적 함축성에서 −로 분류될 수 있는 유형도 있으나, 여기서는 다루고 싶지 않다. 그것은 본강의의 범위를 벗어나는 것이다.

를 받아주고, 다음 다른 기회를 기다릴 수도 있다. 아니면 제3자로 하여금 그들 사이를 중재시킬 수도 있는데, 이렇게 하여 상황에 대한 정의를 보류시키는 것이다. 그러므로 행위계획(plans)에 관한 관리전략이 바로 '눈치'라고 할 수 있다.

6) 소결론

이 글은 동아시아 문화에 대한 유일한 설명체계가 아니라 그 나름의 의미를 지닌 하나의 설명체계일 뿐이다. 동아시아 문화에 대한 나의 설명체계는 하나의 일관성 있는 관점에 기초한 여러 많은 설명체계들 가운데 하나일 뿐이다(Lowther, 1962). 따라서 이런 유의 설명체계는 '계량적, 통계적 증거의 문제'가 아니라 '분석적 설명력의 문제'이다.[130] 레비스트로스의 접근방법에 따라서 나는 중국인의 의식구조(Chinese mind)는 "경험적 실체를 어떻게 그 구성단위들로 분류 구별하고 있는가?" 또한 "이 체계들은 이들 내에 있음직한 결합을 지배하는 규칙들을 어떻게 설명해 내고 있는가?"[131] 하는 문제를 밝히려 한 것이다. "실제로 우주의 균형과 조화를 지속적으로 추구해 왔고, 그에 따라 모든 현상들을 순리적이고 총괄적인 도식체계로, 집요하게 환원시켜 온 민족 가운데 이 지구상에서 '중국인보

---

130 Scholte, op. cit., p.1196.
131 위의 책, p.1193에서 인용.

다 더 철저한 자는' 찾아보기 힘들 것이다."[132]

'중국인'의 의식구조는 "무의식적이고, 특유의 보편성을 지니고, 불변한 성질을 지니고 있다"[133]고 가정한다면, 나의 구조에 대한 "형식화"는 그들이 행위를 생성시키고 그 행위의 용납 가능성을 검토하는 데 여전히 강력한 설명력을 가지고 있다고 본다. 더욱이 중국의 보, 일본의 아마에 그리고 한국의 눈치는 행위자의 사회적 상황에 의존하는 형식구조의 자유변이(free variation)인 것 같다(앞의 도표 참조).

근대화 과정에서 일본은 서구의 많은 문화적 요소를 받아들였으나 이것은 과거나 현재에도 항상 부분적이고 지엽적인 것이었다고 나카네(Nakane)는 지적한다. 이것은 외래 어휘를 많이 차용하고 있지만 기본적 토착구조 혹은 문법에는 변화가 없는 언어와 같다는 것이다. 즉 외관상으로 일본 사회는 "지난 100년 동안 격렬한 변화를 경험해 온 것 같지만, 기본적 사회적 문법(social grammar)은 거의 그 영향을 받지 않고 있다"[134]는 것이다. 베푸(Befu)도 역시 "서구와의 단순한 비교로 일본의 친족조직이 서구화의 방향으로 변화하고 있다는 가정 등은 우리들의 지식을 증가시키지 못할 것"[135]이라고 경고하고 있다.

---

132 D. Bodde, "Types of Chinese Cathegorical Thinking," *Journal of American Oriental Society*, Vol. 59, No. 2, 1939, p.200.
133 Scholte, *op. cit.*, p.1193.
134 Nakane, *op. cit.*, p.149.
135 H. Befu, 1970, "Studies in Japanese Kinship," *Rice University Studies*, Vol. 56, No. 4, p.119.

근대 서구의 이데올로기는 '개인주의적 우주관'에 근거하고 있다. 이러한 우주관은 "가치관들의 외관상 그 형태는 모두 원자화되어 있다. 즉 인간 개개인이 그 중심이고 그리고 독자적인 영역으로서 종교나 철학 등의 학문, 예를 들면 정치학, 경제학, 그리고 예술 등이 하나하나의 영역들로 원자화되어 취급되고 있다."[136] 이와 같은 서구인의 의식구조로서는 동양인의 의식구조를 구성하는, 인간 상호간, 인간과 자연, 철학과 예술, 정치학과 경제학, 주관과 객관, 특수주의와 보편주의 등 간의 각 상황에 있는 '무한한 조화 속의 합일성'을 이해하기란 매우 힘들 것이다.[137]

아시아인은, 독자적 영역의 그와 같은 범주화는 인간에 의해 이루어진 것이라고 보고 있기 때문에 '범주되어야 할 것'과 '이미 범주화된 것' 사이의 무한한 조화 속의 합일성을 끊임없이 계속해서 추구한다. 바꾸어 말한다면 아시아인은 '범주되어야 할 것(實)'과 '이미 범주화된 것(名)'을 통합하기를 바란다는 것이다. 통합을 위한 가장 바람직한 방법은 성실성을 가지고 명명(범주화)에 자신을 참여시키는 것이다. 즉 지속적으로 형판즉 명(名)과 명명화(命名化)된 물건 모두, 범주화된 사물을 변환(실체화)시켜 나감으로써 그 자신 내부에서 합일

---

136 L. Dumont, *Religion, Politics, and Society in the Individualistic Universe: The Henry Meyers Lecture*, 1970, 1971년 아일랜드와 영국의 王立人類學硏究所이 회의기록.

137 2012년 최인철 문화심리학자의 수고로 다음 책이 한국어로 번역되었다는 것은 나의 논의를 실증적으로 지지해 주고 있다는 점에서 감사드린다. 리처드 니스벳 저, 최인철 역, 2004, 『생각의 지도』, 김영사; EBS 〈동과 서〉 제작팀·김명진 저, 2008, 『EBS 다큐멘터리 동과 서』, 위즈덤하우스. 참조할 것.

성을 완성하려고 노력하는 것이다. "역할 수행인 또는 모범적 모형 (model example), 형판(template)을 보여주는 것이 중국인 학자들의 피 속에 면면히 흐르고 있는 것이다."[138] 이것은 '레비스트로스식의 사 고'[139]가 아니라 '중국식 사고'로서[그라네(Granet), 1934],[140] 그것은 "마 술 시행을 지켜보는 것 같을지 모른다. 그것은 고대(古代) 중국인(자 연주의자)도 외부 관찰자에 대해서 자기 자신들의 체계를 거의 분명 히 밝히지 못한 신념일 뿐이었다."[141] 아지머(Ajimer, 1968)[142], 토플리 (Topley, 1969)[143]와 프리드만(Freedman, 1967, 1970)[144]의 연구들은 연중 행사, 질병과 조상숭배의 인지구조에 관한 연구들이었다. 결국 이 러한 인지의 여러 연구 방안(devices)에 대한 주의 깊은 연구들로 말 미암아 앞으로 '문화운반자(文化運搬者)의 의사결정과정'[145]을 밝혀낼 수 있을 것 같다.

---

138 D. Twithett, 1962, "Problems of Chinese Biography," *Confucian Personalities*, A. F. Wright, ed., Stanford University Press, p.35.

139 E. R. Leach, "Review of Claude Levi-Strauss' *Mythologiques: le Crue et le cuit*," *American Anthropologist*, 1965, p.776.

140 Granet, M., 1934, *La pensee chinoise*, Paris: La Renaissance du Livre; 마르셀 그라네 저, 유병태 역, 2010, 『중국사유』, 한길사.

141 Needham, *op. cit.*, p.217.

142 Ajmer, G., 1968, "A Structural approach to Chinese ancestor worship," *Bijdragen tot de Taal, Land-en Volkenkunde*, pt.124.

143 Topley, M., 1969, "Chinese traditional ideas and the treatment of disease: two examples from Hong Kong," *Man*, n.s. 5(3).

144 Freedman, M., 1967, "Ancestor worship: two facets of the Cinese case," *Social organization: essays presented to Raymond Firth*, Chicago: Aldine; 1970, "Ritual aspects of Chinese kinship and marriage," *Family and Kinship in Chinese society*, Stanford: Stanford Univ Press.

145 Kay, *op. cit.*, p.27.

아편전쟁 이래 서구세계의 도전을 받아온 동아시아인들은, 지금까지의 경험들로 인하여 자신들의 무의식 구조가 여러모로 심하게 수정되었다는 사실을 간과하지 않는다. 서구 개인주의는 중화민국 초기의 반유교주의 운동을 자극, 고취시켰다. 당시 후스(胡適)의 지도 아래 중국의 지식인들은 유교적 충효사상을 극단적으로 공격하고 '보다 많은 개인의 자유'와 '강력한 근대 국민국가의 수립'[146]을 요구하였다. 한편 현대의 한국에도 미국에서 교육받은 사회과학 분야 박사들의 귀국과 더불어 유사한 현상이 일어나고 있다. 그런데 이들의 '인지적 도식(cognitive schemata)'[나이서(Neisser), 1962]은 토착 한국인의 것과 양립될 수 없는 것이다. 지식인 지도자의 '능력 수준(competence level)'[147]에서의 문화변동은 전통 문화의 '부흥'에 가장 결정적 장애가 되고 있을지도 모른다.

그럼에도 불구하고 동아시아인들은 자신의 지도력과, 그들 자신의 방법으로 자신의 사회를 새롭게 통합하려 노력하고 있다. 그들의 모든 노력은 지나온 100여 년이라는 장기간 동안 서구문화의 습득과정에서 서구로부터 받아온 참을 수 없는 굴욕감에 대한 동아시아인의 대응의 양식으로 나타나고 있다. 이미 한국은 과거의 일본이 성취했던 경제적 발전을 어느 정도 추적했고, 정치적으로도 민

---

146 T. T. Chow, 1960, "The Anti-Confucian Movement in Early Republican China," *The Confucian Persuasion*, A. F. Wright, ed., Stanford University Press, p.309.

147 R. D. King, 1969, *Historical Linguistics and Generative Grammar*, Englewood Cliffs: Prentice-Hall, p.15.

주화 과정은 세계적 주목을 받았으며, 문화적으로는 "한류"라는 이름으로 세계를 무대로 달리고 있다.

"홀로와 더불어"의 "대대문화문법"이 그러한 움직임의 기반임을 부정할 수 없을 것이다. 한국과 이웃나라의 관계 역시 결국 "홀로와 더불어"의 관계로 재조명해 나가야 할 것이다. 동아시아 삼국 간의 오랜 역사적 배경은 서로간의 끊임없는 상호 작용의 밑바닥에 "대대문화문법"이 자리하고 있기 때문이다.

제 **4** 장

—

한국 사회의 성찰적 민족지

1. "처음처럼"

이 책의 첫째 장에서 나는 구상 시인의 "홀로와 더불어"라는 시의 제목을 가지고 글을 시작했다. 그리고 이 책의 마지막을 처음 시작으로 회귀하려 한다. 이를 위하여 "처음처럼" 그리고 "홀로와 더불어", 이 두 시를 먼저 음미하려 한다.

〈홀로와 더불어〉

나는 홀로다.
너와는 넘지 못할 담벽이 있고
너와는 건너지 못할 강이 있고
너와는 헤아릴 바 없는 거리가 있다.

나는 더불어다.
나의 옷에 너희의 일손이 담겨 있고
나의 먹이에 너희의 땀이 배어 있고
나의 거처에 너희의 정성이 스며 있다.

이렇듯 나는 홀로서

또한 더불어서 산다.

그래서 우리는 저마다의 삶에

그 평형과 조화를 이뤄야 한다.

_ 구 상

홀로인 나는 너와의 관계에서 "넘지 못할 담벽"이 있고, "건너지 못할 강"이 있고, "헤아릴 바 없는 거리"가 있지만, "더불어 함께" 살아가야 하는 우리들 사이에는 의식주의 생활을 비롯한 서로간의 연망(network)이 있기에 희로애락을 함께 나누며 살아가지 않을 수 없다. 그래서 "우리는 저마다의 삶에 그 평형과 조화"를 이루기 위하여 노력해야 한다. "나와 너"의 관계는 "우리"로 언제나 더불어 한다. 한때 초등학교 국어 교과서에 첫 번째로 나오는 이 세 단어는 바로 "홀로와 더불어"의 "짝"의 개념과 맥을 같이한다.

앞서 세 장에 걸친 논의에서 이 "짝"의 개념을 중심으로 인학과 대대문화문법 그리고 동아시아인의 세계관, 한국인의 사회생활을 검토해 보았다. 이것은 한자의 언어세계가 동아시아인의 삶의 세계를 지배해 왔음을 확인한 것이고, 그 언어세계를 대대문화문법이라는 개념으로 "형식적 분석"을 시도한 것이었다. 또한 동시에 이 문화문법에는 "범주적 사고"가 지배적이라는 것도 밝혀 보았다.

"더불어 숲"을 주장하는 신영복 교수는 "처음처럼"을 화두처럼 강조한다. 그 화두에는 다음과 같은 구절이 따라붙는다. "처음으로 하늘을 만나는 어린 새처럼, 처음으로 땅을 밟는 새싹처럼, 우리는 언제나 새날을 시작해야 합니다." 20년 20일을 감옥 생활을 하고 나온 신영복에게 나는 많은 것을 배운다.[01] 우리들의 새날은 언제나 "하늘과 땅"을 더불어 한다. 그 하늘과 땅은 시간과 공간이라는 해석도 음미해 보았다. 신영복은 다음과 같이 이야기한다.

옛 사람들은 물에다 얼굴을 비추지 말라고 하는 '무감어수'(無鑒於水)의 경구를 가지고 있었습니다. 물을 거울로 삼던 시절의 이야기입니다만 그것이 바로 표면에 천착하지 말라는 경계라고 생각합니다. '감어인'(鑒於人). 사람에게 자신을 비추어보라고 하였습니다.[02]

2012년 2월 22일 광주에 있는 전남대학교에 다녀왔다. 한국문화인류학회장을 역임한 최협 교수의 정년퇴임식에 참석했다. 지난날을 회고하고 한국문화인류학의 앞날을 이야기하는 퇴임사 가운데,

---

01 신영복의 저서는 이 시대를 사는 한국인들에게 하나의 정신적 청량제라고 하겠다. 그 오랜 형무소 감옥 생활에서 쌓은 정신적 수련은 한국인들이 잃어가는 조선시대의 선비정신을 이해하게 해 준다. 『감옥으로부터의 사색』(1988), 『엽서』(1993), 『나무야 나무야』(1996), 『더불어 숲, 1, 2』(1998) 등을 참조하기 바람.

02 신영복, 1996, 『나무야 나무야』, 돌베개. 이 책의 표지에 적힌 구절임.

몇 마디 기억되는 구절이 있었다. "우리 학생들에게 단순히 'know-how(어떻게 하는가)'를 가르칠 것이 아니라, 'know-why(왜 하는가)'를 가르쳐야 할 것 같다"고 하였다. 인류학과 선생으로서 인류학의 "내용"을 가르쳐 왔는데, 우리 학생들에게 필요한 것은 "왜 인류학을 하는가"를 생각하게 하는 것이 더 중요하다는 이야기다.

2011년 7월 22일 한국문화인류학회 후원으로 인류학을 전공하는 전국 대학의 학부생 포럼이 열렸다. 이 모임에서 논의된 주제가 "우리, 왜, 인류학?"이었다. 우연한 일치인지도 모른다. 그들이 펴낸 결과보고서를 보면 "왜 인류학"을 해야 하는가에 대한 질문이 절절하게 제기되고 있다. 이에 대한 해답은 각자가 찾아야 할 내용인지도 모른다. 그러나 여기서 신영복 교수의 "'감어인'(鑒於人). 사람에게 자신을 비추어 보라"는 구절이 떠오른다. 인류학은 사람을 연구하는 인학이다. 결국 "자신을 성찰"하는 데 인류학만큼 좋은 학문은 없다. 최협 교수는 퇴임사의 마지막에 노자의 『도덕경(道德經)』에 나오는 다음 구절을 인용하면서 이야기를 마쳤다. 여기에도 자기 자신을 성찰하는 내용이 기본이다.

다른 사람을 아는 사람은 지혜로운 사람이고(知人者智)
스스로를 아는 사람은 총명한 사람이다.(自知者明)
남을 이기는 사람은 힘 있는 사람이고(勝人者有力)
스스로를 이기는 사람은 강한 사람이다.(自勝者强)

넉넉함을 아는 사람은 부유한 사람이고(知足者富)

힘써 행하는 사람은 뜻이 있는 사람이다.(强行者有志)

자기의 분수를 아는 사람은 그 지위를 오래 지속하고(不失其所者久)

죽어서도 잊혀지지 않는 사람은 영원토록 사는 것이다.(死而不亡者壽)

비록 대학을 떠나지만 자기를 잊지 말아 주기를 바란다는 점을 노자의 『도덕경』을 빌려 이야기한다. 나는 여기 인용되고 있는 『도덕경』에도 "짝"의 개념이 일관되게 나타나고 있음을 주목한다. 『천자문』은 "4자의 형식"이 기본을 이루고 있다. '고사성어'도 4글자를 기본으로 구성되어 있다. 옛날 아이들이 공부하는 『소학』도 『사자소학(四字小學)』으로 재정리되어 유통되어 왔고, '삼강오륜(三綱五倫)'의 내용도 4자로 구성되어 있다. "짝"의 개념을 이야기한다면 공부하는 사람에게 다음 구절이 가장 긴요한 구절일 것이다.

배우고 생각하지 않으면 오묘한 진리를 이해할 수 없고(學而不思則罔),

생각하고 배우지 않으면 위태한 사상에 빠지기 쉬우니라(思而不學則殆).

『논어(論語)』「위정(爲政)」편에 나오는 구절이다. 공부가 자기 식으로 하늘과 땅을 꿰뚫어야 하듯이, 학문도 끊임없이 배우고 묻는 과정이다. 이 과정을 "성찰"이라는 이름으로 바꾸어볼 수 있다.

이 마지막 장의 주제는 "한국 사회에 대한 성찰적 민족지"이다. 우리 모두는 끊임없이 호흡하면서 살고 있다는 이야기를 했다. 생명은 끊임없는 변화 속에 있다. 개인의 삶이 그러하고 사람들이 모여 사는 사회가 그러하고 문화적 규범 역시 변화의 과정을 거역할 수 없다. 그러나 변화의 내용은 매우 단순한 것으로부터 때로는 거대한 산봉우리 같은 쓰나미로 맞이하게 되는 다양한 얼굴을 지니고 있다.

한 사회의 역사는 "거대한 역사적 사건"에 의해 변화의 물결이 크게 방향을 전환하기도 한다. 한국인들도 역사적으로 무수히 많은 역경을 거쳐 왔다. 서울올림픽 역시 한국 사회의 변화를 가늠하는 중요한 좌표 중의 하나다. 전쟁과 정치적 분쟁(학생시위와 노사분규)의 나라로 세계인이 기억하던 한국의 이미지가 서울올림픽을 계기로 엄청난 변화를 가져왔다. 나는 인류학도로서 서울올림픽에 대한 민족지적 연구를 국제적인 석학들을 초빙하여 공동연구팀을 조직하여 이에 대한 기록을 남겨 놓았다.[03] 이 서울올림픽 경험을 사례로 한국 사회에 대한 민족지적 성찰의 실마리를 풀어가도록 한다.

---

03 천진기 편, 2010, 『세계와 함께 나눈 한국문화: 산공 강신표 올림픽 문화학술운동』, 국립민속박물관.

2. 서울올림픽, 성화 봉송, 그 민족지적 관찰

1) 서울올림픽을 바라보는 눈

서울올림픽은 우리에게 무슨 의미가 있을까? 이 평범한 질문은 서울올림픽을 치른 후 20여 년이 지난 오늘날에도 새삼스럽게 떠오른다. 이 역사적인 사건은 앞으로 시간이 갈수록 역사학자들을 위시한 사회학·인류학·민속학자들은 물론 정치·경제 등 모든 사람들이 한국현대사를 논의하는 데 언급하지 않고는 지나칠 수 없을 것이다. 그만큼 중요한 역사적 사건이었음에도 불구하고 서울올림픽을 직접 보고, 체험했던 당대의 한국인들은 무엇을 기록하여 놓았는가? 다시 말해서 서울올림픽이 무엇이었느냐에 대한 설명을 갖고 있는가에 대하여는 놀랍게도 어느 누구도 관심이 없다.

서울올림픽의 이념은 '화합(和合)과 전진(前進)'이었고, 표어는 '세계는 서울로, 서울은 세계로'였다. 최소한 서울올림픽이 화합과 전진을 이룩하였는가? 또는 세계는 서울로 왔던가? 서울은 세계로 갔던가? 이러한 질문에 대한 설명은 보는 이에 따라 다를 것이다. 한가지 분명한 것은 화합·전진·세계·서울이라는 네 단어가 당시의 한국인의 관심사의 초점이었다는 점이다. 화합이 되고 안 되었느냐를 떠나서, 화합이라는 것은 한국인의 생활문화문법에 있어서 얼마나 중요한가를 새삼스럽게 논할 필요도 없다. '가화만사성(家和萬事成)'이라는 글씨는 한국의 많은 가정에 가훈처럼 안방 벽에 걸려 있다. 함께 사는 가족, 동족, 이웃 더 나아가 민족의 화합은 한국인의 삶의 기본이다.

이러한 기본은 언제나 기회가 있을 때마다 다시 한 번 되새겨 보는 계기를 만들어 보곤 한다. 그것은 한 사회의 문화문법을 재확인하고 재창조하는 과정이다. 이러한 문화문법은 곧 전통문화의 골격이기 때문이다. 화합은 특히 한반도가 분단 상황이라는 점에서 이를 더욱 필요로 하는 덕목인지도 모른다. 실로 서울올림픽은 남북한의 공동참여로, 통일로 가는 계기가 되리라고 믿었다.

서울올림픽에 대한 이러한 기대는 결코 헛되지 않았다. 그렇다고 이른바 '공동개최'라는 것이 실현되지 않아, 통일이 멀어진 것도 아니다. 그보다는 서울올림픽이 동서냉전시대를 마감하는 데 일정한 기여를 했다는 점에서 역사적인 의의를 갖는다고 할 수 있다. 1980년 모스크바 대회, 1984년 로스앤젤레스 대회가, 모두 세계 양대 세력의 보이콧으로 반쪽짜리 올림픽이었는 데 반해, 세계 양대 세력의 제물인 분단된 한반도에서 12년 만에 자리를 함께한 화합은 세계사적인 의미를 지닌다.

당시 동유럽 공산국가의 몰락 사태의 여러 변화는 서울올림픽이 그 결정적인 역할을 하였다고 한다. 세계 40억 인구의 2/3는 TV로 본 한국의 문화적 전통과 경제발전에 충격을 받았다. 한국에 직접 와서 본 세계인은 모두 자기 나라의 현실을 되돌아보게 되었다. 그 중에서도 소련과 동구권에 준 충격이 오늘의 소련과 동구권의 변화에 어느 정도 기여하였다고도 이야기한다.

1990년 5월 21일부터 25일까지 캐나다 퀘벡 시에서 피에르 쿠베르탱(Pierre de Coubertin) 남작이 근대올림픽을 구상하면서 북미 방문(北美訪問) 백주년을 기념한 국제올림픽 학술대회가 열렸다. 여기에서 서울올림픽에 대한 국제공동연구단이 민족지적 관찰 연구한 결과를 일부 발표하면서, 한국전통문화가 전 세계에 어떻게 방영되었는가를 분석 보고하였다. 서울올림픽이 2년밖에 지나지 않은 그 당시 한국은 군사정권 시대 전임 대통령에 대한 국회청문회 등의 문제로 사회가 시끄러웠기 때문에 서울올림픽에 대한 이야기는 오히려 금기사항이었다. 이런 현실 속에서 이루어진 서울올림픽에 대한 민족지 연구 발표는 "지난 일은 없었던 것으로 하자"는 한국의 당시 상황과 너무나 대조적이었다.

그러면서도 한국의 문화문법에는 '불망기본(不忘基本, 근본 뿌리를 잊어서는 안 된다)'이라는 것도 있다. 한국의 역사는 한국인이라면 부정할 수 없는, 아니 지워버릴 수 없는 기본 중의 하나다. 그것은 그 속에 한국인이 쌓아올린 실험의 '역사'가 잠겨 있기 때문이다. 그것은 계속 발굴하고 발전시키면서 전진해 나가는 데 필요한 지혜의 보고(문화 콘텐츠)이기 때문일 것이다.

서울올림픽은 한국의 문화 전통이 무엇인가를 확인하는 중요한 기회였다. 40억 세계인의 잔치 마당인 서울올림픽에 직·간접적으로 참여하지 않은 한국인은 없다고 해도 과언이 아니다. 그뿐 아니라 성화 봉송과 개·폐회식 행사의 구상과 연행(演行)에 동원된 문화적 자산은 참으로 엄청난 규모의 총동원이었다. 전 세계의 문화예술단이 서울올림픽이 아니었다면 어떻게 이 땅에 와서 그러한 공연을 할 수 있었을까? 그 가운데서도 다시 생각해야 할 것은 한국의 어린 새싹들에게 한국의 전통 음악, 전통 무용, 전통 의상들을 조금이나마 새롭게 눈뜨게 했다는 것이 최대의 성과였다. 거들떠보지 않던 한국의 전통 민속이 세계인의 잔치마당에서 비로소 그 빛을 발휘한 것이다.

다음에 소개하는 글들은 서울올림픽 국제공동연구단에 속한 강신표와 맥컬룬 두 사람이 서울올림픽 성화가 제주도에 도착할 때부터 서울에 도착할 때까지 함께 다니면서 민족지적 현장 관찰을 통해 정리한 글의 일부이다. 제주도에 도착하는 성화를 보면서 느낀 기록, 전국을 누빈 성화 봉송의 관찰, 서울올림픽 개막식의 관찰 등을 여기 함께 묶어 보았다. 앞으로의 연구 자료에 참고가 되기 위하여 여기에 함께 모아 보았다.

2) 새 세계문화 창조의 첫 발걸음: 서울올림픽

올림픽 성화가 도착해서, 전국을 누비며 서울로의 봉송 길을 재촉하고 있다. 성화는 서구문명의 발상지 그리스로부터 동방의 '고요한 아침의 나라' 한국에 날아온 것이다. 아침의 빛은 동에서 서로 간다. 그러나 이번 성화는 서방에서 동방으로 사람이 가져왔다. 사실 지난 한 세기 동안, 서방에서 온 것은 서양과학기술 문명으로 무장된 제국주의적 침략전쟁이었다. 그것은 기독교의 선교사가 앞장섰거나, 아니면 새로운 문명의 이기인 상품을 앞세우고 쳐들어온 도전이었다. 그러나 이번에는 한국의 성화 인수단이 그리스인들로부터 직접 이 불씨를 받아왔다.

많은 축복과 기원을 담고 보냈던 장면을 위성중계 TV 화면으로 우리 모두는 생생히 지켜보았다. 서울시장과 서울올림픽조직위원회 사무총장, 대한체육회장, 그리고 손기정 선수, 국민대표 18명, 그 외 사물놀이와 서울시립무용단, 그리고 또한 그리스에 살고 있는 3백여 명의 한국 동포들, 그들이 성스러운 불씨를 받았다. 어쩌면 서양 문명의 불씨를 얻어오는 것이다. 서양 문명, 그것은 오늘날 한국이 근현대사에서 경험한 전쟁과 침략, 그리고 물질위주의 상업주의가 그 전부는 아니다. 그리고 또 기독교만이 아니다. 우리는 그리스를 알아야 한다. 서양문물의 그 근원을 알아야 한다. 위대한 서구정신의 뿌리를 우리는 접해야 한다. 그리고 우리를 그들에 비추어 보아야 한다. 서울올림픽은 바로 이러한 기회를 우리에게 마련해주고 있는 것이다.

서울올림픽은 동서의 앞날을 가늠하게 해주는 것이다. 동서의 역사를 생각해보고 동서 문화가 어떻게 다르고 같은가를, 그리고 새로운 세계문화를 어떻게 새롭게 창조해야 할 것인가도 함께 생각할 때가 된 것이다. 동시에 그 가운데서 우리가 해야 할 일이 무엇인가도 찾아보았다.

　문화란 인간이 삶을 영위하기 위하여 어느 곳에서, 어느 시기에 살든지 필요로 하는 것이다. 인간은 어느 인종적 배경이나, 어떤 종교적 신념을 갖고 있든지를 가리지 않고, 인간이라는 생물 유기체로서 공통분모를 가지고 있다. 그래서 그러한 인간의 삶의 양식에는 보편적인 문화의 속성이 함께하고 있다. 남자와 여자를 그 축(軸)으로 하여 부모와 자식으로 이어지는 사람들의 집단과, 밤낮이 교체되는 자연주기 속에서 삶의 리듬을 조정하며 살아가는 것이다. 의식주는 지상의 위도(緯度)가 어디쯤에서 살아가는 사람인가에 따라 그 양식을 달리하고 있을 뿐이다.

　인간의 문화는 여기에서부터 달라지기 시작한다. 사는 곳이 위도상의 어디쯤인가에 따라 의식주가 달라진다면, 그것은 그것으로 끝나지 않는다. 그것은 역사를 함께하는 것이다. 수십 년, 수백 년, 수천 년, 수만 년씩 서로가 다른 환경에서 살다보면, 햇볕 때문에 피부의 색깔이 바뀌고 추위 때문에 생김새가 뚱뚱하게 굴곡이 없어진다. 추위와 더불어 더위의 차이는 불과 10도에서 20도 정도에 지나지 않지만 인간 존재의 삶의 적응상태는 엄청난 차이를 가져오는 것이다. 더구나 오늘날 지구촌이라고 일컫는 현대세계와는 달리 과거에는 사람들의 이동이 쉽지 않았다. 한번 정착하면 수백 년, 수천 년씩 머무르는 것이 집단적 삶의 특징이다.

　그리고 집단을 조직하고, 지도자가 나오고, 정치·경제·사회·문화를 자기들의 삶의 역사에 따라 점검하기 시작한다. 사람으로서 가진 원천적인 사랑과 미움을 어쩔 수 없이 표현하고 표출하는 가운데서 역사는 바뀌는 것이다. 한 사람에게 사랑을 표현한다면, 그 것은 자동적으로 다른 사람에게 미움도 표출한다. 사랑과 미움은 동전의 앞뒤와 같다. 그리고 미운 것으로 보이는 것은 유한 존재인 인간의 감각 때문일 것이다. 여기서 사랑으로 결속하고, 미움으로 분열하고, 갈등을 일으킨다.

인류의 역사란 전쟁과 평화, 인간이 가진 미움과 사랑으로 시작됐다. 생존과 직결된 것이기도 하다. 사람에게 사랑과 미움이 어쩔 수 없는 자기의 본성이라면, 전쟁과 평화도 어쩔 수 없는 그 무엇이다. 국가 간에, 민족 간에, 집단 간에 전쟁과 평화, 그것은 많은 것을 파괴했고 많은 것을 건설했다. 파괴는 곧 건설이다. 누군가 즐겨 말했던 것을 우리는 잘 기억하고 있다. 파괴 없이는 건설도 없다. 마치 사랑이 없다면 미움도 없는 것처럼, 그래서 우리는 두 개의 모양새를 하나로 다독거려 나가야 한다.

그리스인들은 일찍이 이러한 두 개의 모양새를 스스로 잘 다독거리며 처리해온 백성들이다. 고대 그리스에도 도시국가들끼리 전쟁을 피할 수 없었다. 한 도시국가가 어떤 도시국가와 가까이 지내면, 다른 도시국가는 시샘하고 질투하고 미워할 수밖에 없다. 모두가 평화만을 희구할 수는 없다. 그것은 모두가 모두와 전쟁만을 할 수 없는 것과 같다. 그런데 그리스의 백성과 그 지도자들은 이러한 두 가지를 슬기롭게 조화할 수 있는 능력을 발휘한 것이다. 그래서 서구문명의 꽃을 피우게 되는 역사를 만들어 놓았다.

우리는 일찍이 역사 수업 시간에 그리스의 헬레니즘은 "조화"에 그 특징이 있다고 배웠다. 조화란 따지고 보면, 가장 대립되는 두 개의 이질적인 속성을 하나로 화해시켜 새로운 차원의 창조를 하는 것이다. 두 개의 속성이 각각 얼마나 대립적인가에 따라 화해시키고 조화하는 작업은 점점 어려워지는 것이다. 동양과 서양은 하루의 밤과 낮만큼 다르다. 둥근 지구 땅덩어리가 한쪽이 낮이면 다른 쪽은 도리 없이 밤이다. 시간의 차이가 있는 만큼 삶의 활동시간이 밤낮으로 뒤바뀌고 있는 것이 동서이다. 그리스인은 바로 이러한 동서가 만나는 지점에 있었다.

동쪽으로 그 변방을 이루는 터키는 그리스인을 괴롭히는 역사로 점철되고 있다. 그러나 고대에는 그리스인들이 터키의 에게해 연안 도시와 섬에서 동양의 문물을 받아들이기에 바빴다. 남쪽으로는 아랍과 이집트로부터 북쪽으로는 게르만과 슬라브의 야만족으로부터도 그리스인들은 또 다른 문물을 서로 교류하고 있었다. 그리스 내의 작은 도시국가들은, 또 그 국가들끼리 서로 다른 문화를 형성하고 있었다. 아테네의 인문주의적 문화와 스파르타의 군대식 육체문화, 그것은 아마도 희랍인들의 가장 대표적인 두 개의 상반된 문화골격을 이루고 있었던 것이다.

대립적인 두 개의 요소는 갈등을 일으킨다. 그리고 그만큼 상대에게 새로운 자극을 준다. 그것은 함께 있어야 하는 대립적 속성이고, 피할 수 없는 속성이다. 그렇다면 이를 어떻게 극복하여 조화로운 삶을 다함께 영위할 것인가 하는 점이 지상의 과제이다. 그리스인의 위대한 점은 이 과제를 해결해낸 것이다. 그것이 오늘날 서구 문명의 기초를 다져 놓게 된 저력이었다. 그러한 노력의 한 표현을 우리는 올림픽 정신에서 발견하게 되는 것이다. 4년마다 주기적으로 서로가 갈등하고 대립하는 도시국가들이 육체적 힘을 겨루는 잔치마당에 다 함께 만나 축제를 벌이는 것이다. 전쟁을 하는 기간이라 하더라도 올림픽이 열리는 동안에는 전쟁을 일시 중단하고 이에 참가하는 선수와 임원의 통행을 안전하게 해주었다. 전쟁을 피할 수 없다 할지라도 평화의 의미를 다함께 주기적으로 생각하기 위해서 전쟁을 아무 조건 없이 무조건 중지한다는 것이다.

바로 전쟁의 노예로서 인간이 아니라, 인간이 자기가 주인으로서 전쟁을 감당하는 것이다. 그렇다면 우리는 다시 왜 전쟁을 하는가도 생각할 여유를 가지게 된다. 그것은 한걸음 더 나아가 우리가 어떻게 함께 살아가야 하고 우리는 누구인가를 생각하지 않을 수 없다. 그리스인은 여기서 자기 스스로를 초월한 것이다. 인간이 이성을 가진 존재로 자기 자신을 객관적으로 "성찰"할 수 있는 자질을 함양하였다. 건강한 육체에서 건강한 정신을 기대하고 동서양 모든 이질적인 요소에서 "인간의 아름다움을 종합"하기 시작한 것이다. 비너스 여신상을 대리석으로 다듬어 나가는 데는 인간의 보편적 신체에서 아름다움을 객관적 관찰로 재창조하였다. 그것은 문학에서 철학에서 자연과학에서, 그리고 역사에서 어떠한 분야를 떼어놓지 않고, 전체로서 탐구하며 재구성하기에 이르렀다. 그것은 참으로 엄청난 사건이다. 고대 올림픽은 4년마다 빠짐없이 열렸고 그것은 천년을 이어져 내려왔다. 올림픽이 계속되는 쪽과 대립되는 반대쪽에 속한 로마제국은 그리스인의 다신교 신전을 파괴하고, 올림픽 제전을 중단시켰다. 유일신을 믿는 기독교는 다양한 신의 존재를 믿는 자세를 용서하지 않았다.

서양 제국주의는 기독교 정신에서 배태되기 시작하였다. 그러나 기독교는 그리스인의 탐구 정신과 그 이론적 체계화를 매개하지 않고서는 성장할 수 없었다. 역사의 아이러니는 그리스의 헬레니즘을 탄압하며, 한편으로 그 자양분을 밑거름으로 하고 있다는 사실이다. 기독교에 의한 중세 암흑기는 그리스 정신의 재발견으로 그 종지부를 찍는다. 15세기 르네상스, 문예부흥은 바로 그 그리스 헬레니즘 정신의 재발견이다. 그리고 19세기 근대올림픽의 부활은 또 다른 측면에서 그리스 정신의 재생활화이다. 지난 1백 년 동안 올림픽이 전 세계 인류에게 던진 메시지는 참으로 큰 것이다. 전쟁으로 얼룩진 세계에 평화를 다 함께 생각하는 일이다. 그것은 생각만이 아니다. 평화에로 길을 열어주고 있는 것이다.

한국은 세계인들에게 전쟁의 나라, 아니면 군사독재의 나라로 알려져 왔다. 한국의 문화적 전통은 이에 가려져서 더 알려지지도 않았다. 한국 스스로 전쟁의 참화에서 깨어나 경제와 정치가 발전하기 시작한 것도 불과 얼마 되지 않는다. 사실 한국은 그리스인의 역사와 그 정신을 생각하는 마당에서 새삼스럽게 한국의 전통을 생각하지 않을 수 없다. "양극의 조화와 균형"은 어쩌면 한국이 오늘날까지 민족의 생존을 지탱해 온 힘의 바탕이기도 하다. 특히 인간 및 자연관계에 있어서 이러한 지혜는 그리스인의 정신과 일맥상통하고 있다.

서울올림픽의 성화가 그리스에서 그리스의 수석여사제와 함께 이 땅에 왔다. 그보다 4년 전 LA올림픽 때는 그리스인의 축복도 없이, 헤라 신전에서 군대의 호위 속에 채화되고 곧바로 아테네 공항으로 가서 대서양을 넘어 미국 땅에 갔던 것[04]과는 달리, 이번에는 그리스 전 국민의 환송 속에서 동쪽으로 날아왔다. 이것은 단순한 환송 이상의 뜻을 지닌다. 동서 문화를 화합시켰던 고대 그리스의 정신을 한국인들에게 선물하고 있는 것이다. 그들은 한국의 문화적 전통에서 새로운 동서 문화의 모든 만남을 기원하고 있는 것이다.

'화합과 전진'이라는 서울올림픽 이상으로 우리는 동서만이 아니라 동서남북의 모든 만남을 준비하여 왔다. 그리고 그 꿈은 161개국의 거대한 만남의 마당으로 펼쳐지고 있다. 제주도 신산 올림픽

---

04 여기에는 LA 올림픽 조직 위원장 위베로가 성화 봉송을 상업적으로 이용하여, 매 1킬로미터당 성화 봉송 자격을 판매했기 때문이다. 이러한 상업적인 행위는 서울올림픽 성화 봉송에는 없었기 때문에 그리스인들이 서울로 떠나는 성화에 대하여서는 특별한 기원과 사랑을 담아 보낸 것이다.

공원에는 그리스인이 보내온 월계수(올리브 나무)가 기념 식수되었다.[05] 성화는 이제 그리스의 정신과 그들의 축복과 기원을 담고 이 땅의 방방곡곡을 돌아다녔다. 새로운 세계문화가 이 땅에서 싹트기 시작할 것을 기원하는 것이다.

3) "서울은 지방으로, 지방은 서울로": 성화 봉송 길 참여관찰 기록

다시 한 번 나는 성화 봉송을 통해 한국의 여러 면모를 볼 수 있는 특권을 누렸다. 1986년 아시안게임의 성화도, 시카고 대학 존 맥컬룬 교수와 함께 뒤따라 다녔다. 그리고 우리는 지금 훨씬 더 열심히 한국의 모든 풍경 속을 지나가는 올림픽 성화를 관찰하였다. 그것은 각 도의 주요 도시 그리고 수백 개의 마을과 촌락을 지나간다. "자연의 풍경"이 "인간의 풍경"(Human Landscape)으로 변하면서, 복잡하게 늘어선 대열 속의 얼굴들은 이 낯설고 이상한 물건 ―올림픽 성화― 을 그 근원까지 거슬러 올라가 생각하며 보고 있는 것 같았다. 지방도시와 시골의 수백만 한국인들은 그 성화가 9월 17일 서울올림픽 경기장에 들어올 때쯤에는 전혀 낯설지 않게 될 것이라고 생각되었다.

---

05 올리브 나무는 옮겨 심는 것이 매우 힘든 식물이다. 성화가 타고 온 비행기에는 IOA(국제올림픽 아카데미) 전속 올리브 나무 관리 전문가가 동행했다. 그리고 100그루의 올리브 나무를 심었는데 관리 소홀과 기후 탓으로 약 반 정도만 생존하고 있는 것 같다. 그리스인들에게 올리브 나무는 한국인에게 소(牛)와 같은 존재로 경제적으로 중요한 생존 수단이고, 올리브 나무는 족보가 있을 정도로 정성을 다해 키우는 나무였다.

성화는 이제 한국적인 것이 되어 각국의 기대와 소원 그리고 끊임없는 노력을 상징하고 있다. 이는 세계의 어느 국민과도 다를 바없다. 올림픽경기 자체는 대부분 서울에서 조직되고 운영되고 개최된다. 그러나 한국의 역사와 문화, 정치적 미래마저 서울만이 독점할 수는 없는 것이다. 가난한 자, 부유한 자, 힘 있는 자, 억압받는 자, 모든 세대와 모든 신분의 한국인들이 성화 봉송을 방방곡곡에서 지켜보았다. 성화가 지나는 곳마다 지방문화행사로 이를 경축했고 이를 보려고 모여들면서, 서울 혼자만으로는 할 수 없는 드라마를 만들고 있었다. IOC가 서울올림픽에 그러한 참여를 할 수 있게한 것이다.

성화 봉송의 거리가 늘어가고, 시간이 지나가고, 나날이 바뀌면서 우리들은 더욱 많은 것을 보았다. 일제침략과 한국전쟁의 공포속에서 가족을 보호하고 먹여 살리기 위해 너무도 많은 일들을 감당해야 했던 늙으신 할머니 할아버지들을 보았다. 그러한 고통을모르는 채 축복받은 학생들이 예쁜 한복을 입고 농악놀이, 대취타또는 밴드의 양악을 울리며 성화를 맞이하고는 기뻐하는 모습도 보았다. 어린이들은 이러한 색다른 성화 봉송 행렬과 머리 위에서 나는 헬기를 보고 즐거워한다. 조금 큰 애들은 어른들의 팔을 꼭 붙잡고 깃발을 흔들고 있다. 그리고 봉송차량과 버스를 타고 지나가는올림픽조직위원회의 젊은 얼굴들을 눈여겨본다. 중·고등학교 학생은 내가 낯선 서양얼굴과 함께 타고 가는 3명의 외국인을 봉송대열 가운데서 발견했을 때는 수줍은 듯 킥킥 웃어대면서 박수를 치기도 하고, 때로는 학교에서 배운 영어로 인사말을 외쳐대기도 한다.

아이들은 너무 예뻤다. 나는 문득 멀리 두고 온 내 아이들의 얼굴이 떠올랐고, 가슴 아프도록 그리워지기도 했다. 사실 미래의 한국은 지금 성화 봉송을 지켜보고 있는 이 어린이들이 만들어 갈 것이다. 존 맥컬룬 교수는 자기가 사는 미국 땅 어린이들은 미래의 미국을 어떻게 만들어 갈 것인가를 생각해본다고 했다. 바라건대 미국아이들이 앞으로도 한국전쟁이 일어났을 때와 같이 자유와 민주주의를 위하여 기꺼이 희생해 주기를 기대하며, 한편으로는 지나간 냉전시대에 보여준 바와 같은 다른 나라 사람과 문화에 대해서 무감각하고, 전연 고려하지 않는 자세와 태도는 더 이상 갖지 않기를 빌고 싶다고 맥컬룬 교수는 말한다.

어린애와 노인들 사이엔 오늘날의 경제 기적을 이룩해낸 남성과 여성들이 서 있다. 농부, 공장노동자, 가정주부, 봉급생활자가 바로 그들이다. 그들은 길옆으로 그들의 가족과 함께 옹기종기 모여서 있다. 그들은 바로 각 지방의 중요한 단체의 일원이다. 따지고 보면 이러한 단체들은 한국의 사회구조의 핵심을 이루고 있다. 이들이 성화 봉송에 총동원되고 있었다. 전통적으로 여성은 감정 노출이 자유스럽기 때문인지 25세 내지 50세의 여성들의 감정 표현은 매우 다양했다. 시골이나 도시에서 올림픽에 대한 열기의 수준을 가늠할 수 있게 하는 대단한 반응을 실감할 수 있었다.

길을 따라 군중들이 가장 많이 모인 곳에서는 그 지방 민간인, 유지(有志)들과 정치가들이 검정색 대우자동차나 택시를 타고 봉송행렬 대열 속에 끼어들어 가려고 수행기자 차량들과 몸싸움을 하기도 한다. 기자들은 보통 공식 봉송행렬을 따라 차를 몰도록 되어 있다. 신분을 강조하길 좋아하는 지방 유지들은 한편으로 성화가 아무런 사고 없이 원활하게 그들의 지역을 지나가 주기를 바라고 있었다. 기자들은 하나의 특권을 누리기 때문에, 의례적 질서를 잘 지키고 있는 것 같기도 하면서, 눈살을 찌푸리게 하는 하나의 골칫거리였다. 기자들의 행위는 자주 외국인들에게 납득하기 어려울 정도로 무질서하기 짝이 없었다. 예정된 일정에 맞추어 성화를 봉송하려고 악전의 분투하는 서울올림픽 조직위원회 성화 봉송단들에게 그토록 무리하게 고통을 안겨 줄 수 없었다. 이 세상 어디에도 그러한 기자단을 외국인 교수는 본 적이 없다고 한다.

인류학자로서 우리가 성화 봉송을 "문화의 총체적 동원"이라고 일컫는 데는 그 이유가 있다. 사회적으로 그렇게 많은 사람들이 참여하고 있을 뿐 아니라 성화 봉송로를 따라 각 지방주민들이 펼쳐 보이는 중요하고 다양한 문화행사와 매일 저녁 성화 안치석에서 보인 성대한 문화축제에 깊은 감명을 받은 때문이다. 지금까지 맥컬룬 교수가 연구해온 성화 봉송 가운데서 한국에서만큼 여러 사회분야에서 그토록 많은 노력과 헌신이 투입된 사례는 달리 어느 곳과도 비교할 수 없다고 한다. 사마란치 IOC 위원장을 비롯한 국제올림픽 관계자들도 서울올림픽경기 준비에 대하여 다 같이 입을 모아 이야기하고 있다. 성화 봉송은 중심부와 주변부 사이에서 상호보완성과 균형을 창조하고 있는 셈이다. 이러한 것은 지방도시나 시골에서도 똑같은 모양새를 하고 있다. 이것이 없었더라면 서울올림픽의 성공을 위한 진정한 범국가적 노력을 언급해봤자 아무런 뜻이 없고 단순한 표현에 그쳤을 것이다.

우리는 또한 봉송로 이면에 존재하는 많은 사회집단도 놓치지 않고 목격했다. 대학생들은 보기 어려웠다. 성화 봉송에서 국민적 화합 분위기를 드라마로 만드는 것에 회의감 때문인지 아니면 단순한 적대감 때문인지는 알 수 없다. 아니면 문교당국에 의한 동원에 반감이 되살아나서 오직 대학캠퍼스에만 들어박혀 있는지 모른다. 광주(光州)의 성화 봉송로를 따라 일어났던 소규모 학생시위는 이 지방에 잠재하고 있는 어떤 응어리를 느낄 수 있게 했다. 학생들의 회의론을 이해하고 존중할 수는 있지만, 그들을 위해서나, 연구자의 입장에서나 서울올림픽이 성공적으로 이루어지기를 빌고 싶다. 바라건대 학생들은 전체 한국인의 체면을 생각해서라도 자기들의 주장과 생각을 재고해 봐야 할 것이라고 생각했다.

또한 어떤 곳에서는 지식인들이 '올림픽에 관한 모든 것'에 무관심을 마치 자랑인 양 이야기하고 있고, 그들의 견해가 곧 한국사회 전체를 대변하는 양 착각하고 있었다. 사람들은 막상 성화가 그들이 사는 도시에 들어와 눈앞에 성화가 지나가는 모습을 접하고 보면, 자기들의 생각이 얼마나 현실과 동떨어져 있는가를 깨닫게 될 것이다. 이러한 무관심한 예외자에 속하는 다른 예를 들어 볼 수 있다. 올림픽 성화가 바로 옆을 지나가도 들판의 벼들은 무관심하다. 추수하는 시기가 올림픽조직위원회 성화 봉송단으로 인하여 바뀔 수는 없을 것이다. 시골의 할아버지와 아이들이 성화 봉송로로 나와 있지만 또 많은 농부들은 여전히 논에 남아 추수를 준비하기 바쁘다.

우리는 다음 두 가지 이유로 문화적 총동원이라고 말할 수 있을 것 같다. 성화 봉송을 잘 모르는 사람이나, 아무런 의견을 갖지 않은 사람도 드물 것이다. 그러나 그들도 성화 봉송에 직접 참여하는 사람들과 다름없이, 정신을 뺏기고 말게 된다. 반대하고 불평하는 것도 참여의 한 형태이며, 한국의 미래에 올림픽이 가져다 줄 충격을 이미 표현하고 있는 셈이다. 이런 의미에서 총체적인 관심이 집중되고 있는 것이다.

또 다른 이유는 한국에 팽배하고 있는 민족주의이다. 올림픽이 경제적 이득이나 그 보상을 전국의 각 지방에 골고루 배분하고 있다는 서울에 있는 중심부 사람들의 주장을 의심하는 사람들이 있다. 그뿐 아니라 올림픽이 제6공화국을 탄생시키면서 제5공화국의 역사를 완전히 청산하도록 이바지해 주지 못한다고 믿는 사람도 있다. 그리고 시장이나 도지사가 성화를 인수인계하기보다는 권력을 쥔 민정당의 과시라고 보는 사람들도 있었다. 현재 진행 중인 한국에 대한 세계 여론이, 올림픽이라는 기념비적인 행사가 오히려 자신들과는 무관하고 불명확한 것 같이 느끼는 사람들도 있었다. 우리는 이러한 모든 다양한 견해를 대변하는 사람과 많은 이야기를 나누었다. 그러나 한편 올림픽이 한국에 유치된 이상 큰 성공을 거두는 것이 국가적 복리를 위해 절대 필요하다고 그들은 또한 이구동성으로 주장하고 있었다.

성화 봉송 대열이 지나가는 것을 옆에서 직접 따라다니면서 보거나 아니면 매일 밤 텔레비전의 특집으로 그 진행 상황을 보고 있노라면 올림픽조직위원회 성화 봉송단이 하고 있는 봉송계획, 업무, 조직, 진행관리나 위기통제에 대한 비상한 노력들은 참으로 감명깊은 것이다. 그 결과 서울에 있는 중심부 사람들은 또한 지방 주변부를 충분히 대접하고 존경하고 감사하게 생각하고 있다는 주장을 할 수 있게 되었다. 이전의 여러 올림픽대회 조직을 면밀히 연구해왔고 여기 서울올림픽 조직위의 성화 봉송 대열 속에서 매일같이 함께 쫓아다니면서 맥컬룬 교수와 나는 이 봉송단의 처리 능력에 감탄할 수밖에 없었다. 사실 1972년 독일의 뮌헨 올림픽 이후 어떤 올림픽 조직위도 우리와 같이 성화 봉송을 연구하는 학자들을 성화 봉송 길에 함께 넣어 따뜻이 맞이해 준 적이 없었다.

성화 봉송 단장 한광수 씨부터 아래로 젊은 자원봉사자들과 군대에 차출된 운전사들에 이르기까지 그들의 헌신적 노력은 놀랄 만하다. 특히 단장의 능동성, 침착한 태도와 지식, 그리고 젊은 참모와 조수들에 대한 세심한 보살핌 등은 전 세계의 어떤 상황에 갖다 놓아도 훌륭한 리더 역할을 할 것 같다. 그러나 이번의 경우 군사적 전통의 영향을 많이 반영하고 있다. 그것은 행사의 성격상 안전문제가 항상 뒤따르기 때문인 것으로 이해할 수 있겠다.

지난 1986년 아시안게임 때에 비하면 별로 그런 점이 눈에 두드러지는 것은 아니다. 봉송로 주변의 주민들은 모두가 눈 깜짝할 사이에 즐거운 시간을 함께 누리도록 해야 한다는 의도 때문에 좀 긴장되고 균형이 강조된 장면들이 연출되고 있다. 서울올림픽 조직위원회 성화 봉송단의 요원들은 아무리 일에 쫓기고 고달프더라도 길거리의 군중을 향해 미소 짓고, 손을 흔들고, 농담이라도 건네려고 애쓰고 있었다. 이런 일은 하찮은 것 같지만 중요한 일이다. 1986년 당시만 해도 이러한 태도는 거의 찾아보기가 어려웠다. 성화 봉송단이 새로 출범한 한국 정부에서 바람직한 군부의 역할을 둘러싼 국민적인 논쟁과 커다란 관련이 있다고 말해도 아마 지나친 이야기는 아닐 것이다.

성화 봉송단의 요원들이 올림픽행사를 주관하면서 누리는 특권은 그들에게 요구되는 엄청난 노력과 상응하는 것이다. 우리는 봉송 일정이 날마다 새벽부터 시작되기 때문에 하루의 성취감을 즐길 겨를도 없이 저녁마다 지친 채 잠자리에 기어들곤 하는 요원들의 모습을 보았다. 그들의 노고는 각 도와 수많은 도시와 들판을 달린 성화가 모든 한국인들의 환호 속에 올림픽경기장에 무사히 도착할 것이라는 기대에 의해서만 그 보람을 찾고 있는 것이다.

제주도에 도착한 성화를 환영하는 자리에서 박세직(朴世直) SLOOC(서울올림픽조직위원회) 위원장도 "지금까지 우리의 노력이 이제 얼마나 깊은 감명을 가져다주었습니까!"라고 말했다. 그들이 후에 TV를 통해 다시 지켜보게 될 때 멀리 떨어진 서울의 주경기장에서 불타고 있는 성화는 아마도 그렇게 거리감이 느껴지지 않고, 오만스럽지도 않고, 다만 친숙한 것으로만 보이게 될 것이다. 그리고 여기에는 확실히 전체 민족과 민중들과의 맥락에서 생각해볼 만한 그 무엇인가가 있다. 한국 국내 정치발전의 다음 장을 형성할 지방자치의 문제를 풀어나갈 실마리로까지도 연관시켜 생각해볼 만한 일인 것이다.

이와 유사한 조짐들을 성화 봉송이 진행되는 동안 도처에서 발견할 수 있었다. 1986년 아시안 게임 당시에는 서구의 성화 봉송을 충실히 따라 한다는 데에 집착한 나머지, 거의 모든 성화 봉송 주자들이 정식 육상선수의 복장만을 착용했었다. 그러나 1988년 서울올림픽에는 성화주자들이 여러 가지 고유한 한국의 복장을 착용함으로써, 성화 봉송을 "한국화된 행사"로 만들어 놓고 있었다. 성화가 지나는 각 고장마다 그 고장 고유의 문학·예술 등의 전통을 강조하고 있다.

예를 들면 제주도의 해녀와 마부, 광주의 고(鼓)놀이, 남원의 성춘향과 이도령, 경주의 신라왕, 안동의 양반, 부여와 공주의 계백 장군 및 그 일가 등이다. 이들 등장인물들은 모두 농악과 사물놀이패 그리고 궁중음악과 화관무들은 물론 미국의 밴드 행진곡 음악과 국제적인 음악형식인 '손에 손잡고' 가락이 함께하는 사이를 성화는 봉송되고 있었다. 이와 같은 성화 봉송은 농촌 지역에선 전통에 대한 향수를 환상적으로 되살려 주는 것이었으며, 현대화된 수도 서울에서는 서울이 갖지 못한 것들이며, 자칫 잊히거나 훼손돼 가고 있는 것들을 새삼스럽게 일깨워 주는 것이기도 했다.

정치적 차원에서는 지난 1986년에 정치인들이 권위를 나타내는 푸른색 또는 검은색 정장차림으로 성화를 들고 있는 것을 보고 참으로 놀랐다. 한국 연구자들이 놀란 이유는 당시 한국의 사회적 관행을 이해하지 못한데다, 미국에서의 성화 봉송의 경우 정치인들도 육상선수 체육복장을 입어야만 성화에 손을 댈 수 있기 때문이다. 뿐만 아니라 다른 주자들과 마찬가지로 수 킬로미터씩을 직접 달려가는 경우에만 성화에다 손을 댈 수 있다. 미국의 경우 레이건 대통령이나, 멀로니 캐나다 수상 같은 정치인은 성화에 절대로 손을 댈 수 없다.

88 서울올림픽의 경우 시장 또는 도지사들이 최종 주자로부터 성화를 건네받아 승리의 표시로 성화를 높이 쳐드는 제스처를 1986년 아시안게임 때와 같이 취하고 있었다. 그러나 최소한 주요 지방에서는 정치인이나 관료들은 정장을 버리고, 올림픽조직위원회가 제공한 공통의 재킷과 넥타이 그리고 바지를 착용했다.

일부 한국인들에게는 이 같은 변화는 겉치레 변화에 불과하다고 할 수도 있다. 반면 또 다른 상당수 한국인들에게는 이는 당시 몇 개월 사이에 일어난 일찍이 볼 수 없던 정치적 변화[06]를 상징하는 것이라고도 할 수 있다. 그런 두 가지 의미를 동시에 지닌다고 함이 옳을 것이다. 이는 지방 관료들에 대한 집권당의 우위의 과시이기도 하지만 정치인들 자신들의 태도를 나타낸다고 할 수 있다. 같은 맥락에서 지방 관료들의 몸짓과 연설들도 전보다 훨씬 겸손하고 일반적인 시민덕목을 강조하는 내용이었으며, 성화 인수인계행사에서 야당은 물론 여당 국회의원들의 모습도 보이지 않는 사실에서, 국민적 대제전에서 정치색을 배제하려는 노력의 일단을 엿볼 수 있었다.

이와 같은 갈등과 발전의 현상들은 새로운 한국이 국운융성의 기운을 상실하지 않으면서도 정치와 정치인들의 활동영역을 적절히 설정하려는 민주화 투쟁을 전개하고 있음을 극명하게 나타내 주는 것이라고 하겠다. 이 같은 투쟁은 물론 한국인들 자신에게 극히 중요한 것이지만 동시에 세계사적 중요성을 지닌 것이라 할 수 있다. "아시아의 위계사회가 서구 자유민주주의 사회와 같은 대열에 낄 수 있는가?"라는 질문에 대한 일반적인 대답은 대체로 부정적이었다. 역사상 그 같은 접목이 성공한 적은 없었다.

---

06 1987년은 '6·29 선언'으로 시민들의 민주화 열망이 봇물처럼 터져 나왔던 해이다.

한국은 인도·스리랑카·인도네시아 및 필리핀 등과 비교될 수 없는 강력한 민족주의적 성향과 인종적·언어적 동질성을 가지고 있다. 이것만으로 충분한 자산이 될 수는 없다. 이들 요인들을 거론하는 것은 오히려 잘못된 것으로 여겨질 수도 있다. 이는 한국에서 진행되고 있는 위대한 실험의 범세계적 중요성을 잘못 이해시킬 가능성이 내포되고 있기 때문이다. 이 실험은 바로 어떤 다른 나라와 비교할 수 없는 "새로운 형태의 사회의 탄생"을 예고하고 있다고 해도 과언이 아니다. 따라서 위와 같은 도식적 질문 대신 한국은 "한국 민주주의의 미래의 모습은 어떤 것일까?"라는 질문을 던져야할 것 같다. 1992년, 1996년 또는 2000년에 만약 우리가 또다시 한국에서의 성화 봉송행사를 분석키 위해 한국을 다시 찾는다면 어떤 것을 목격하게 될 것인가? 라는 질문을 외국학자들은 던지고 있다.

모든 한국인들은 물론 서울올림픽을 지켜보는 외국인들도 한국인들 앞에 놓여 있는 도전과 위험이 어떤 것인가를 이해할 수 있을 것이다. 지방자치 문제와 선거제 개선, 지속적인 안정, 정당간의 협조 등의 문제뿐만 아니라 숱한 사회적 난제들이 도사리고 있음을 알 수 있을 것이다. 정부와 재벌 간의 관계 또한 근로계층의 복지와 사회적 화합을 위협하는 현대기업의 속성에 제동을 걸면서도 경제력 성취의욕을 유지할 수 있는 방향으로 진전될 수 있도록 예의 조정되어야만 한다.

뿐만 아니라 무엇보다도 중요한 남북통일 문제와 주한미군 철수 문제가 가로 놓여 있다. 한국은 독특한 역사와 찬란한 미래에 자신감을 갖고 독자적인 발전의 길을 모색하는 용기를 가져야만 한다. 일본의 경우와 같은 방향 감각의 상실은 피해야만 한다. 한국이 감당하고 있는 역사에 대한 도전은 기념비적인 것으로, 한국적 관점에서 상황을 이해하려고 진정으로 노력해온 존 맥컬룬 교수 같은 인류학자조차도 그 같은 도전의 중요성을 간과할 우려가 있을 정도로 엄청나고 미묘한 것이다. 하지만 올림픽의 성과는 물론 올림픽이란 창을 통해 한국이 이룬 발전을 평가하고자 하는 사람은, 어느 누구도 한국이 위대한 성취를 앞두고 있고 세계사에 기여할 것이라는 것을 부정할 수 없을 것이다.

전주에서 우리는 저명한 유학자 석천(石泉) 황욱(黃旭) 선생을 만나기 위해 성화 봉송대열에서 벗어났다. 영국의 한 TV 방송팀이 우리와 동행했으며 한국의 문화와 학문의 한 단면을 서구의 시청자들에게 보여줄 수 있다는 사실과 그런 기회를 서울에 남아 있는 외신기자들을 교묘하게 따돌리게 됐다는 사실 때문에, 우리는 모두 신이 났었다. 91세의 고령임에도 석천 선생은 우리들을 위해 서예작품을 한 점 쓰셨다. "동방예악(東方禮樂)"이라는 구절이었는데 그 뜻은 대개 "우리 동방의 나라, 예의와 음악의 나라"라고 옮길 수 있겠다. 확실히 성화 봉송행사는 그것을 자세히 연구하는 모든 사람들에게 예악(禮樂)이 무엇인가를 보여주었다. 우연하게도 영어의 리튜얼(RITUAL)과 한국어 예(禮)는 유연하게 흐르는 강물처럼 '사물을 계속 흐르게 한다'는 뜻을 가진 산스크리트 어원인 리(RI)로부터 파생된 단어인 것이다. 나는 존 맥컬룬 교수에게 전통적 의미에서 "예악(禮樂)"의 상호보완적인 대대적(對待的) "짝"은 경찰에 의한 질서와 정치로 번역 가능한 "형정(刑政)"이라고 설명하여 주었다.

그 두 개의 상반된 것의 공존과 상호보완성과 경쟁이 있기 때문에, 한국인이나 외국인 가릴 것 없이 모두가 어리둥절해 하고 놀랍게 생각하지 않을 수 없는, 한국의 현 상황의 비밀이 담겨 있는 것이다. 2년 전에는 상상할 수도 없었던 엄청난 변혁이 지금 이 땅에서 매일같이 일어나고 있음을, 눈으로 직접 보고 있다. 그러면서도 변혁과 나란히 질서 정연함과 점진적 발전을 함께 느끼게 한다. 존 맥컬룬 교수는 말하기를 "내가 아는 한 지상의 어떠한 사회과학이론도 이것을 설명하지 못할 것 같다. 그리고 기존의 어떤 한국 사회론이나 아시아 사회론도 오늘의 이 현실을 설명할 수 없을 것이다. 만일 그렇다면, 한국에서 새로이 태동하고 있는 새로운 사회의 출현과 그 양식을 설명하기 위해서는 '새로운 사회 이론을 정립'하지 않으면 안 될 것 같다." 이 점이 학자로서 그리고 사회과학자로서의 나와 맥컬룬 교수의 관심사이며 이 역사적인 시간과 장소에서 다른 많은 사람들의 노력에 보탬이 되고 공헌하는 길이 될 것이다. 나는 이 같은 외국인의 "관찰과 성찰"에 깊은 공감을 느꼈다.

박세직 서울올림픽조직위원회 위원장의 지원과 각별한 이해가 없었다면 우리들의 이러한 염원이 결실을 맺을 수 없었을 것이다.

그분은 성화가 도착하던 제주도에서 다음과 같이 말하고 있었다. "인간의 노력에 대해 우리가 기대할 수 있는 최대의 보상은 해냈다는 보람이다." 우리는 이제 잠시 봉송길을 떠나 지금까지 무엇을 보았는가를 조용히 되돌아보고 분석해 볼 때 그 역시 어떤 보람에 지나지 않는다. 성화가 한국의 각 지방의 모든 예악(禮樂)과 형정(刑政)을 함께 지니면서 9월 17일 서울의 올림픽경기장에 참석한 모든 얼굴 하나하나를 다시 한 번 되돌아볼 것이다. 인류학연구자인 우리들에게 있어서는 성화가 대회장에 들어올 때 서울올림픽 개막을 뜻하는 것만이 아니라, 성화 봉송이 아무 일 없이 무사히 끝맺음을 할 수 있었던 것을 다행스럽게 생각하게 될 것이다.

4) 역사에 기록될 '태극(太極)' 개막식

한국인들의 전통적인 우주관에 의하면 우주에는 태극(太極)이란 중심이 있다. 서울올림픽 개막식이 진행되는 잠실 주경기장은 실로 온 인류의 관심이 집중된 〈태극〉이었다. 이날 축제는 인류역사상 가장 많은 세계인의 관심을 모았고, 가장 많은 사람들이 지켜본 행사였다고 할 수 있다.[07] 서울올림픽 개막식 행사는 문화적으로 균형을 갖추면서도 일관성이 있었고, 아름답고 깊은 감동을 불러일으키는 '태극'을 창출해 냈다는 점에서 올림픽 역사에 특별히 기록될 만

---

07 이는 그 당시까지의 올림픽 대회에 참석한 숫자상으로는 그렇다는 것이다. 그 뒤에 열린 시드니, 애틀랜타, 아테네, 베이징 등의 올림픽에는 서울올림픽을 능가하는 기록을 차례차례 세워 나갔다.

하다고 믿는다.

한강에 배를 띄우면서 행사를 시작했다. 넓은 강변 공간을 거쳐 주경기장 안으로 개막식이 이어지게 한 것은 지금까지 볼 수 없었던 새로운 시도였다. 이는 한국 특유의 축제관을 잘 표출한 것으로, 아시아·아프리카 및 남미 등의 문화와도 잘 어울릴 뿐 아니라 앞으로의 올림픽 행사에 좋은 본보기가 될 것이다. 몬트리올 올림픽과 LA 올림픽 당시에는 개막식 입장권을 구하지 못한 많은 사람들이 경기장 바깥에서 그저 열광했다. 이번 서울올림픽 개막행사는 이들 경기장 바깥에 있는 일반인들의 동참 열망을 부분적으로 채워주었다. 앞으로의 올림픽에서도 어떻게 하면 보다 많은 사람들에게 동참 열기를 많이 채워주고, 높일 수 있는가를 잘 보여주었다고 하겠다.

주경기장에서 펼쳐진 개막식 축하 행사의 첫 번째 프로그램인 '길놀이'는 한국의 역사와 문화에서 북소리가 차지하는 독특한 종교적, 감각적 의미를 모르는 외국인들에게도 영혼을 일깨워 주는듯한 큰북소리를 울려, 한국적인 축제 분위기를 불러일으켰다. 이어 펼쳐진 '해맞이 춤'은 흰 옷차림의 선녀와 그리스신화의 천사, 그리고 그리스풍 운동복 차림에 한국의 무도적 색채 리본을 단 무용단의 춤이 한데 어울려, 동서양의 만남을 주제로 한 점에서 실로 감동적이었다.

이 같은 범세계적 스타일의 축하행사는 한군데 흠잡을 데가 없이 진행됐으며, 특히 두 가지 새로운 면모를 보여 주었다. 남녀 2명의 선수가 선수 선서를 함께 하도록 한 것은 한국에서도 점차 높아지는 여성해방 운동의 표현이었다기보다는 음양의 조화를 존중해온 한국의 전통에서 유래된 것으로 볼 수 있었다. 이 같은 개혁 시도는 남녀 스포츠를 모두 중시하는 올림픽운동의 이상 구현이라는 점에서 앞으로의 올림픽에서도 공식절차로 채택할 가치가 있다.

기발하면서도 멋진 성화점화는 특히 한국적이고, 아시아적인 문화양식을 표현한 것으로, 미래의 올림픽에서도 흉내 내기 어려울 것 같았다. 여기서 중요한 것은 이 한국식 성화 점화가 서구 올림픽 전통을 훼손하기는커녕 그 전통을 보다 발전시켰다는 사실이다. 여기서 축하행사 전체를 음미하기는 어려우므로 몇 가지 하이라이트만을 살펴보겠다. 아슬아슬하고 박진감 넘치는 고공낙하 시범은 관중들을 매료시켰다. TV가 이 장면을 완전히 보여주지 못한 것이 아쉽기만 했다. 그런데 이 현대적 묘기에 이어 화관무가 펼쳐져 관중들의 긴장감을 풀어준 진행은 특히 깊은 이미지를 담고 있었다. 원래 군사용도의 제트기와 헬리콥터 낙하산 등이 스포츠로서의 고공낙하에 사용돼 평화와 오락용으로 변모한 것은 다름 아닌 올림픽의 이상을 나타낸 것이라고 하겠다.

외세의 갑작스런 침입으로 표현된 '혼돈'과 경악, 그리고 고통을 극화시켜 보여주는 "탈놀이" 또한 깊은 감명을 안겨주었다. 커다란 이방인 형상의 탈들이 탈춤꾼들과 관중석 사이를 가로질러 등장하는 순간의 장면은 실로 긴장감을 자아냈다. 그러나 이어 경기장 위쪽에서 거대한 한국 고유의 탈이 미소를 지으며 내려다보는 극적인 장면은 한국이 가호를 받고 있음을 은유하는 것이었다. 새로운 최첨단 기술력을 통해 표현된 한국 고유의 전통자산들은, 한국이 세계의 중심국가들 사이에서 새로운 위치를 정립해나가는 과정에서, '혼돈'을 조화로운 질서로 바꾸기에 충분한 역량을 갖고 있음을 보여주는 것이었다.

전체 프로그램 중 농악과 고싸움놀이는 관중석의 한국인들의 감흥을 특히 고조시켜 주는 것 같았으며, 외국인들에게도 가장 흥미로운 행사였다. 그룹 '코리아나'의 노래 '손에 손잡고'와 함께 펼쳐진 '한마당' 행사는 외국인들에게 가장 손쉽게 이해되는 프로그램이었을 뿐만 아니라, 한국의 젊은 세대들의 문화적 취향과 급속히 변하고 있는 한국에 대한 외부세계의 인식을 어떻게 수용할 것인가 하는 과제를 상징하는 듯했다.

전체적으로 볼 때 이번 개막식행사는 다양한 방향으로부터의 요구와 압력들을, 현란하면서도 활기찬 조화의 정점으로 수용하는 데 성공한 것이었다. 이에 대한 완전한 평가는 외국인들의 반응을 연구해야 하는 등 상당한 시일이 필요할 것이다. 이 같은 평가를 통해서 세계인들은 한국이 이룩한 "기적"의 실체를 이해할 수 있을 것이다.

5) 우리는 벽을 넘어서 갈 것이다

우리는 '벽을 넘어' 왔다. 그리고 '벽을 넘어서' 갈 것이다. 어떠한

벽도 우리를 막을 수 없다. 우리는 간다. 산 넘고 물 건너 우리는 갈 것이다. 우리 한국의 5천년 역사는 많은 '벽을 넘어서' 온 역사이다. 그리고 '반만년의 민족사'는 '만년의 민족사'로 완결돼야 한다. 그것은 얼마나 많은 민족성원들의 희로애락의 영고(榮枯)의 수(繡)를 놓아서 만들어지는 것이던가? 이 시대 한국인 모두는 '하늘을 우러러 한 점 부끄럼 없이' '최선을 다했다'고 말할 수 있어야 한다.

성화가 왔다. 그 성스러운 불은 그리스 올림피아 헤라 신전으로부터 수석 여사제 카나리나 디다스칼루와 함께 왔다. 근대 서양문명의 근원을 보여주는 '헬레니즘의 빛(문명)'이 온 것이다. 전쟁이 아닌 평화의 불씨를 프로메테우스의 자손 그리스 성녀가 하늘에 제사하고 스스로 채화한 불을 따라 이곳에 왔다. 이 땅의 축복이다. '이 땅에 빛'을 한국은 확신하지 않을 수 없다. 그렇다. 한국은 '서양의 빛'을 맞았다.

개항 이후 1백년간 서양문명이 한국에게 가져다준 것은 기독교와 전쟁이다. 피 흘리는 십자가와 전쟁의 포화 속에는 무서운 '살육의 불길'이 있었다. 그래서 한국인들은 일제 식민지통치와 세계대전과 한국전쟁을 거치면서 제물이 되어 죽어갔다. 그러나 제물은 동시에 한국인들에게 많은 것을 가져다주었다.

그것은 무엇인가. 수많은 '벽을 넘어서' 달려온 '우리가 누구인가'를 생각하기 위해서도 그 정체를 알지 않으면 안 된다. 우리 한국인들은 평화를 사랑하는 백성이었다. 결코 남의 나라를 침략하지 않은 백성이었다. 지난 1970년대 미국의 용병으로 월남에 파병되었던 역사를 제외하고는 남을 침략한 일이 없었다. 한국은 미국과 소련의 냉전 속에서 살아남기 위한 몸부림을 치면서 피할 수 없이 월남에 갔다. 그러나 잃은 것도 많다. 월남의 백성들에게 한(恨)을 남긴 것이다.

이 땅의 백성의 한(恨)은 또 없었던가? 일제 식민지 기간에 일본인들이 조상들에게 한 잔학상을 결코 잊어서는 안 될 것이다. 한국은 이 엄청난 악순환을 끊을 수 있어야 한다. 세계사에 있어 비극의 악순환은 기독교 로마제국이 그리스의 올림픽 헤라 신전에 제사 올리는 것을 우상 숭배라는 이유로 짓밟으며 초토화하고, 다시 올림픽경기까지 말살한 데서 시작한다. 서양의 제국주의적 침략전쟁은 이때부터가 시작이다. 기원후 450년경의 일이다.

이제 올림픽의 성화는 서울에 왔다. 한강변의 '강변제', '길놀이', '해맞이'를 서두르고 '올림픽 팡파르'가 울려 퍼진다. 조선전통문화의 음악적 문법으로 작곡된 팡파르이다. 서울올림픽은 근대 올림픽역사에 있어서 특별한 의미를 지닌다. 올림픽 역대 개최사상 가장 많은 나라 백성들이 서울올림픽에 왔다. 제21회 몬트리올 올림픽(1976년)은 아프리카 진영이 보이콧하고, 제22회 모스크바 올림픽(1980년)은 미국 진영이 보이콧을 하고, 제23회 로스앤젤레스 올림픽은 소련 진영이 보이콧을 했다. 그렇다면 1972년 제20회 뮌헨 올림픽 이후 16년 만에 처음으로 동서남북이 함께 만난 것이다. 뮌헨대회 때도 '검은 9월단'의 테러로 올림픽대회 기간 중 하루는 장례식을 치러야만 했던 비극적인 역사를 지니고 있다.

서울올림픽 개폐회식은 특히 한국인에게 뜻 깊은 의미를 지닌다. 세계 160개국이 참가한 서울올림픽 경기장을 40억 인구가 TV 화면을 통해 동시에 지켜보고 있는 것이다. 그들은 한국의 문화전통과 연행을 주목하고 있다. 개회식과 폐회식은 올림픽을 개최하는 주최국의 것이다. 그리고 그 행사는 어떠한 나라도 모두 평등하게 가나다 순서로 참가한다. 그리고 모든 나라 국기를 동등하게 서로 대접하면서, 그 위에 우뚝 올림픽기가 게양된다. 그것은 상징적으로 모든 인류는 하나라는 뜻을 지닌다.

그 하나 된 자리에 한국 문화로 의례와 잔치를 펼쳤다. 폐회식도 마찬가지다. 각국 선수들은 한데 어울려서 대회장에 들어온다. 국가와 인종과 계급과 종교를 구별하지 않고, 한데 어울려서 경쟁했지만, 다시 한 번 한국이 이 지상에 함께 어울려서 살아가야 함을 재확인하고 다음에 다시 '하나 됨'을 약속하는 것이다.

개회식과 폐회식은 한국의 문화문법의 핵심인 천지인(天地人) 사상을 표현한다. 두 개의 상반된 "짝"의 힘이 언제나 함께 해야 함을 뜻한다. 그래서 개회식은 '해맞이'요, 폐회식은 '달맞이'이다. 한국의 춤사위, 한국의 노래 가락, 한국의 신명이 세계인의 평화의 축제 마당을 꽃피운다. 한국의 젊은이들은 이 귀중한 세계적 무대의 장관을 이루는 행사의 주인공이었다. '우리는 문화유산이 무엇'이고

'우리는 세계에서 어떤 역할을 해야 할 것인가'를 한국의 젊은이들은 체험하고 생각할 수 있었을 것이다.

세계인이여, 동방의 작은 반도강산과 그 백성들을 주목하라. 과거 그리스인이 서양문명의 요람이 되었듯이, 이 땅의 백성들은 이제 '21세기를 향한, 새로운 세계질서 창조'에 커다란 공헌을 하게 될 것이다.

3. 서울올림픽 개막식과 세계의 TV

서울올림픽의 의의는 여러 각도에서 검토될 수 있고 앞으로도 계속 논의해야 한다. 그것을 여기에 상세하게 기술하는 것은 어렵다. 서울올림픽 때문에 한국의 역사와 사회적 상황이 전 세계에 널리 알려졌다. 한국은 일본의 식민지와 한국전쟁의 쓰디쓴 경험을 완전히 극복하지 못했다. 오늘날에도 한국의 국토는 여전히 분단되어 있다. 즉 한국은 아직도 완전히 통일된 나라를 가지지 못했다.

대부분의 한국인은 스스로를 평정하기를, 한국은 소위 과거처럼 '은둔의 나라'나 세계사의 주역도 아니다. 비록 작은 나라지만 이제 막 세계사에 본격적으로 참여하기 시작한 나라라고 생각한다. 동시에 1960년대 이후의 경제적인 성장과 새마을 운동으로 인한 국가적 발전은 한국인에게 세계사의 주요한 역할을 할 수 있다는 자신을 가져다주었고 한국의 자기 이미지를 '제3세계'에서 '제1세계'로 전환시켰다.

이전에 올림픽을 유치하는 데 한국은 운 좋게도 단지 나고야와 경쟁하였다. 한국은 북한과 경쟁하여 1986년 아시안 게임의 개최국이 되었고, 한국에게 1988년 올림픽 개최를 위한 경험과 시설을 준비할 기회가 되었다. 이것은 한편으로는 국내적으로 많은 논쟁을 불러 일으켰다. 대부분의 한국인들은 올림픽을 서울에 유치하려는 작업이 박정희 정권과 전두환 정권의 군사정부와 밀접한 관계가 있다고 간주하였다.

유치가 결정된 이후에도 많은 올림픽 반대 캠페인이 있었고, 그 중 몇 개는 과격성을 띠기도 하였다.[08] 냉전체제의 부산물인 남북분단으로 북한과 공동개최의 필요성도 논의되었고, 분단된 국토의 통일이 대중들 사이에 광범위하게 요구되기도 하였다. 이런 문제들은 결과적으로는 한국을 단지 전쟁의 땅, 정치적 투쟁, 군사독재만으로 인식하게 만들었다. 한국인이 그동안 이룩한 경제발전 경험이나, 올림픽 개최를 앞두고 취해진 각종의 민주화 개혁도 부차적으로 이해되고 때때로 이런 혼란 때문에 평가절하되기도 하였다.

그렇지만 한국의 오랜 문화적 전통은 당면한 국내외적 혼란 속에서도 그 역량을 발휘하기 시작하였다. 결국에는 이 모든 어려움은

08 Craig Mulling, "The Dissident Critique of the Seoul Olympics," Paper presented at the Seoul Olympic Anniversary Conference, Seoul, Korea, 1989.

북한의 불참만 제외하고는 극복되었다. 사회적 지위나 정치적 입장이 무엇이든 간에 관계없이 한국인들은 서울올림픽의 성공적 개최를 위하여 모두가 하나로 힘을 뭉쳤다. 서울올림픽의 성공은 모든 참가자들에게 감동을 주었고, 전 세계의 TV시청자들에게 공감을 준 것으로 보인다. 지금 우리는 서울올림픽이 큰 충격을 주었다고 이해한다. 냉전체계의 종식을 촉진시키고, 남북한 관계를 개선하고, 한국인의 의식을 전환시키고, 올림픽운동과 국제올림픽 위원회에서 외교적 지위를 증진시켰다.[09] 올림픽은 한국의 전통문화를 재창조하고 재평가하는 데 중요한 역할을 한 것이다.

분명 엄청난 양의 문화적 이미지와 정보가 88 서울 올림픽을 통하여 동서양에 알려졌다. 그러나 이러한 문화 간의 커뮤니케이션 (intercultural communication)의 가치와 수준을 학문을 통하여 평가하는 과제는 매우 복잡하고 힘든 일이다.[10] 문화 간의 커뮤니케이션은 전 세계의 다양한 시각 간에 독립성과 중립성을 갖는다는 것이 간단한 일이 아니다. 문화적 메시지를 대중적 텍스트로 기호화하고, 문화 제약적인 방송과 인쇄매체로써 여과하고 재해석하여 전달하고, 최

---

09 John MacAloon, 1990, "*The Turn of Two Centuries: Sport and the Politics of Intercultural Relation.*"

10 Kang Shin-pyo, John MacAloon and Roberto DaMatta, eds., 1988, *The Olympics and Cultural Exchange*, Seoul: Hanyang University Institute for Ethnological Studies; Koh Byong-ik and others, ed., 1990, *Toward One World Beyond All Barriers: Papers from the Seoul Olympic Anniversary Conference*, Seoul: Olympics Sports Promotion Foundation; MacAloon and Kang, eds., *The 1988 Seoul Olympic Games: Intercultural Perspectives*, (현재 작업중)

종적으로 다시 대중들에 의해 그 지방에 통용되는 해석의 틀로 의미를 해독하는 과정은, "문화번역"이라는 기본적인 인류학적 문제와 관련이 있다.

1990년 5월 21일부터 25일까지 캐나다 퀘벡에서 '스포츠 … 제3의 천년'이라는 주제로 열린 국제회의에서 서울올림픽이 각국의 TV에서 어떻게 중계방송 하였는가를 검토하는 기회를 가졌다. 오늘날 발달된 방송매체들은 한국을 세계에 알리는 데 지대한 공헌을 하였다. 그러나 구체적으로 무엇을 어떻게 TV 매체에서 한국과 올림픽이 세계의 시청자에게 소개되었는가에 대한 보다 심층적인 연구는 많지 않다. 8년간에 걸친 준비로 이룩된 서울올림픽에 대한 성과는 정작 행사가 끝난 뒤에 관심의 대상에서 멀어진 것이다.

당시 국제 공동연구단은 9개국의 방송자료를 일차수집 완료했다. 당면한 중요 과제는 PAL 또는 SECAMD 양식을 NTSC 기준으로 전환하는 일, 그리고 8개의 비영어권 자료의 해설을 영어로 번역하고 문자화하는 작업 그리고 26시간의 방송 자료를 부호화는 작업 등은 아직 남아 있다. 우리는 개막식의 두 가지 부분을 중심으로 분석하였다. 하나는 국제올림픽 조직위원회에서 주관하는 공식행사에 손기정에 의한 성화 봉송 장면이며, 다른 하나는 서울올림픽 조직위원회가 계획한 한국 전통의 문화적 연행(Cultural Performance) 중 하나인 '좋은 날' 프로그램의 '강복과 차일 춤' 그리고 '화관무'와 '혼돈'이다. 나는 이 부분을 한국의 안무자와 계획자의 의도 속에서 맥락화하고 그리고 나서 한국 문화문법의 관점에서 분석하고자 하였다.[11] 이러한 문화적 연행으로 부호화된 한국적 의미는 서울올림픽 개막식을 중계한 다른 나라 TV 방송에 어떻게 나타나고 풀이되는가를 비교되고 대조될 것이다.

그러나 서울올림픽과 같은 복잡한 문화적 연행은 말이 단순한 단어의 집합이 아닌 것처럼, 개별적 장면과 문화적 항목의 단순한 목록이나 퇴적더미가 아니라는 것에 유의해야 한다. 어느 누구도 의식적이건 무의식적이든 간에 의미 있는 표상을 만드는 저 심층의 문화문법을 이해하지 못하고는, 상징적 세계를 분석하거나, 변환하고 커뮤니케이션하는 과정을 이해할 수 없다. 이러한 기저의 문화적 부호를 밝혀내는 일이 인류학자에게 맡겨진 특별한 과제이다.

나는 '대대문화문법'이라 일컫는 한국전통문화문법에 대한 설명으로 논의를 시작하려 한다. 그리고 개막식의 전반적인 논리와 개별적인 부분에 이것을 적용할 예정이다. 나는 개회식의 발상에서 완성에 이르기까지, 모든 올림픽 이벤트에 대대문화문법이 그 기초를 형성하고 있다고 생각한다. 그렇다고 서울에서 펼쳐진 올림픽 장관(Spectacle)이 외국의 다른 문화문법에 기초한 요소가 없다는 것

---

11 자세한 내용은 다음을 참조. Marine Dilling, "The Script, Sound and Sense of the Olympic Opening Ceremonies," paper presented at the Seoul Olympic Anniversary Conference, Seoul, Korea, September, 1989; Kim Mun-hwan, 1988, "The Aesthetic Character of the Opening and Closing Ceremonies," in *Hand in Hand, Beyond All Barriers*, Seoul: Korean Broadcasting System, ("Kae-pyehwoe Shik ui Mihakchok Songgyok," *Son e Chapko, Pyogul Nomoso*, Seoul: Hanguk Pangsong Saopdan, 1988).

은 물론 아니다. 실제로 올림픽 그 자체는 한국인에게 친숙한 것이 아니다. 그러나 올림픽이 한국의 대지 위에서 개최되었다는 사실이 중요하다. 이 점을 이해할 수 있는 열쇠로 대대문화문법을 이해함이 중요하다는 것이다. 이러한 접근은 어떤 고정된 것이 아니라 항상 끊임없이 창조적으로 진행되는 과정 속에 있다는 점을 강조하려는 것이다.

1) '대대문화문법'으로서 한국전통문화

장자의 잘 알려진 이야기가 있다. 그가 꿈을 꾸었는데 나비가 되었다. 깨어나서 스스로에게 묻기를 잠깐 동안 그가 나비가 된 꿈을 꾸었는지, 나비가 사람이 된 꿈을 꾸었는지 모르겠다는 것이다. 그리고 어느 것이 실제인가를 그는 스스로에게 다시 묻는다. 이 이야기의 메시지는 실제라는 것은 사고하는 방식보다는 덜 중요하다는 것이다. 이런 맥락에서 한국인들은 'either/or'라는 구조를 쓰지 않는다. 그들은 '예' 또는 '아니오'보다는 '예' 그리고 '아니오'를 선호한다. 실로 '예'는 때때로 '아니오'를 의미하며, '아니오'는 '예'를 의미하기도 한다. 이것이 대대문화문법이다. 영어로는 CON/PRO의 논리적 구조로 번역할 수 있을 것이다.

한국문화는 급수성, 집단성, 연극의례성의 세 가지 주요한 측면이 있다고 보았다. 급수성은 높은 지위는 낮은 지위를 도덕적으로 감싸는 위계질서를 강조한다. 지배와 복종은 상보적 위치에 있다.[12] 예를 들면, 사업가나 정치인이나 선생님은 전체 그룹을 위해 그는 도덕적으로 성실해야 그 권위를 인정받는다. 집단성은 같은 집단의 일원임을 강조하고 한 가족으로 여기고 이에 대한 책임을 지려고 한다. 예를 들면, 해가 바뀌면 한국인들은 실제 생일에 관계없이 모두 나이를 한 살 더 먹는다. 연극의례성은 조화를 위해 조직의 모든 성원이 해야 할 적절한 행동을 보여주고 있다. 예를 들면, 아들이 아버지의 불필요한 근심을 덜기 위해 진실을 감추는 것은 당연한 일이다. 연극의례성에서는 '예'와 '아니오'가 그리고 con과 pro가 함께 공존한다.

서구의 스포츠는 엄격하게 승자와 패자를 구분한다. 그렇지만 한국 전통에서는 상황과 때에 따라 승자 역시 패자이며 패자 역시 승자이다. 집단을 위하여 개인은 패자의 역할을 택할 수도 있고, 그 역도 가능하다.[13] 이러한 논리는 한국적 행위와 연행에서는 기본이며, 서구의 아리스토텔레스적 전통과는 대조적이다. 한국문화에서는 이러한 세 가지 문화적 측면을 가진 문법에 의해 매우 변환적이다. 행위의 연극의례성은 집단을 크게도 작게도 만들 수 있다. 그리고 이것은 동시에 위계적 급수성으로 변환된다.

이러한 과정에서 인간은 이를 담당하는 행위자이며, 변환자이며,

---

12 Kapferer, Bruce, 1988, *Legends of People, Myths of State*, Washington: Smithsonian Institution Press.
13 Kang Shin-pyo, "Korean Culture, the Olympics and World Order," in *The Olympics and Cultural Exchange*, pp.97–99.

그리고 "깨달은 작은 사람(覺者)"이다. 인간은 육체와 영혼이 있으며, 꿈과 이상을 행위와 실천으로 옮기는 주체이다.[14] 실패에 대한 두려움은 없다. 왜냐하면 실천의 순간에는 실패는 고려할 것이 못되기 때문이다.[15] 인간이 끊임없이 살아가는 가운데, 실패는 보다 완전한 삶을 이루기 위한 하나의 좋은 징검돌로 보고 있는 것이다. 이러한 논리 구조를 이해하기 위해서는 동아시아 문화의 중핵인 중국인의 세계관을 이야기해야 한다. 중국 철학은 두 개의 상보적이고 대립적인 요소가 위계적 질서로 조화를 이룬다. 음과 양으로 표현되는 두 개의 극은 상생 상극 상호작용하면서 조화를 이룬다.

이러한 이원적인 대립은 인간과 우주, 하늘과 땅, 존재와 비존재, 남자와 여자, 자아와 타자, 이(理)와 기(氣), 이성(理性)과 감정(感情), 지식과 행동, 일(一)과 다(多), 선(善)과 악(惡) 등등으로 나타난다. 주왕조(1100~220 BC)시대부터 이런 사고의 유형이 형성되었다고 전해진다. 학자들은 이런 사고 유형의 근원을 다양하게 설명해 왔다. 몇몇 학자들은 상나라 때의 고고학적 자료를 통해 도시와 촌락 간의 사회적 이원성의 존재를 지적하였다. 도시 주민은 농민과는 다른 민족적 기원을 가진 것으로 풀이되었으며, 이들이 형성한 고급문화와 저급문화 사이에는 공통점이 없다고 한다.[16] 이 점에 관하여 에

---

14 Victor Turner, 1977. *The Ritual Process*, Ithaca: Cornell University Press.

15 Roger Brown, 1964. "Discussion of Conference," in A. K. Romney and R. G. D'Andrade, eds., *Transcultural Studies in Cognition, American Anthropolologist* 66(3), II, pp.243–253.

16 Jacques Gernet, 1968. *Ancient China: From the Beginning to the Empire*, Berkeley: University of

버하르트(Eberhard)는 종교, 문학, 법률, 주거 상의 차이를 이원적 사회로써 설명하며,[17] 제르네(Gernet)는 시간과 공간의 차원에서 남녀의 구별을 지적하고, 농민들의 분업도 주목하고 있다.[18]

어느 관점이 역사적으로 타당한지는 따질 수 없지만, 우리는 사회적 규칙성과 이원적 분류 원리 사이에 깊은 비유적 관계가 있음을 알 수 있다. 이러한 세계관은 음과 양이라는 "이데올로기의 이원성"으로 균형과 조화를 강조하는 것으로 나타난다. 이것이 한국 문화 부호에서 "예"가 "아니오"로 될 수 있는 기반을 형성하고 있는 것이다.[19]

역사 자체는 결코 어떤 보편적으로 주어진 사실이 아니라, 어떤 결정적인 문화 부호에 따라 재구성되는 맥락적 이해(Contextual Understanding)이다. 내가 이 글의 서두에서 밝힌 것처럼, 세계의 시청자들은 변화하는 한국 사회에 대하여 어떤 "사실"을 알게 되었다. 한국은 왕조에서 공화국으로, 농업사회에서 공업사회로, 촌락에서 도시화로, 대가족에서 핵가족으로, 신분사회에서 평등사회로, 귀속지위에서 성취지위로, 심지어 가족 중심에서 개인 중심으로 변하고

California Press; Chang Kwang-chih, 1968. *The Archeology of Ancient China*, New Haven: Yale University Press; Marcel Granet, 1959. *Dense et legendes de la Chine ancienne*, Paris: Presse universitaire de France, 마르셀 그라네 저, 유병태 역, 2010, 『중국사유』, 한길사.

17 Wolfmam Eberhard, *Conquerors and Rulers: Social Forces in Medieval China*, Leiden: E. J. Brill, 1965.
18 *Ancient China*, pp.51-52.
19 Kang Shin-pyo, *The East Asian Cultural and Its Transformation in the West*, Seoul: Seoul National University American Studies Institute, 1972.

있다. 그러나 이러한 모든 이야기를 서구의 관점인 "진보"와 "근대화"의 논리로 설명하기보다는 오히려 대대문화문법으로 설명해 볼 수 있을 것이다.

이러한 후자의 관점은 불평등한 권력 아래서도 위계 서열적인 급수성을 상호 강조하는 것이다. 나는 앞에서 한국사회가 백 년 전 외부 세계의 도전 속에서 새로운 세계질서 속으로 재편되어간 세 역사적 단계를 설명하였다.[20] 그 기본 출발은 "동아시아에서 한국"이라기보다는 정확히 말해서 "중국 속의 한국"이라 말할 수 있다. 즉 지정학적 이웃인 거대한 중국에 대하여 한국은 유교적 관계(책봉과 조공의 관계)를 유지해 왔다. 1876년부터 1905년까지 한국은 문호를 개방하였고, 마침내 일본의 식민지로 떨어지는 을사조약을 체결하게 되었다.

이후 식민지 치하의 한국을 "전환기의 한국"이라 할 수 있다. 이때 한국은 서방 문물을 본격적으로 접하기 시작했다. 개항 이후에 한국은 끊임없이 전통문화와 외래를 어떻게 조화할 것인가를 고민하여 왔다. 제3의 단계는 1945년 일본에서 해방되면서 이루어졌다. 이때의 한국을 "세계 속의 한국", 좀 더 정확히 하면 "미국 속의 한국"이라고 말할 수 있다. 그 뒤 계속해서 일어난 한국 전쟁, 1960년 4·19혁명, 군사 쿠데타, 그리고 1980년 광주민주화운동 마침내

---

20 "Korean Culture, the Olympic and World Order," pp.86-91.

1987년 여름 6·29선언은 한국 현대사를 규정하고 있다.

그리고 지금(1988년 이후) 한국은 다시 새로운 전환기에 들어가고 있다. 한국은 미국과 소련의 제약 없이 세계로 진출하고 있다. 올림픽의 유치는 한국인에게 세계에서 자신들의 위치를 확인하는 기회를 주었다. 나의 생각으로는 한국인이 아직도 새로운 세계질서를 이해하는데 많은 어려움이 있다고 본다. 그것은 문화적 차이에서 기인한다. 그러나 서구를 이해하고 서구의 관점을 접근하면 할수록, 한국인들은 자기들의 독특한 문화 전통을 더욱더 소중하게 여기게 된다. 이러한 이중적 과정은 올림픽 개막식에서 잘 나타나고 있는 것이다.

2) 문화적 부호(Code)와 문화적 연행(Performance)

올림픽 개폐회식 시나리오를 준비하면서 수백 명의 학자와 예술가들이 "서울은 세계로, 세계는 서울로"를 실현하기 위해 참여하였다. 3년이 넘게 그들은 다른 나라에서 열린 올림픽 경기의 개폐회식을 재검토하고 분석하였다. 그 결과 올림픽은 국가 행사라기보다 국제적 행사라고 느꼈다. 이것은 이전의 주최국으로부터 배운 교훈이다. 가장 중요한 문제는 '특정의 문화적 부호(Code)를 어떻게 보편적인 문화적 부호로 만들 것인가?'였다.[21] 이 문제는 동시에 가장 한

---

21 Kim Mun-hwan, "The Aesthetic Character of the Olympic Opening and Closing Ceremonies."

국적인 문화적 부호는 무엇인가라는 문제이기도 하다. 인류학자의 과제가 인간 행동상 무의식에 깔려 있는 기저의 문화적 부호를 찾는 것이라면, 인류학자들은 시나리오 문화를 창조하고 "발명"해 내는 데 공헌할 수 있을 것이다. 그러나 한편 한국인의 문화적 논리를 명쾌하게 밝혀낸다는 것은 학자·예술가 그리고 어떤 문화 전문가도 쉽게 할 수 없는 일인지도 모른다.

"전통적"이라고 하는 문화적 레퍼토리에서 찾아낸 것이든, 콜라주 기법으로 만들어진 것이든, 한국을 드러내는 특별한 연행과 상징들은 올림픽 행사를 위해서 새로 재구성하지 않으면 안 된다. 이는 경기장 위치, 야외 무용, TV의 규제, 국제적 기대 등등 새로이 고려해야 할 사항이 너무 많다. 여기에서 다양한 요소들을 질서 정연한 통합체로 묶어주는 문화문법적 부호가 요청된다. 다시 말해서 근본적으로 한국의 문화적 유산의 성격을 명확하게 밝혀주고 연행하는 데 지침이 되는 문화문법적 부호가 필요한 것이다.

이와 같이 자기 문화의 심층에서 성찰하고 의식화된 문법적 부호가 올림픽 행사에 동원되었는데 이를 "대대문화문법"이라고 할 수 있다.[22] 물론 이 행사에 동원된 것이 오직 대대문화문법 부호라

---

22 따라서 우리들의 입장은 "전통적 현대성"("the modernity of tradition")(e.g. Lloyd Rudolph and Susanne Rudolph, 1984, *The Modernity of Tradition: Political Development in India*, Chicago: University of Chicago Press) 또는 "전통의 발명"("the invention of tradition")(e.g. Eric Hobsbawm and Terence Ranger, eds., 1983, *The Invention of Tradition*, Cambridge University Press), 이들의 입장은 문화적 분포의 차원과 존재론적 차원을 구별하지 않고 있다. 이러한 점에서 새로운 연구경향은 다음의 연구들을 주목할 만하다. Roy Wagner, 1981, *The Invention of Culture*, Chicago:

고는 할 수 없다. 캐퍼러(Kapferer)가 지적한 것처럼, 어떤 현대문명이나 사회에도 단 하나의 존재론이나, 심층적 문화문법이 있는 것은 아니다.[23] "서구적"이라 불리는 논리가 한국에도 이미 있으며, 나는 이미 올림픽 행사에 서구인이 공감할 수 있는 것이 필요하다고 지적한 바 있다. 사실 계획자 중 몇 명은 "포스트모더니즘(Post-modernism)을 통해 그렇게 생각하고 있으며, 데리다(Derrida)와 리오타르(Lyotard)는 한국 고대의 위대한 유학자만큼 토론에서 자주 거론되었다.[24] 동시에 대대는 그것 중 유일한 하나의 코드가 아니다. 이 논리의 특성에서 보면, "올림픽"과 "한국적"이라는 두 개의 "짝"이 상호 대조적이고 보완적이며 조화의 관계로 볼 수 있게 하는 심층부호(Meta-code) 역할을 하고 있다. 나는 아래에서 특정한 예를 들어 이 점을 증명해 보고자 한다.

3) 세계는 서울로, 서울은 세계로

서울올림픽의 이념은 "화합과 전진"이다. 여기서 우리는 상보적 "짝"을 볼 수 있다. "화합"은 "공간"을 의미하며, 공시적이며 계열적(paradigmatic) 차원이다. "전진"은 "시간"을 의미하며, 통시적이며 통

University of Chicago Press; Michael Herzfeld, 1982, *Ours Once More: Folklore, Ideology and the Marking of Modern Geece*, Austin: University of Texas Press, and Kapferer, *Legends of People, Myths of State*.

23 *Legends of People, Myths of State*, pp.3–48.
24 Dilling, "Script, Sound and Sense."

합적(syntagmatic) 차원이다. 이 이원적 "짝"은 음양의 논리로 이루어져 있고, "화합과 전진"을 통해서 한국과 세계 간에 균형과 종합 지양 이루기를 바라고 있다. 두 번째 이원적 "짝"은 서울과 세계이다. 이것은 올림픽 공식 표어 "서울은 세계로, 세계는 서울로"에서 의미론적 관계의 핵심을 이루고 있다.

이 표어의 영어 번역은 한국어 동사의 이중성과 시제, 가정법, 명령법을 다양하게 함축하고 있다. "서울로 가자/세계로 나간다, 세계여 오라/서울로 가자"가 되거나 한국인의 관점에서는 "세계를 서울로 보내라, 서울은 세계로 나간다" 등이 될 것이다. 대대문화문법에서는 "가고와 오고", "보내고 나감"은 단순히 상반된 것이 아니라, 하나의 "변증법적 과정상의 두 개의 다른 측면"이다. 올림픽과 역사적 맥락에서 서울/세계의 "짝"은 새로운 질서를 모색하는 가운데 다음과 같은 상보적인 "짝"으로도 풀이가 가능하다.

"벽을 넘어서"는 서울올림픽 개회식의 주제이며 제목이다. 이 시나리오는 대대적 문화 코드를 통해 볼 때 올림픽의 보편성과 한국

서울	세계
특수성	보편성
민족 역사와 문화	세계 역사와 문화
"제3세계"	"제1세계"
현실(장벽 내)	이상(벽을 넘어)

의 특수성을 역동적이고 변증법적 호혜성과 조화를 보여주고 있다고 하겠다. 다음에 개회식의 다양한 이야기(Episode)들이 어떻게 한국인의 관점 즉 대대문화문법으로, 또는 구문론으로 관련되고 있는가를 보여줄 것이다.

양과 음은 "형판과 변환"으로 서로를 나타낸다. 나는 나의 논문, "동아시아 문화 문법의 구조적 분석"에 제시한 그림 1을 통하여[25] 태극기의 형태를 갖고 이러한 "형식적 분석"을 풀이해 보았다.

개회식에서 이 문법은 어디에서나 하나의 조직 원리로 나타나고 있다. 예를 들어 특정한 개회식 장면에서 각각의 '형판(양)은 변환(음)과 연결'되고 다시 '다음의 변환을 이루는 형판으로 전환'되고 있다. 그래서 각 순간들은 끝없이 조화롭게 균형을 이루게 되는 일련의 변환을 계속해 간다. 이것은 "운동과 정지"를 연속적으로 만들어 내고 있다. 달리 표현해서 "정지 속의 운동을, 운동 속의 정지(이른바 靜中動, 動中靜)"를 만든다. 이는 한국 미학의 본질적 특성이며, 기저의 존재론이며, 대승 불교적 전통이라 하겠다.

4) 올림픽 성화의 주경기장 입장

올림픽 성화는 처음 그리스 헤라 신전(Ancient Olympia)에서 불꽃을 점화하는 의례를 거쳐 주최국에서 성화 봉송 전 과정을 마치고 주

---

25 Kang, Shin-pyo, 1978, *The East Asian Culture and Its Transformation in the West*, American Studies Institute, Seoul National University. 제3장 참조.

<그림 1〉 동아시아 문화 문법의 구조적 분석

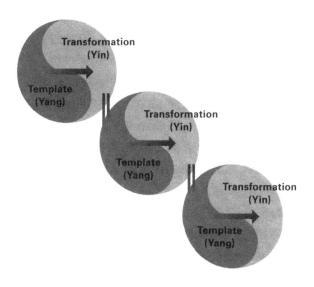

Dae-dae(對待) = Con / Pro
            = Yang(陽) / Yin(陰)
            = Template(型板) / Transformation(變煥)

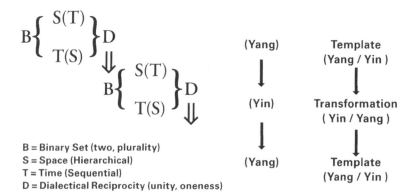

B = Binary Set (two, plurality)
S = Space (Hierarchical)
T = Time (Sequential)
D = Dialectical Reciprocity (unity, oneness)

경기장에 도착한다. 도착한 올림픽 성화가 성화대에서 점화하는 행사는 올림픽 개막식 "공식적 식전 행사"에서 하나의 정점을 이루는 부분이라고 할 수 있다. 대부분의 한국인은 그리스의 고대 올림피아(Ancient Olympia)에서 헤라의 수석 여사제 제사장이 하늘에서 땅으로 내려오는 의식을 TV를 통해 지켜보며, 한국의 문화 개념과 매우 흡사함을 느꼈을 것이다.

아테네(Athens)에서 성화는 한국 사회 각 계층과 예술단을 포함한 한국 대표단에게 넘겨졌다. 수천 명의 그리스인이 페나서닉 경기장에서 "서울-한국"을 외치는 소리를 TV를 통해 한국인들은 들으면서, 지구의 반대에 있는 발칸반도와 한반도가 서로 연결되고 있었다. 동양과 서양의 차이는 낮과 밤으로 비교된다. 지구가 둥근 까닭으로 한 나라가 밤이면 다른 나라는 낮이고, 생활주기 역시 반대이다. 고대 그리스가 동양과 서양이 만나는 기점이며, 중동과 중국은 유럽과 유럽의 문화를 동양에 전달한 것처럼, 한국 역시 아시아와 서양의 교차로가 되었다.

유럽 문화의 헬레니즘적 근원을 대변하는 올림픽 성화는, 한국인에게 서구문화의 본질을 상징하고 있다. 이것은 이제 유럽은 한국인에게 대등한 동반자로 받아들이게 되었음을 의미한다. 로스앤젤레스 올림픽에서 미국인이 성화를 상품화한 태도에 분개한 그리스인들은 이번 서울 올림픽에 대해서는 특별한 호의를 베풀었다. 1988년 동양과 서양, 한국과 그리스의 상호간에 서로 존중하는 모습은 지금까지의 서구 자본주의의 침입, 철선, 무기 그 뒤를 이어 조상 숭배를 미신으로 취급한 기독교, 그 결과 동아시아의 문화적 전통을 파괴한 것들과는 좋은 대조를 이룬다.

한국인은 고대 그리스 올림픽 게임이 로마제국이 기독교에 의해 식민지화되면서 중지당했다는 것을 알고 있다. 또 다른 시간/공간 상의 상보성과 변환은 또 다른 대대문화문법으로 풀이된다. 예를 들면 천 년을 단위로 하는 과거와 연과 일을 단위로 하는 20세기 후반의 변화를 비교해 보자. 그리스 문명은 과거에 실크로드의 알렉산더 길을 통해 수백 년이 지난 후 한국문화의 중심지인 신라 경주, 석굴암에 도착하였다. 오늘날 서구문명을 상징하는 성화는 비행기로 하룻밤 사이에 한국에 도착하여 한국의 성화 봉송자에 의해 쉽게 운반된다. 이제 올림픽 성화와 의례는 모두 한국화되었고, 새삼스럽게 한국인들은 과거의 수난과 서양의 의미 그리고 오늘의 성취를 회상하게 되었다. 서양도 더 이상 스스로 군사적 강대국이 필요하지 않게 되었고, 상이한 문명들 간에 보완적이고 '평등한 새로운 국제적 문화 협력'과 '평화와 조화'가 필요한 것이다.[26]

서울의 올림픽 준비자들은 성화의 올림픽 의미와 국제올림픽위

---

26 저자와 John MacAloon 교수는 1986년 아시안경기와 1988년 서울올림픽 성화 봉송길을 성화와 함께 전국을 뒤쫓아 가면서 현장조사를 하였다. 성화 봉송이 한국화되었다는 것과 그 사이에 사회경제적인 변화가 어떻게 일어났는가 하는 것은 다음 논문을 참조할 것. "우리나라 한국의 민주주의, 서울올림픽 그리고 현대인류학," 『화합을 통한 하나의 세계』, 서울올림픽 1주년 기념 국제학술대회 편(서울: 풍남, 1990), pp.133–175.

원회의 엄격한 규정을 존중하고 준수함과 동시에, 한국의 문화적 코드로 올림픽 식전 행사를 재조직하려고 하였다. 성화가 하늘(天)에서 땅(地)으로 수직으로 내려와서 인간(人) 사회를 수평으로 가로질러 도착했을 때, 전통적인 한국인의 천지인(天地人) 우주론적 공간과 원리들은 주경기장에서 새로운 변환으로 계속해서 진행되었다.

성화는 (KBS의 표현을 빌리자면) "존경받는 어른"인 손기정에 의해 운반되었다. 그는 1936년 베를린 올림픽의 금메달리스트이며, 일장기를 가슴에 달고 시상대에 설 수밖에 없었던 것을 일본에 항의한 것으로 유명한 민족적 영웅이다. 손기정은 임춘애에게 성화를 건네주었다. 임춘애는 "우리나라를 대표하는 여성 운동선수"로서 1986년 아시안게임의 3관왕인 19세 소녀였다. 어른/아이, 남자/여자, 고통의 과거/희망의 미래, 파괴/건설, 식민지였던 한국/자유롭고 자주국가인 한국의 관계는 한 세대에서 다음 세대로 넘겨진 성화의 전달만큼이나 양/음의 이원적 상보관계로 풀어 볼 수 있다.

성화가 주경기장을 돌 때, KBS방송은 "파괴적 정화과정"과 "건설적 조화" 사이의 변증법적 대립의 대대문화문법을 말하고 있었다. 이것은 이미 표어에서 본 "나가고 들어옴"의 축복과 보완적 관계를 다시 상기하는 것이다. "성화가 들어옵니다. 모두의 가슴마다 점화되어 하나의 불꽃으로 타오를 성화, 성스러운 불, 악과 부정과 분열과 갈등과 부패와 불행을 모두 살라버리고, 선과 평화와 화합과 전진과 번영과 행복과 풍요를 가져오는 성화."(부록 참조)

따라서 이러한 상징관계는 대대문화문법의 논리로 변환이 이루어지고 있는 셈이다. 나는 그림2에서 이것을 도식적으로 형상화해 보았다. '하늘과 땅과 인간의 삼각구도'는 또 다른 삼각구도로 변환한다. 서울올림픽 위원회의 박세직 위원장은 서울올림픽은 '학술, 예술, 체육의 삼박자 올림픽', 다시 말하면 "총체적 문화"의 경기가 되어야 한다고 항상 강조했다.

　성화대는 "한국의 전통적인 촛대를 본 따 건축가 김수근에 의해 제작되었다." 임춘애는 성화를 마지막으로 성화대에 불을 붙일 3명의 점화자에게 넘겨주었다. 그들은 정순만(시골 학교 교사, 학술, 남성), 김원택(마라톤 선수, 체육, 남성), 손미정(서울예고 학생, 예술, 여성)이다. 한국 KBS방송의 해설자는 다음과 같이 말하였다. "하늘에 오르듯 20m의 점화대를 지름 6m의 원반 승강기를 타고 올라갑니다." 성화가 인간(人)의 손에 의해 땅(地)에서 이것이 내려온 하늘(天)로 전달되는 과정은, 전통적인 한국의 우주관에서 본다면 성화의 여행이 완결되는 것을 상징한다. 더욱이 현대문명의 기술로 놀라움을 더해 보였다. 그리고 올림픽 역사상 성화 점화에 3명이 참가한 것은 "처음"이었다는 점에서, 주경기장에 모인 관중이나 TV 시청자들 역시 놀라움과 경이로움을 느끼기에 충분했다.[27]

27　MacAloon, 1984, "Olympic Game and the Theory of Spectacle in Modern Societies," in MacAloon, ed., *Rite, Drama, Spectacle, Festival : Rehearsals Toward a Theory of Cultural Performance*, Philadelphia, ISHI Press, MacAloon분석틀에 비추어 본다면 서울올림픽 개회식은 〈의례〉 장르와 〈장관〉(Spectacle) 장르를 매우 성공적으로 통일한 것으로 풀이된다.

<그림 2> 성화 봉송의 대대문화문법: 天地人/學術, 體育, 藝術

(天) 손기정 男 老 (金메달 1936 베를린 올림픽)
 ↓
(地) 임춘애 女 少 (金메달 1986 아시안 게임)
 ↓
(人) 정순만 (學術) 男 少上 (교사)
　　김원택 (體育) 男 少中 (마라톤 선수)
　　손미정 (藝術) 女 少下 (무용 학생)

天	地	人
地	人	天
人	天	地

　성화대는 기술적 혁신을 보여줌과 동시에 이를 만들기까지의 사회 지도층과 국민간의 화합도 잘 보여주고 있다. 여기에 대해서는 신문에 연재된 박세직 위원장의 올림픽 회고담에 잘 나타나 있다. 15번째 연재물에서 그는 성화대를 만든 노동자들의 노고를 칭송하고 있다. "15명의 사람이 술도 마시지 아니하고, 철제 구조물 위에 세울 성화대를 만들었다. 매일 밤낮으로 그들은 일을 하였고 … 교대로 기꺼이 일을 하였다." 박 위원장은 아래와 같이 말하였다.

　여러분, 정말 수고가 많으십니다. 서울올림픽하면 굉장한 사람들이 치르는 호화판 행사라고만 생각하는데 그렇지 않습니다. 여러분이 지금 하고 있는 일, 이런 자그마한 일들이 뭉쳐져서 올림픽을 만들어 내는 것입니다. 이런 진흙바닥에서 올림픽 시설 가운데서도 가장 신성한 성화대가 만들어진다는 것은 정말 뜻 깊은 일입니다. 정

성들여 만들어 주십시오.[28]

박 위원장의 『하늘과 땅, 동서가 하나로』[29]라는 책이 행사 2년 뒤에 발간되었지만, 서양의 방송과 신문 등 언론 매체들은 이를 기획한 학자와 예술가가 만든 행사 내용에 대한 자세한 설명과 해석이 담긴 "상세한 시나리오"를 먼저 행사개최 전에 배포받았었다.[30] 그러나 외국의 TV 방송사들은 서양의 시청자에게 전달해야 할 한국의 해석을 적절히 조절하고, 아니면 완전히 자기들의 이야기들로 새롭게 삽입해 놓고 있다. 나는 특정한 화면과 상징을 이해하는 데에 한국의 코드를 알고 있는지 없는지가, 큰 차이가 있다는 것을 지적하려 한다.

한국 KBS방송은 두말할 것 없이 기획시나리오를 충실히 다루고 있다. 이것은 그들이 "공식적", "권위적", "학문적"인 입장에 놓여 있기 때문이 아니라, 나의 주장처럼 집단성, 급수성, 연극의례성 차원의 대대문화문법을 한국 KBS방송의 관계자들이 쉽게 이해하고 있었기 때문이다. TV 카메라가 하늘로 불타오르는 성화 장면을 잡고 있을 때, 아나운서는 다음과 같이 말하였다.

28 박세직, 1990, 『하늘과 땅, 동서가 하나로: 서울올림픽, 우리들의 이야기』, 서울: 고려원, p.191.
29 박세직, 위의 책.
30 SLOOC, 1988, *Beyond all Barrierers: The Opening and Closing Ceremonies*, Seoul: SLOOC.

지구촌 무대, 지구가족 모두가 출현하는 대서사곡. 그 중에서도 절정인 성화점화, 시선을 하나로 묶고, 마음을 하나로 누비는 성스러운 불꽃. 우리는 지금 모두가 하나이어야 합니다. 우리는 지금 모두 함께해야 합니다.

이것이 바로 대대문화문법이다. 다시 말해면 이것은 대립의 변환을 통해 다(多)에서 일(一)로, 다양성에서 통일로 지향하는 대대문화문법이다. 이리하여 한국인의 특수한 이해의 수단만이 아니라, 올림픽이라는 보편적인 세계문화의 관용어로 확대되는 것이다. 달리 표현하여 이 순간은 세계와 서울이라는 상반된 존재가 초월되는 것이다.

그러나 이러한 대대문화문법의 논리에 규제되고 있는 사물은 항상 정지된 것이 아니라, 계속해서 새로운 과정으로 움직여 나간다. 벽을 넘으면 또 새로운 벽을 인식하듯이, 음은 양이 되고 다시 새로운 존재는 끊임없이 생성되어 재등장한다. 성화대에 점화되면서 "공식적"인 올림픽 행사가 끝나고, 다시 주최국 중심의 연행이 시작된다. 두 행사의 경계는 주경기장에 입장했던 운동선수들의 퇴장으로 이어진다. 행사 계획자들은 올림픽에서 한국적인 것을 나타내기 위해 한국적인 내용에 세계를 담으려 하였다. 그래서 외국방송과 시청자들이 한국문화에 나타난 "예쁜 춤과 민속"만이 아니라, 보다 더 본질적인 무언가를 이해하고, 주목하도록 유도한 것이다.

강복, 차일 춤, 화관무, 공중낙하, 혼돈 등은 '좋은 날'이라는 뒷마당 풀이의 앞부분인데, 여기에서도 천지인(天地人)의 범례적(paradigmatic) 코드를 다양하게 재생산하고 있다. 동시에 각 영역의 전개와 상호연결은 우주론적 드라마의 통시적 서사(syntagmatic narrative)로 구성되어 있다. KBS의 아나운서는 이 신화적인 상태에 대한 설명을 시작한다. "처음 세상이 열리고 모든 인류가 평화롭게 지내던 좋은 날의 광경이 펼쳐집니다. 하늘의 신비로운 기운을 받은 땅의 기쁨을 기리고, 하늘의 복을 비는 춤입니다." 아나운서는 안무자와 작곡자의 이름을 소개하고 춤을 추는 영등포여고의 800명의 학생을 소개하였다. 그리고 원시시대와 현대를 병치하고, 의례코드 수준에서 초역사적 문화이미지를 나타내고, 역사적 연행 수준에서 전통의 창조적 발명을 나타내 보이는 것이다.

이러한 시간상의 대조와 상호보완적인 면은 대대문화문법 논리에 의해, 다시 공간적인 차원에 연결되고 있다. 강복을 기원하는 사람들의 기대감은 여성 안무자들을 통해, 땅에서 하늘로 올라간다. 그에 화답하듯 하늘의 축복은 남성 낙하산병의 형태로 하늘에서 땅으로 내려온다. 전통적인 한국의 샤머니즘 의식에서 쓰는 오방색깔은 올림픽 오륜상징기에서 나타나는 색깔과 같다. 낙하산병들은 한국인뿐만 아니라 다국적인들이며, 그들은 한국의 여성 안무자들이 둘러싸고 있는 주경기장의 오륜마크 안으로 착륙한다. 나가서는 이는 주경기장 안에 있는 세계 각국의 관중들로 둘러싸여 있고, 더 나가서는 세계의 TV 시청자들로 둘러싸여 있는 셈이다.

이런 상징적 방법으로, 지구적인 것, 민족적인 것, 지역적인 것들은 다시 대대문화문법의 "하늘과 땅과 인간의 삼각구도"로 변환을 통해 화합으로 나아간다. 인간사회는 구체적으로 우주의 모습 위로 나타나고, 전통적인 한국의 우주관은 현대적이고 특별한 사회적 상황 아래에서 다시 재활성화된 것이다. 낙하산병들이 하늘에서 착륙할 때 울려 퍼진 "한국환상곡"은 한국적 정서를 서양의 음악으로 표현한 것이며, 애국가를 변형시킨 것이다. 한국인의 민족주의적 열정과 정치적 독립은 올림픽으로 대변되는 지구차원의 질서와 조화를 이루고 있다. 한 사회의 민족주의적 열정이 세계로 둘러싸인 것처럼, 낙하산, 공중 낙하산병 그리고 헬리콥터 등의 군사관련 부분은, 다시 땅에서 춤을 추는 안무자로 대표되는 시민사회 부분들로 둘러싸여 있게 되었다.

이것은 또 다른 시각적이며 의미론적인 변환을 갖게 되는데, 공중 낙하산 같은 고등 기술에서 지역적 축제로, 그리고 물리적 위험에서 즐거운 모임으로 전환을 의미한다. KBS의 아나운서는 말하기를 "800명의 차일 춤 무용수들이 고공낙하산 대원들을 맞으며, 복을 비는 춤을 추고 있습니다. 낙하산이 무용수들의 파란 장막에 의해 차일로 바뀝니다. 우리는 축제가 있을 때마다 차일을 치고 잔치를 벌여 왔습니다. 바람에 나부끼는 차일은 하늘의 축복이며, 잔치로 들뜬 사람들의 마음 바로 그것입니다. 온 마당이 펄럭이는 차일로 차일 같은 바다를 이루고 있습니다."

　KBS 아나운서의 설명이 없다 하더라도, 각국 방송해설자에게 배포된 시나리오 해설서에는 기획자에 의해 의도된 바를 분명히 밝혀 놓고 있다. 차일은 한국인들이 머리 위에 햇빛을 가리는 데 쓰는 천 조각이며, 일상생활 어디에나 있는 것이다. 이런 정사각형 천의 물질적 상징을 통해 연극의례의 상호침투와 일상생활은 일반적인 축제로 표현된다.

　뒤이어 나온 화관무는 다시 시공간적 의미를 다른 상황적 변환으로 표현한다. 화관무는 가장 잘 알려져 있는 궁중무용이며, 전통문화를 보존하고 활성화시키려는 노력에서 대표적으로 손꼽히는 과거 왕조시대의 유산이다. 다시 KBS의 아나운서는 맨 처음에 안무 기획자들의 이름을 말하고 작곡자는 누구며 춤을 추는 학생들의 학교이름을 소개하였다. 이어 다음과 같이 말했다.

　화관무는 예식성이 강하고 규율 있는 궁중무용으로 복식, 머리장식, 대소도구는 조선왕조의 장식적 전통성을 표현하고 있고, 색채는 단청, 삼태극, 색동에서 보여지는 전통적인 다색을 가장 화려하게 표현하고 있습니다.

궁중무용은 전통적 개념에서 '하늘과 땅의 중재자인 왕'을 위해 추어졌다. 중재자 없이는 반대되는 두 극의 종합은 이루어지지 않는다. 고도로 형상화된 춤과 음악의 움직임은 한국 문화의 위엄과 풍요함을 보여주며, 설명이 계속되면서, 모든 과거의 환상적인 옛날을 극적으로 대비시키고 있다. 물론 오늘날에는 왕은 없으며, 과거는 현대와 대비시키고, 파괴는 건설과 대비시키고, 현존하는 문화적 코드는 현대 한국에서 정치적 정당성을 모색하는 노력과 대비시킨다. 대대문화문법 속에서는 갈등과 질서, 예와 아니오는 'either/or'관계가 아니라 동일한 변환과정의 변증법적 두 측면일 뿐이다.

올림픽 개회식 역사상 가장 특이했던 다음의 '혼돈'은 이러한 관계의 전환이다. 앞에서 '화관무'에서는 대립갈등이 절제된 의례적 질서 속에 숨겨져 있다고 한다면, '혼돈'에서는 질서가 혼란 속에 숨겨져 있다고 하겠다. KBS의 해설자는 연행적 차원에서 이러한 변환을 말하고 있다. "이제 태평성대가 가고 불화와 갈등이 시작되는 혼돈의 시대가 오고 있습니다." 지금까지의 태평성대는 "60개국 108종류의 838개의 가면"이 달린 깃대를 든 남자 무용수들이 뛰어들어와 짓밟고 심지어 그들은 관객석으로 뛰어올라, 연행자와 관객 사이의 경계까지도 무시해 버린다. 해설자는 계속해서 "이 가면춤은 선과 악, 사랑과 미움, 창조와 파괴, 모든 인간의 가치와 성격의 조화를 이루지 못하고, 대립과 분열로 흩어져 난무하고 있음을 보여 줍니다. 이념과 인종과 성별이 갈리어 불협화음을 만듭니다"라고 말하였다.

여기서 분명히 드러나는 것은 올림픽이라는 공동의 활동에 함께 참여한 다양한 문화 간에는 어쩔 수 없는 경계가 있고, 불화와 몰이해가 존재한다는 것이다. 조화와 평화를 추구하는 올림픽 운동의 또 다른 측면이며, 이상주의와 언제나 함께하는 현실이다. 한국인에게 이러한 연행은 과거 외부로부터 모든 침입을 생각하게 하였으며, 올림픽이 열리는 시점에서 과거 세계에 문호를 개방하면서, 당면했던 암울하고 어두웠던 과거를 되새기는 것이다.

이는 다시 한국이 이제 어쩔 수 없이, 들어가서 만나야만 하는 새로운 세계에 대한 공포와 의구심을 불러일으키는 것이라고도 하겠다. 연행상으로 고도의 미학적인 이 에피소드는 지구촌의 상이한 문화 간의 커뮤니케이션에 있어서나 "서울은 세계로, 세계는 서울로"의 표어상에 있어서, 얼마나 많은 위험과 어려움이 개재되었는가를 잘 보여주고 있다. 그러나 대대문화문법으로 본다면 어둠은 밝음으로, 악은 선으로, 혼란은 조화로, 파괴는 건설로 인하여 나타낸다. 따라서 그 어느 것도 없어서는 완성과 통일은 이루어질 수 없다는 논리이다.

대대문화문법은 혼돈으로부터 벗어 나오는 방법도 보여주고 있다. 만약 "혼돈"이 우주와 지구의 조화인 "양의 형판에서 음의 변환"으로 된 것이라면, 다음 변환에서는 "혼돈"은 새로운 균형하에 "음의 변환에서 새로운 양의 형판"이 된다. 주경기장의 지붕 위에서, 이번에는 수직적인 위계의 상단에 자리 잡고, 새로운 한국의 전통적 가면이 운동장의 '혼돈'스러운 춤을 꼼짝하지 않고 내려다보고 있다.

KBS의 아나운서는 카메라를 이들에 맞추어 놓고 다음과 같이 이야기한다. "지붕 위에는 처용, 먹중, 말뚝이, 양반, 할미, 도령, 머슴 등 우리의 탈춤의 대표적인 가면들, 가면을 구경하고 있는 바로 우리들을 또 담 너머에서 구경하는 가면들이 있습니다." 여기에서 우리는 매우 재미있는 의미를 발견하게 된다. '바라보는 것'과 '바라봄을 당하는' 두 개의 짝은 대대적 형식이다. 다른 가면들보다 훨씬 크고 움직이지 아니하고 있는 저 지붕 위의 높은 위계에 자리 잡고 있는 가면들은 한국의 전통적인 가면들이다. 그들은 많은 이상한 외래의 문화의 충격을 받아내고, 이에 따른 새로운 관계를 만들어 낼 수 있다는 한국문화의 독자성에 대한 어떤 자신감을 나타내고 있는 것이다.

민족과 민족 사이의 수평관계에 있는 갈등에 대하여, 민족을 초월하는 수직적 관계로 서서 다시 혼돈을 화합으로 이끄는 것이다. 지붕 위의 가면은 운동장의 가면과 더불어서 이를 구경하고 있는 관중들을 다시 바라본다. 그들은 서로 다른 이데올로기와 종족성 그리고 다른 성(性)을 가진 사람들이다. 그중에는 보편적인 문화로, 당면한 사회분열을 극복하고 새로운 초월적인 고도의 질서를 구축하려는 확신을 가진 사람도 있다. 예를 들면 여러 나라의 토착가면들과 올림픽을 상징하며 새로이 등장하는 가면들을 상정할 수 있다. KBS 아나운서는 TV 관중에게 다음과 같이 이야기한다. "이제 혼돈의 세계는 끝나가고 있습니다. 우리의 의지는 이 혼돈을 극복하게 됩니다."

5) 맺는말: 상이한 문화 간의 커뮤니케이션의 도전

물론 올림픽 개회식은 여기서 끝나는 것이 아니다. 다음 에피소드는 태권도인데, 늙고 젊은 남녀가 정치적, 경제적, 사회적 "벽 (壁)", 즉 시나리오상의 "벽돌의 벽"과 수백 개의 송판을 격파하는 것으로, 인간사회의 혼돈에 질서를 회복하는 것을 의미한다. 이 연행은 대대문화문법의 논리에 의하면 한국과 세계, 체육과 예술, 훈련과 창조의 의미론 관계의 변환을 더 전개시켜주고 있다. 그러나 이를 풀이하는 데는 또 다른 메타코드가 있을 수 있고, 또 다른 논리가 오히려 서양인에게 더 친숙할 것이다.

이러한 개회식에서 한국인들은 그들 나름대로 올림픽을 해석함과 동시에 세계 속의 한국의 새 위상을 세계에 보여주었다. 이것은 학술과 예술, 창조, 콜라주, 역사를 잘 조화해서 완성해 놓은 것이다. 이렇게 하는 동안 한국인들은 그들의 전통적 문화코드를 새롭게 활성화하고 총동원한 셈이다. 이 결과 다양한 문화적 요소들을 하나의 일관되고 체계적인 원리로 만들었으며, 외국인에게 깊은 인상과 내국인에게 또 다른 감동을 자아내었다. 나는 여기에서 몇 가지 에피소드를 중심으로, 어떻게 대대문화문법이 다양한 여러 부분을 하나의 통일된 논리로 구성하여 나타내 보여주고 있는가를 설명하고자 하였다.

개회식 기획 준비자들은 민족적인 것과 세계적인 의미를 창조적으로 함께 담아서 최고로 뛰어난 국제적 행사를 만들고자 했다. 다음과 같은 일련의 문제들이 남았다. '외국의 방송이 이 메시지를 어떻게 이해하여, 그들의 시청자들에게 전달하는가?', '연행 중 한국적인 특성이 얼마나 많이 외국의 중계 방송에 소개되었는가?', '외국의 방송이 그들에게 미리 배포한 상세한 시나리오 해석자료를 얼마나 사용하였는가?', '외국 방송자들이 중계하면서 한국인들이 자국문화를 세계에 알리고자 노력했던 모든 것을 무시하고 개회식을 자기들의 문화코드와 용어로만 해석하지는 않았는가?'

보다 더 정교한 방법들로 문화의 번역이나 번역상의 잘못에 어떤 유형이 있는가를 찾아내야만 한다. 예를 들면 'harmony의 구조 (structure)보다는 melody의 서술(narrative)을 중요시하고 있지 않았는가?', '외국의 방송 해설가는 퍼포먼스 중 나타나는 동아시아의 문화코드의 존재를 알고 있었는가?', 혹은 '그들은 이것을 단지 서양논리의 투영으로 보는 것은 아닌가?', '한국적 의미를 인용함에 있어, 서양의 각 방송들은 각각 서로 어떻게 다른가?'

이런 질문들은 단지 서울올림픽의 커뮤니케이션에서만 문제가 되는 것은 아니다. 이러한 비교적 시각에서 볼 때만이, 상이한 문화 간의 커뮤니케이션과 상호 이해 상에, 올림픽운동 문화의 번역과 상호간의 커뮤니케이션은 새로운 세계질서에서 그 중요성이 점점 더 증가하게 될 것이다.

개회식을 통해 한국은 동서남북의 사람들에게 21세기의 많은 문제를 다루는 데 있어 필요한 또 하나의 대안적 문화코드를 제시하고 있었다. 대중매체가 문화자료의 교환과정에서 공헌하는가 아니면 왜곡하는가를 생각함에, TV 시청자들이 단순히 방송이 보여주는 해설의 단순한 수동적 소비자가 아니라는 사실을 잊지 말아야 한다. 시청자들은 그들 자신의 지식을 활용해서 방송매체에서 보고 듣는 메시지를 풀이한다고 보아야 한다. 서울올림픽 개회식을 중계한 방송인들이 제대로 중계를 하지 못했다고 할지라도, 세계의 시청자들은 또 다른 문화적 부호가 있다는 사실을 알게 되었을 것이고, 관심을 갖게 되었다면, 그것만으로 대성공이라 평해야 할 것이다.

개회식 텔레비전 중계에 있어서의 이야기 단위들(시간은 대략적임)

| O: 올림픽 의식 | C: 문화적 행사 | B: 방송국 추가부분 |

앞마당

B 한강보트 행렬 (공식행사 아님)

C 1 = 강상제 행렬 (10분) 선박 및 선상행렬

　　　『해맞이』(4개의 부분. 총 20분)

C 2 = 1부: 새벽길. (4분) 농민북꾼에 의한 한국의 민속적 의식인 터썻음

C 3 = 2부: 용고 행렬 (4분) 용고가 들어오고 세계수로 향함

C 4 = 3부: 天, 地, 人 (4분) 한국과 그리스의 선녀(여자요정)들

C 5 = 4부: 태초의 빛 (6분) 15,000명의 현대 무용단이 들어와 "welcome"이라는

　　　글자를 만듦

공식행사

O 6 = 올림픽 팡파레 (1분) 트럼펫 연주, 사회자가 개회를 알린다.

O 7 = 노태우 대통령 내외분의 소개와 입장 (1분)

O 8 = 어-서-오-세-요 (5분) 현대무용단이 'welcome' 상징

O 9 = 선수단 입장 (60분, 전체적이며 복합적인 부분)

O10 = 서울올림픽 위원장 박세직의 연설 (2분)

O11 = IOC 위원장 사마란치의 환영사 (2분)

012 = 노태우 대통령의 개회 선언 (2분)

013 = 올림픽기 게양. 비둘기 날림 (8분)

014 = 성화를 들고 있는 주자가 성스러운 불꽃 점화 (5분)

015 = 올림픽 선서, 신수와 심판대표 선서 (5분)

016 = 한국 애국가 (2분)

017 = 선수단 퇴장 (15분)

뒷마당

좋은 날 (2부: 총 12분)

C 18 = 1부: 강복과 차일 춤 (7분) 800명의 무용수들은 운동장 위 낙하산병들은 오
       류기를 만들며 낙하

C 19 = 2부: 화관무 (5분) 1,500명 여자 무용수

C 20 = 혼돈 (5분) Totem Poles와 여러 나라의 가면들

C 21 = 벽을 넘어서 (5분) 태권도 시범

C 22 = 정적 (1분) 한 아이가 굴렁쇠를 굴리며 운동장을 가로질러 간다.

C 23 = 새싹 (5분) 아이들이 들어와 놀이를 함

C 24 = 화합 (7분) 고놀이가 행해진다.

C 25 = 한마당 (7분) 마스코트와 〈손에 손 잡고〉를 부른다.

B 26 = 광고 방송

B 27 = 뉴스 시간

B 28 = 올림픽 역대기 (NBC)

B 29 = 과거의 올림픽 (NBC)

B 30 = 야외 촬영지나 방송센터에서의 해설.

B 31 = 인터뷰, 실황 화면 또는 필름 (연대기는 아님)

B 32 = 개회식이 끝난 후

손기정 성화 입장 때 언급되는 내용

	한국 KBS	미국 NBC	스페인 TVE	중국 CCTV	영국 BBC	뉴질랜드 NZ	호주 TEN	캐나다 CBC
76세 고령		X			X	X	X	X
1936 경기	X	X	X	X	X	X	X	X
금 메 달	X	(X)	X	X	X	X	X	
마 라 톤	X	(X)		X	X	X	X	
한일합병		(X)			X	X	X	X
일본이름		(X)			X	X	X*	
강제사용		(X)				X	X	X
한국의 지위	X	(X)	X			X		X
베를린 위치	X	(X)	X		X	X	X	X
기 타		(3)(4)			(2)	(2)		(1)

(X) 별도 편집 화면

(1) 마라톤 경주 시간

(2) 손기정 인터뷰 인용

(3) 손기정 흥분

(4) 자랑스러운 사람

* 이름을 직접 언급하지는 않았다.

「화관무」 중계 때 언급된 내용

	한국 KBS	미국 NBC	스페인 TVE	중국 CCTV	영국 BBC	뉴질랜드 NZ	호주 TEN	서독 ZDF
화관무 이름	X	X	X		X	X	X	X
1,500명 무용수	X		X	X	X			X
땅과의 조화	X		X					
태평성대	X			X	X	X		
작곡자	X							
궁중무	X		X		X	X	X	X
전통적 한국	X	X			X	X	X	
다섯 개 구슬 왕관					X		X	
긴 소매						X	X	
조선 왕조			X		X*	X	X	X
지난 왕조								
밝은 색깔						X		X
전통적 색깔	X							X
고요함을 목적					X	X	X	X
역사의 전주곡	X		X					
한국 북								

모란꽃 춤						X
무용수 학교	X					X
아름다움		X	X	X		
음악						
현대 한국				(1)	(3)(4)(5)	(2)(6)

(1) 현대 머리 모양

(2) 현대 젊은이와 연관되는가?

(3) 서울 평화의 문과 동일 디자인

(4) 세계에 대한 한국 이미지의 중요성

(5) 한국 해군 영웅

(6) 한국 춤의 두 계보 : 농민과 궁중

* 이씨 조선이라는 "이씨"를 언급하지 않음.

「혼돈」 중계시 언급된 내용

	한국 KBS	미국 NBC	스페인 TVE	중국 CCTV	영국 BBC	뉴질랜드 NZ	호주 TEN
혼돈이라는 단어 사용	X	X	X	X	X	X	X
혼란/경쟁, 기타	X	X	X		X		X
전통과 현대의 융합							
현대문명 비판	X		X		X		
846개의 가면, 60개국	X		X	X	X		X
선과악, 사랑과증오	X		X		X		X
(거대한)풍선 가면	X	X	X		X	X	
무대로서의 스타디움	X						X
자기들 가면은?	X	X			X	X	USA
안무, 기타	X						
기타: 무용수의 출신	X						(1)
불놀이			X		X	X	
문화적 상징으로 가면			X				(2)

(1) 한국인은 가면을 좋아함.

(2) 문화를 이해하기 힘들다.

4. 권투경기장 폭력난동사건과 한국의 문화전통

한국은 올림픽(하계와 동계), 월드컵, 그리고 아시안 게임을 두 번이나 치른 나라다. 아시아에서 이런 나라는 한국 외에는 일본밖에 없다. 오늘날 스포츠의 함의야말로 참으로 다양하다. 존 맥칼룬 교수의 지적대로 "매 4년마다 팬티만 입고 운동장을 뛰는 선수들에게 전 세계인들이 열광하는 것은 차라리 불가해한 수수께끼이다."

19세기 말 쿠베르탱이 근대 올림픽을 부활시키고자 했을 때 그는 고대올림픽 역사에서 이런 점을 간파하고 있었는지도 모른다. 실로 고대올림픽에서는 스포츠 경기는 신들에게 제사지내는 의례의 중심에 있었다. 알몸으로 경기를 하고 경쟁자를 물리쳐 "승리했을 때의 감격"은 바로 신에게 인간이 바칠 수 있는 최고의 제물(祭物)이라고 생각했다고 한다. 이런 발상을 할 수 있었던 것은 그리스의 신화와 전설과 철학사상과 연극과 조각과 그림과 음악과 발칸반도의 자연과 지중해의 기후와 그리고 당시 문명의 동서남북 중앙에 위치해 있어, 주변의 모든 좋은 요소를 수렴할 수 있었기에 가능했던 것이라고 볼 수 있다.

이렇게 보면 한국인들이 조상제사 의례상에서 제물로 올리는 가장 중요한 요소는 제사상에 차려진 제수(祭需)보다는 자손들이 다 함께 모여 절을 올릴 때 갖게 되는 "경건한 마음과 하나 됨"이라는 것이 새삼스럽게 상기된다. 국가적으로 치러지던 종묘 제례에는

"종묘제례악(宗廟祭禮樂)"이라는 음악도 있고, 홀기(忽記) 같은 '리듬의 소리'도 있다. 제관들은 제례 전에 며칠 간 목욕재계(沐浴齋戒)로 경건한 마음가짐을 다듬는다.

마찬가지로 고대올림픽에 출전할 선수들은 도시국가별로 선수 후보자들을 골라서 4년 동안 준비시킨다. 운동경기장(Stadium)은 언제나 신전(Temple, 그리스인들은 Sanctuary라고 부른다)과 극장(Theater) 등이 함께한다. 나는 1993년 국제올림픽 아카데미에 초청강사로 가는 길에 그 유명한 델파이신전을 방문했었다. 그 신전 초입에 신전(Sanctuary)이 있고, 조금 더 언덕 위로 올라가면 극장(Theater)이 나오고, 그보다 훨씬 더 높은 곳 언덕 위에 믿을 수 없는 운동경기장(Stadium)이 있었다. 한국인들은 아마도 제일 낮은 곳에 운동장이 있어야 하고, 그 언덕 위에 극장이 있을 수 있고, 제일 높은 곳에 산신령을 모신 신전이 있어야 할 것이라고 생각할 것이다.

이러한 그리스 신전의 구조에서 고대올림픽의 정신을 되새김해볼 수 있다. 운동장이 제일 높은 곳, 깊은 산 속이 있다는 것은 이곳이 도(道)를 닦는 수련장임을 의미한다. 한국인에게는 수련은 정신적인 것이 중심인 것 같은데, 그리스인들에게는 육체적인 것이 중심을 이루고 있는 것 같다. 어찌 보면 이는 너무 단순한 관찰이다. 한국인들에게도 수련은 정신적인 것만이 아니다. 때로는 신체적인 수련도 가미되고 있는 이유가 그것이다. 그리스의 조각품과 도자기에 그려져 있는 각종 운동경기 그림을 보면 남성육체미의 아름다움은 오늘날의 예술가들까지 감탄을 금할 수 없는 자태들이다. 예술가들이 그러한 조각과 그림을 그릴 수 있은 것은 그러한 운동선수의 육체미를 가진 사람들을 보았기 때문이다.

운동선수의 기량은 단순히 육체적인 훈련과 연습만으로는 달성될 수 없다. 따라서 원형극장은 선수들을 위한 것인데, 그곳에는 각종 연극과 음악과 시와 무용이 공연되고 낭송되었다. 내가 그곳을 방문했을 때 일행 중 한명이 원형극장 중심에서 노래를 부르자 공명으로 울려 퍼지던 음악소리를 지금도 잊을 수 없다. 음악만큼 인간의 영혼을 달랠 수 있는 것이, 달리 무엇이 있을 수 있을까. 예술이 신체적인 운동선수들에게 필요한 정신적 자양분을 공급하기 위한 것이라고 했을 때 운동경기장과 극장에서 조련된 한 체육인의 승리는 제신(諸神)에게 기쁨을 자아내고도 남을 영광스러운 것이 될 수밖에 없다. 정신의 순화 없이 육체적 기량을 최고로 발휘될 수 없다고 믿었다는 이야기이다. 정신과 육체의 조화, 그것은 고대 헬레니즘이 오늘의 유럽을 만들어 갈 수 있는 근간이다.

근현대사에서 한국이 서양 유럽과의 만남은 제국주의 식민지 영토 확장의 경쟁 과정에서 만났다. 여기에는 총칼과 과학기술문명으로 무장된 무력에 의한 폭력적인 힘으로 매개된 만남이었다. 그러나 그 속에 배경으로 존재하던 유대-기독교주의(Judeo-Christianism)와 헬레니즘(Hellenism)을 본격적으로 만나고, 정치 경제의 의회민주주의와 자본주의를 본격적으로 이해하고 이를 이 땅에 실현해 가기 시작하는 데는 다시 한 세기의 세월이 지나야 했다.

서울올림픽 때 그리스 올림픽 신전에서 성화가 채화되어 직접 한 국으로 왔다는 것은 그 상징성에 있어서 매우 깊은 뜻을 지니고 있 다. 그리스의 조각기법이 알렉산더 대왕의 동방원정길에 페샤와르 의 간다라로 와서 다시 불교의 전파 길을 따라 신라의 경주 석굴암 에 올 때까지는 천년의 세월이 걸렸다. 그러나 서울올림픽 때는 불 과 3일 만에 고대 헬리니즘의 성화가 제주도에 안착했다. 그리고 세계인의 "평화의 제전" 올림픽으로 세계인들과 "더불어 함께" 이 나라 백성들과 이 땅에서 한마당 잔치를 펼치게 된 것이다. 우리 한 국의 조상들이 만났던 "침략과 전쟁광(戰爭狂)으로서의 유럽"에서 "평화와 스포츠의 유럽"으로 바뀐 저들을 오늘날 한국인은 만난 셈 이다.

만남은 소중한 것이다. 삶은 만남에서 시작하고 만남에서 끝난 다. 남녀의 만남, 노소의 만남, 중앙과 지방의 만남, 중심부와 주변 부와의 만남, 타자와의 만남, 자기와의 만남 … 그 만남 속에서 삶 이 전개되고 꽃피고 열매 맺는다. 만남의 핵심은 사람이다. 사람을 뺀 문화는 존재하지 않는다. 역사도, 문학도, 철학도 … 심지어 스 포츠를 말해 무엇하랴! 스포츠는 사람을 만나게 하는 중요한 매개 물이다. 왜 그럴까? 사람 몸의 신체적 움직임은 "보편적 언어"이기 때문이다.

스포츠는 문화적 배경이 다르고 역사적 배경이 다르고 사용하는 언어가 달라도 서로 이해하는 데 아무런 장애가 없다. 비록 그 만남의 과정이 갈등과 조화, 사랑과 증오, 의심과 믿음 등의 양극적이고 모순적인 내용으로 점철된다 하더라도 스포츠의 판을 벌리면 사정은 일변하게 된다. 사람과 사람의 갈등적 만남에서 서로 "싸우고 경쟁"해야 하는 경우도 주위에 많은 관람객으로 둘러싸여, 싸움과 경쟁의 "규칙"을 정해 놓고 한다면 그 싸움과 경쟁은 재미있는 구경거리로 둔갑하게 된다.

이번 경쟁에서 승자와 패자가 확연하게 가려지면, 패자는 승자에게 승복해야 한다. 그리고 1년 뒤나 4년 뒤 다시 승부를 가리는 다음 기회를 위한 준비에 들어가게 된다. 영원한 승자도 없고 영원한 패자도 없는 것이 스포츠다. 따지고 보면 우리의 인생살이가 그런 것이다. 그래서 우리들의 삶은 이러한 모순적 양극성을 끊임없이 관용하며 수용하지 않고서는 진행될 수 없는 것인지도 모른다.

서울올림픽은 12년 만에 동서남북이 함께 만나 세계인이 한마당 축제를 벌인 역사적인 행사였다. 1976년 몬트리올 올림픽 이후에 1980년 모스크바 올림픽과 1984년 로스앤젤레스 올림픽은 각각 미·소 양대 진영의 보이콧으로 반쪽짜리 대회였다. 분단된 한반도에서 남북이 함께하지 못한 서울올림픽은 그 나름대로 아쉬움이 있다. 한국인들은 통일로 가는 길을 올림픽과 연관지어 기대도 해 보았다. 그러나 정작 주최하는 한국 민족은 남북이 함께하지 못했다 하더라도, 1백 60개국이 모인 서울올림픽은 동서만이 아니라 동서

남북이 모인 축제였던 것만은 틀림없다. 1981년 바덴바덴에서 서울올림픽이 결정된 이후로 7년 동안 준비해온 서울올림픽은 참으로 많은 고비를 넘으며 치러 낸 민족사의 일대 행사였다. 5천 년의 오랜 민족적 문화전통이 없었더라면, 한국은 이 시점에서 이 세계적 대행사를 유치할 수도 또 성공적으로 치를 수도 없었을 것이다.

그것은 세계무대에 한국이 어디쯤 서 있는가를 스스로 가늠해 볼 수 있는 기회를 가진 것이다. 7년의 준비로 치른 행사는 그 후 7년만이 아니라 두고두고 한국 스스로를 되돌아보며 평가해야 할 사건인 것 같다. 그래서 한국인들은 서울올림픽 행사에서 얻고 잃은 것이 무엇인가를 냉철하게 정리하고 넘어가야 한다. 한국인들은 흔히 좋은 일은 두고두고 자랑으로 여기고, 이를 더욱 확대해석하기를 즐긴다. 반대로 나쁜 일은 한마디로 '없었던 일'로 치고 잊어버린다. 사실 나쁜 일을 기억하고, 되씹을 필요까지는 없다. 생각해서 기분 좋은 일도 많은데, 생각해서 기분 나쁜 일을 왜 되새겨 보아야 할 것인가. 그러나 때로는 그렇게 해야만 나쁜 일을 반복하지 않게 될 수도 있다. 반복하지 않기 위한 근원적인 반성을 위해서 필요한 것이다.

서울올림픽이 시작된 지 며칠 지나지 않았을 때 권투경기장 폭력난동사건이 터졌다. 그리고 이 사건은 그 뒤 NBC 미국 TV 방송중계와 결부되어 한미관계에 큰 상처를 남겼고, 동시에 한국이 여러 차원에서 한국 스스로의 현 위치를 재검토하는 계기를 만들어 주었다. 서울올림픽은 역대 올림픽 중 가장 성대하고 최대의 참가국이 함께했다는 것으로 자랑스러운 일이었으면서도, 권투경기장 폭력난동사건과 벤 존슨의 약물중독사건은 또 하나의 수치스러운 오점으로 기록되었다.

특히 권투경기장 폭력난동사건은 올림픽 주최 국가인 한국의 선수와 코치, 그리고 대회조직위원회의 운영위원들이 연관되어 있었다는 점에서 전 세계적으로 파문이 컸고, 한국인들에게는 말할 수 없는 수치감을 불러일으켰다. 그러나 한국인들에게 수치감이 컸던만큼, 이에 대한 변호 심리에서였든지, 아니면 책임의식에서였든지, 이 사건의 시발은 워커 뉴질랜드 주심의 불공정한 심판에서 유래되었다는 점만을 한국의 모든 사람들과 매스컴에서 목청을 함께 돋우었다. 그것은 한국의 입장에서는 충분히 그렇게 할 수 있었다는 변명이고, 동시에 그 사건의 발단은 오히려 주심에게 있었다는 것이다.

나도 한국인이고, 폭력난동사건의 주인공들이 같은 편이라 도리없이 팔이 안으로 굽었다. 그래서 그들과 같은 목청을 나도 힘껏 돋우었다. 이번 서울올림픽 대회기간 중에 나는 전 세계에서 올림픽 연구 전문가 6명을 초청해서, 서울올림픽에 대한 국제적인 공동연구단을 이끌고 있었다. 미국, 영국, 캐나다, 폴란드, 뉴질랜드 등에서 온 학자들은 올림픽대회 등에 운동선수로, 또는 임원으로 직접, 간접으로 관여했고 지금은 모두 대학에서 교수로 있는 분들이다.

그들은 올림픽대회 연구에 최소한 20년 내지 30년의 관찰 연구경력을 가진 분들이다. 이번 서울올림픽 연구과정에서 이 권투경기장 폭력난동사건은 우리들 국제공동연구단에게 중요한 연구 과제로 등장하게 되었다. 공동연구단은 1988년 9월 23일 아침에 이 사건이 일어났을 때 KBS와 MBC를 동시에 시청하고 있었다. 그리고 계속해서 KBS와 MBC, 그리고 미국 NBC가 사건 이후에 어떻게 한국청취자, 그리고 미국 청취자들에게 반복해서 설명하고 있는가를 주의 깊게 관찰하였다.

다음날 아침에 잠정적으로 각국의 입장에서 연구단원들은 이 문제를 어떻게 보는가를 알아보기 위해 허심탄회하게 이야기를 나누어 보았다. 영국 브래드포드 대학에서 온 짐 리오르단(James Riordan) 교수는 약 두 시간 동안 이야기를 나누면서 다음과 같이 지적했다. "지난 45년 동안 올림픽대회에서 이 같은 불상사는 전무후무한 일로, 한국을 사랑하는 외국인 학자들에게 본국에 돌아가서 어떻게 무엇이라고 설명할 것인가 참으로 난처하다."

그는 일찍이 모스크바올림픽에 자유진영의 참가거부로 영국이 불참하게 되자, 영국 국기를 들고 영국 민간 선수단으로 구성된 대표단을 이끌고 참가한 단장이기도 하다. 자기가 지금까지 보아온 모든 중요한 스포츠 행사와 올림픽에 참관해 오면서 이처럼 "비이성적이고, 비합리적인 광경"을 본 적이 없다고 흥분하면서 계속해서, 리오르단 교수는 영국인 동료 체육관계자들과도 이 문제로 이야기를 나누었는데 그들도 모두 큰 충격을 받았다고 한다. 이어서 그는 다음과 같이 말했다.

영국인들에게 경기를 한다는 것은 규칙을 지킨다는 것이다. 규칙은 경기의 전부이다. 규칙을 빼면 경기는 성립되지 않는다. 심판은 경기장내의 신(神)이다. 그가 불공정하다는 주관적 판단에 따라 그를 공격한다는 것은 있을 수가 없는 일이다.

그 같이 있을 수 없는 일이 올림픽을 준비한 나라에 의해서 저질러졌다는 것은 더욱 놀랍다. 우리는 한국에 와서 한국인들이 올림픽을 조직하고 운영하고, 그 밖의 문화예술행사를 통해 올림픽을 인류문화 속에서 의미 있게 자리 잡아 주려는 그 노력과 창의성에 경탄했다. 그러던 차에 이 불상사가 났다. 우리는 이 두 개의 모순된 한국을 어떻게 이해해야 하는지, 이 문제를 영국에 돌아가서 어떻게 설명해야 좋을지 알 수 없다.

다음으로 미국 시카고 대학 맥컬룬(John MacAloon) 교수는 다음과 같이 말했다.

한국의 언론들은 문제의 심판이 불공정했고 편파적이었다는 점을 크게 부각시키고 있다. 이것은 또 하나의 큰 문제다. 내가 보기에 그 뉴질랜드 심판은 정당했다. 그는 주의 줄 일에 주의를 주었고,

경고 줄 일에 경고를 주고 있었다.

나는 외국전문가들과 함께 이 심판의 공정성 여부를 따져 보았다. 심판에게 잘못이 없다는 것이 많은 외국 전문가들의 공통된 견해였다. 프로권투와 아마추어 권투는 근본적으로 다른 것이다. 이것을 한국인들이 잘 이해하지 못하고 있는 것이 아닌가 싶다. 사태를 보도하는 한국의 해설자나 전문가들이 이 사태를 맹목적으로 심판의 잘못으로 매도하고 이에 국민들은 맹목적으로 동조하도록 하는 것이 문제이다.

예를 들자면 경기장의 질서를 관리해야 할 운영요원들까지도 맹목적으로 이성을 잃고 난동에 동조하였다. 도대체 경기장 내의 운영요원이 무질서에 동조한다는 것은 있을 수 있는 일인가.

나는 위의 두 사람 말고도 여러 사람들의 말이 지금도 귀에 생생하게 들린다. 그리고 위의 두 사람의 말도 이것만이 아니다. 나는 한국인이 아직도 "은둔자의 나라" 사람들이며, 개항 1백년에도 아직 서양문화와 생활규칙을 이해하기에는 시간이 필요하다는 변명도 했다. 그뿐 아니라 한국 문화에 존재하는 신(神)의 개념도, 규칙의 개념도 함께 논의하였다.

리오르단 교수의 "심판이 신이다"라는 말은 다분히 서양 기독교의 유일신 사상에 기초한 것이지, 한국 문화에서 무속의 경우에는 각 무당마다 제각기 다른 신장이 있고, 그 신은 각자의 요구에 따라

빌고, 흥정하고 다룰 수 있는 신일 뿐이다. 불교나 유교에서도 초월적인 절대적 존재로서의 신은 없다. 이러한 점을 내세워 "심판은 사람"일 뿐이라는 점도 주장해 보았다.

그러나 "규칙이 없이는 경기도 없다"는 대목에서는 많은 것을 생각하지 않을 수 없었다. 한국인들도 실은 권투경기 규칙을 알고 있다고 자신했다. 그런데 한국인들은 심판이 규칙을 지키지 않았다고 보는데, 저들 외국인들에게 있어서는 심판이 규칙을 지키고 있었다는 것이다. 그렇다면 한국인들은 규칙을 모른다는 이야기가 된다. 한국인들이 아는 규칙이 프로권투의 규칙이고, 아마추어 권투의 규칙이 아니라는 이야기도 된다. 나는 이에 문외한이라 뭐라고 말할 수는 없지만 한국의 전문해설자가 왜 이 점을 모르고 있었는지 알 수 없다.

오늘날 한국의 정치 지도자들이 "민주주의적 경쟁규칙"을 어떻게 지키고 있는가를 보면, 그때의 상황이 오히려 쉽게 이해된다고 해야 할 것 같다. "다수결 원칙"은 존재하지 않는다. 요즈음 통합진보당 중앙당 회의에서 폭력이 난무하는 모습이나, 국회에서 최루탄을 폭파시키는 모습을 보라. 의회민주주의나라 영국은 스포츠 운동 "경기규칙"으로 시민들을 교육하며, 민주주의를 성숙시킨 나라이다. 한국에는 공정한 심판관이 없다. 훈련된 시민이 없다. 달리 말해서 "어른이 없다"는 말도 된다. 그 옛날 대쪽 같은 선비들은 다 어디로 사라져 간 것인가? 변화된 시대에 걸맞은 지도자가 없다. 여기서 새삼스럽게 이중환(李重煥)의 택리지에 나오는 다음 구절을 이 자리에서 한번 검토해 볼 만하다.

사대부로서 현명함과 어리석음, 높음과 낮음이 자기 패, 한 색목에게만 통할 뿐이고 딴 색목에게는 통하지 않는다. 한 색목 사람이 다른 색목에게 배척되면 자기 색목사람은 그를 더욱 귀하게 여기는데, 다른 색목도 또한 그러하다. 비록 하늘에 뻗치는 죄가 있더라도 한번 딴 색목에게 공격당하면, 시비와 곡직은 논하지도 않고 떼 지어 일어나서 도우며, 도리어 허물없는 사람으로 만들어 버린다. 비록 독실한 행실과 숨은덕이 있다 하여도 같은 색목이 아니면, 반드시 그 사람의 옳지 못한 곳부터 먼저 살핀다.[31]

"현명하다 못하다", "높고 낮다" 등의 기준이 자기가 소속한 집단에만 통하고 색목집단에서 배척될수록 더욱 귀하게 여긴다고 했다. "비록 하늘에 뻗치는 죄가 있더라도 한번 딴 색목에게 공격을 당하면 … 떼 지어 일어나서 도우며 도리어 허물없는 사람으로 만들어 버린다"고 한다는 대목은 참으로 중요하다. "시비와 곡직은 논하지도 않고" 자기 패인가 아닌가만이 고려되는 기준이다. "고향을 떠난 양반은 행세를 할 수 없다"라는 말이 있다. "떼 지어 일어나서" 그를

---

31 이중환 저, 이익성 옮김, 1972, 「택리지」, 을유문화사, p.194.

도울 사람들(집단)이 없다. 집단의 일원으로서만 존재할 수 있는 것이다. 그 집단은 혈연이든 지연이든 색목이든 그 어느 것도 좋다. 그 집단이 있는 한, 개인은 자기의 행동이 보호를 받게 된다. "시비와 곡직은 논하지도 않고"라고 위에서 인용하였지만, "논하지 않는" 것이 아니라 "논할 수 없는" 것인지도 모른다.

다음의 이중환의 글에서 보는 바와 같이 "색목이 한번 갈라지면 … 지친 간에도 서로 말하지 않는다"고 했으니 시비의 논의를 따질 수 없는 것이다.

> 대개 당색(黨色)이란 것이 시초에는 매우 자질구레한 데에서 일어난 것이다. 자손들이 그들의 조상의 논의를 지킴으로써 이백년 내에 드디어 깨뜨릴 수 없는 당파로 되었다.[32]

> 노론(老論)과 소론(少論)은 서인(西人)으로부터 분별한 지가 겨우 40여 년이다. 까닭에 간혹 형제, 숙질 간에 노론과 소론으로 갈라진 자도 있다. 색목이 한번 갈라지면 심장이 초월(楚越) 같아서 같은 색목(色目)끼리는 서로 의논하여도 지친(至親) 간에는 서로 말하지 않는다. 이에 이르러서는 윤기(倫氣)도 없어진 셈이 된다.[33]

32 이중환, 위의 책, p.194.
33 이중환, 위의 책, p.195.

서로 말하지 않는 데서 시비와 논의가 있을 수 없다. 따라서 논의를 할 수 없는 데서 자연히 잘한 것은 우리 편이고, 잘못한 것은 상대편일 수밖에 없다. "색목이 같아야" 서로 의논이 된다는 것은 다시 "신분이 같아야" 서로 논의가 된다는 것으로 이어진다. 오늘날 새누리당과 민주당의 정치적 싸움판과 다를 바 없다. 오늘의 한국 정치판이 400년 전의 이중환이 보았던 것과 무엇이 달라졌는가? 낡은 한국의 대대문화문법이 한국의 일상 속에 아직도 뿌리 깊게 내려져 있음을 말해 준다. 서울올림픽 때 있었던 권투경기장의 폭력 난동사건은 "우리 자신과의 만남"이라고 해야 한다. 세계인이라는 "타자와의 만남" 속에서 오히려 "자기와의 만남"이었다라고 말해야겠다.

　한국은 이제 본격적으로 세계를 무대로 나아가고 있다. 세계무대에 나서기 위해서는 지켜야 할 규칙을 알고 있어야 한다. 한국에서만 통하는 규칙으로 목청을 돋우다 보면 이런 불상사가 계속해서 생길 수밖에 없다. 이 일은 우리 모두가 잊은 이야기이다. 한국인들 흔히 말하는 '없었던 일로 하자'는 것이 그 해결책일까. 한국에서는 있었던 일을 없었던 일로 만드는 일이, 해결책으로 너무 자주 이용되어 왔다. 지금 한국인들은 스스로의 자화상을 다시 되돌아보아야 한다. 한국은 서울올림픽에서 무엇을 얻었고 무엇을 잃었는가에 대하여 계속해서 "성찰"해 나가야 한다.

5. 나오는 글

"임술년의 추억"이라는 제목으로 다산 정약용의 제자 황상이 적어 놓은 글을 안대희 교수가 인터넷 '고전의 향기'로 소개하고 있다. 나는 이 글을 윤문해서 올리고 싶었지만[34] 그대로 옮겨 놓는다. 내가 인학이라는 이름을 고집하는 이유가 바로 이러한 "학문적 자세", 공부하는 사람으로서 끊임없이 "자기 성찰"을 일생을 통하여 수행해 가는 "학문(공부)의 전범(典範)"을 보여주기 때문이다. 이러한 "성찰적 학문"을 "문화인류학이 아니다"라고 치부해도 좋다. 예전 선학들이 공부한 이러한 학문을 오늘날에는 무엇이라고 일컬어야 할까? 어떤 학문분야로 분류할 수 있을까? 교육학? 역사학? 국문학? 철학? 한문학? 한국학? 분명히 말해서 이 모든 분야에 조금씩 관련되고 있다. 그러나 우리 모두가 먼저 생각해야 할 점이 있다. 문화인류학은 "사람을 연구하는 학문"으로 정의한다.

연구한다는 것은 "연구방법론의 학문"이 있기 전에 "연구 대상의 '사람'"이 더 중요하게 전제되어야 한다. 연구방법론이 대상을 결정할 것이 아니라, 연구 대상이 연구방법론을 결정하는 것이 순서

---

34 저작권법에 저촉됨을 알면서도 여기에 안대희 교수의 글 전체를 그대로 인용 소개하는 까닭은 너무나 간결한 내용이어서, 필자가 윤문하면 오히려 그 뜻이 훼손될까봐 법에 저촉됨을 무릅쓰고 인용하였다. 이는 필자가 어떤 처벌도 달게 받겠다는 각오가 되어 있음을 말하는 것이다. 참고로 2012년 현재 다산과 제자 황상 간의 연구는 다음 책이 더욱 많은 내용을 담고 있다. 정민, 2011, 『삶을 바꾼 만남: 스승 정약용과 제자 황상』, 문학동네.

일 것이다. 한국의 문화인류학이 지난 50년간 "더불어 함께" 살아가고 있는 "이웃 사람"에 대하여 "삶을 함께" 하고자 하는 노력에 얼마나 정신을 기울였는가를 "성찰"해야 한다. 없었다는 이야기는 성립하지 않는다. 그럼 이제까지 한 것이 무엇일까? 외국의 인류학 내지는 민속학 방법론으로 민족지적 "기술 및 채록 수집"이 주류를 이루었다. 다시 말해 인류학을 공부하는 학생들에게 "삶의 위기 상황"에 슬기롭게 대처하는 "지혜" 같은 것을 줄 수 있었는가를 생각해 보자는 것이다. 나 자신도 예외가 아니다. 이제 아래의 "임술년의 추억"을 읽어보도록 하자.

먼 옛날의 임술년에는 동파거사(東坡居士)가 시월 보름날 적벽강에서 뱃놀이를 했었고, 가까운 옛날의 임술년에는 내가 시월 열흘에 열수(洌水) 정약용(丁若鏞) 선생께 배움을 청했다. 고금(古今)에 한 일이 다르건만 어쩌면 이렇게도 해와 달과 날이 우연히 딱 맞아떨어지고, 이처럼 서로 비슷한 것일까?
그런데 올해 또 임술년을 맞이하게 되었다. 이미 흘러간 옛날을 되돌아보며 때와 날짜를 두루 헤아려 보노라니 만감이 교차한다. 나는 한 시대의 시름 많은 사람이라 할 만하구나!
내가 스승님께 배움을 청한 지 이레가 되던 날, 스승님은 문사(文史)를 공부하라는 글을 내려주셨다. 그 글의 내용은 이렇다.

내[다산]가 산석[제자 황상]에게 '문사(文史)를 공부하도록 하라.'고 말했더니 산석이 머뭇머뭇 부끄러워하는 기색으로 핑계를 대면서 이렇게 말하는 것이었다.

'저한테는 병이 세 가지가 있어서요. 첫째는 둔하고, 둘째는 꽉 막혔고, 셋째는 미욱합니다.'

그 말을 듣고서 나는 이렇게 말해주었다.

'공부하는 자들은 큰 병을 세 가지나 가지고 있는데, 너는 하나도 가지고 있지 않구나! 첫째는 기억력이 뛰어난 것으로 이는 공부를 소홀히 하는 폐단을 낳고, 둘째는 글 짓는 재주가 좋은 것으로 이는 허황한 데 흐르는 폐단을 낳으며, 셋째는 이해력이 빠른 것으로 이는 거친 데 흐르는 폐단을 낳는단다. 둔하지만 공부에 파고드는 자는 식견이 넓어질 것이고, 막혔지만 잘 뚫는 자는 흐름이 거세질 것이며, 미욱하지만 잘 닦는 자는 빛이 날 것이다. 파고드는 방법은 무엇이냐. 근면함이다. 뚫는 방법은 무엇이냐. 근면함이다. 닦는 방법은 무엇이냐. 근면함이다. 그렇다면 근면함을 어떻게 지속하느냐. 마음가짐을 확고히 하는 데 있다.'

다산이 황상에게 써 준 면학문. 후에 다산의 아들 정학연이 다시 썼다.

이때 스승님은 동천여사(東泉旅舍)에 머무르고 계셨다. 나는 나이 15세 소년으로 아직 관례(冠禮)도 올리지 않았다. 선생님의 말씀을 마음에 새기고 뼈에 새겨 감히 잃어버릴까 두려워했다.

그로부터 지금까지 61년의 세월이 흘렀다. 그 사이 책을 놓고 쟁기를 잡을 때도 있었지만 그 말씀만은 늘 마음속에 간직하였다. 지금은 손에서 책을 놓지 않고 먹과 벼루에 젖어 있다. 비록 이뤄놓은 것은 없다고 할지라도, 공부에 파고들고 막힌 것을 뚫으며, 닦으라는 가르침을 삼가 지켰다고 말하기에는 넉넉하며, 마음가짐을 확고히 하라는 당부를 받들어 실천했다고 할 수 있다.

그러나 올해 내 나이 75세다. 내게 남은 날짜가 많지 않으니 어찌 함부로 내달리고 망령된 말을 할 수 있으랴? 지금 이후로 스승님께 받은 가르침을 잃지 않을 것이 분명하고, 제자로서 스승님을 저버리지 않는 삶을 살아갈 것이다. 이에 임술기를 짓는다.

_황상(黃裳), 〈임술기(壬戌記)〉, 《치원유고(巵園遺稿)》[35]

35 안대희, 2008.5.12., '고전의 향기 009', 인터넷, http://mail.google. com/mail/?hl=ko&zx=mh2lq46 sdsps&shva=1&ui=1
안대희는 이 글에 대하여 다음과 같이 해설을 달아 놓고 있다. "이 글은 다산 정약용이 강진에서 가르친 제자 황상(1788~1863?)이 쓴 〈임술기(壬戌記)〉이다. 황상의 나이 75세 때 자신의 삶의 전환점이 되었던 임술년을 다시 맞아 쓴 것이 이 글이다.
글의 서두에는 그의 감개한 기분이 표현되어 있다. 1082년 임술년에는 소동파(蘇東坡)가 적벽강에서 노닐고 "임술년 가을 7월 16일에…(壬戌之秋 七月旣望…)"로 시작되는 저 유명한 〈적벽부(赤壁賦)〉를 지었다. 그로부터 720년이 지난 1802년의 임술년에는 자신이 정약용을 스승으로 모시고 가르침을 받았다. 나의 운명을 바꾼 임술년의 이 공교로운 일치! 그로부터 다시 60년이 지난 1862년의 임술년에 지난 일을 추억하며 만감이 교차하는 가운데 자신이 60년 동안 지켜온 삶을 밝히지 않을 수 없었다. 그래서 〈임술기〉를 쓰는 연유를 밝혔다.
이 글은 1802년 강진의 동천여사에서 15살 난 황상에게 다산 정약용이 써 준 면학문(勉學文)을 중

학문의 방법이 연구 대상을 지배하지 않고, 연구의 대상이 학문 방법론을 좌우해야 한다. 문화인류학의 연구대상은 사람이다. 어떤 "문화전통 속에 사는 사람"이다. 인류학자도 그 사람 중에 하나다. 우리 모두는 자기라는 "사람" 하나를 제대로 이해하고 있는가? 끊임없이 변화하고 있는 자기 자신을 제대로 "홀로 성찰"하면서, "더불어 함께" 살고 있는 사람들에게 제몫을 하고 있는 것일까? 옛말에 "세상은 황하의 모래알만큼 많은 세상이 존재하고, 다시 모래알 하나 속에 황하의 모래알만큼 많은 세상이 존재하고 있다"고 한다. 여기에서 의상(義湘)의 법성게(法性偈)를 떠올리고 싶다.

간에 넣고 그 앞뒤에 이 글을 추억하는 이유와, 이 글을 인생의 지침으로 삼아 살아온 자신의 삶을 배치하고 있다. 글의 구조는 단순하나 스승과 제자 사이의 깊은 정은 읽는 사람의 가슴을 뭉클하게 만드는 진정이 흐른다.

스승으로부터 받은 격려문을 공부하는 지침으로 삼아서 60평생을 주경야독하며 살아온 노학자가 담담하게 회고하는 삶은 진중한 인생의 무게가 느껴진다. 스승과 제자가 일궈낸 *인생의 아름다움을 느끼게 만드는 좋은 글*이다.

〈임술기〉에 액자처럼 들어가 있는 다산의 면학문은 이른바 삼근계(三勤戒)이다. 다산은 자신의 모자람을 탓하는 15세 소년 제자에게 *그 모자람이 바로 장점이라고* 용기를 북돋는 글을 직접 써서 주었다. 눈에 띄는 재능을 믿고 공부하지 않는 것보다 남에게 뒤처지는 재주를 근면함과 열성과 끈기로 극복하는 것이 진정 공부하는 법이라고 다산은 어린 제자를 격려했다. 그의 격려가 어린 황상에게 얼마나 큰 감동과 자극으로 다가왔을지는 미루어 짐작할 수 있다.

지금도 이 면학문의 원본이 전한다. 위의 그림이 그것이다[지면 관계로 생략함]. 그런데 원본은 다산의 글씨가 아니라 맏아들 정학연이 다시 쓴 것이다. 여기에도 사연이 있다. *다산이 쓴 친필이 닳고 닳아서 아들인 정학연이 친구인 황상에게 다시 써서 선물하였다.* 1854년 정학연이 72세, 황상이 67세 때 다산의 묘에 참배하러 세 번이나 찾아온 황상에게 정학연이 써준 것이다.

정학연은 아버지의 글을 다시 쓰고 나서 "오른쪽 한 편의 글은 열수선생이 쓰신 면학문으로, 쓴 때는 임술년 10월 17일이요 황상의 나이 15세였다. 본래의 종이가 해지고 찢어져 다시 기록하여 첫머리에 싣는다. 산석은 황상의 어릴적 이름이다."라는 내용의 발문을 뒤에 붙였다. *스승이 써준 면학문을 닳고 해질 정도로 간직한 황상의 정성을 행간에서 읽을 수 있다.* (이탤릭체는 필자가 첨가한 것임.)

일중일체다중일 일즉일체다즉일(一中一切多中一 一卽一切多卽一)

일미진중시여시 일체진중함십방(一微塵中始如是 一切塵中含十方)

무량원겁즉일념 일념즉시무량겁(無量遠劫卽一念 一念卽是無量劫)

하나 안에 일체요 다(多) 안에 하나, 하나가 곧 일체요 다(多)가 곧 하나,

한 티끌 속에 시방세계가 포함돼 있고, 모든 티끌 속에 역시 그러해

한량없는 먼 시간이 곧 한 생각이오, 한 생각이 곧 한량없는 그 시간

이니[36]

한 사람 한 사람이 또 하나의 우주를 만들어 그 안에 살고 있다. "사람에 대한 경외심"이 그 출발점일지도 모른다. 이 점은 원래 한국의 문화전통을 구성하는 중요한 한 부분이었다. 인학은 이에 기초해서 재출발해야 할 것이다. 옛사람들은 "'감어인'(鑑於人), 사람에게 자신을 비추어보라고 하였습니다."[37] 끝으로 시인 구상의 또 다른 시 한 편을 소개하는 것으로 이 글을 끝맺는다.

36 이기영, 1998, 『불교개론 강의』 하권, 한국불교연구원, p.262.
37 신영복, 1996, 『나무야 나무야』, 돌베개. 이 책의 표지에 적힌 구절임.

네 마음에다

_ 구 상

요즘 멀쩡한 사람들 헛소리에
너나없이 놀아날까 두렵다.

길은 장님에게 물어라
해답은 벙어리에게 들어라
시비는 귀머거리에게서 밝히라
진실은 마음에서 구하라.

아니아니 그게 아니라.
길은 네 마음에다 물어라
해답은 네 마음에서 들어라
시비는 네 마음에서 밝히라
진실은 네 마음에다 구하라.

제 5 장

—

종합토론

강　연: 강신표 (인제대학교 명예교수)

사　회: 한경구 (서울대학교 자유전공학부 교수)

토론 1: 함한희 (전북대학교 고고인류학과 교수)

토론 2: 김홍중 (서울대학교 사회학과 교수)

토론 3: 이훈상 (동아대학교 사학과 교수)

토론 1 함한희

강신표 교수의 인문강좌, 토론문

1. 들어가기

4주 동안의 열강(제3주째는 불참했습니다만)을 듣고 많은 것을 배웠습니다. 인학의 기본 명제에서부터 구체적인 사례에 이르기까지 다시 한 번 선생님이 평생 닦아 오신 학문을 깊이 새길 수 있는 기회였습니다.

제가 가장 관심을 가졌던 부분은 한국문화의 기본문법을 설명하시는 부분입니다. 선생님께서는 동아시아의 전통인 한자문화권 안에서 분석을 가하셨고, 그 이론적 토대가 한국의 전통문화를 이해하는 데 기틀이 된다는 점에 대해서 많이 배웠습니다.

"학문마다 또 하나의 전통이 있다. 연구 주제의 대상이 있고, 연구 방법의 특징이 있다." 인류학이 서구의 제국주의와 깊은 관련 속에서 성장한 학문이지만, 이를 언제까지나 비난하거나 탓만 하고 있을 때는 아니라는 말씀에 전적으로 동감합니다. 그래서 독자적인 학문 전통을 발전시켜야 할 때라는 말씀에 후학으로서 부끄러울 따름입니다. '토착적인 인류학'을 평생 모색해 오신 강신표 교수님의 가르침을 제대로 실천하지 못한 탓입니다.

몇 가지 간략하게나마 질문을 드림으로써 제가 미처 숙지하지 못한 선생님의 이론적인 바탕과 방법론적 접근을 이해할 수 있지 않을까 합니다.

2. 형식구조는 불변하는 것일까요?

교수님께서는 사회가 심하게 변동하는 상황 아래서는 '문화문법'에 대한 분석의 출발점으로 제보자의 진술보다는 그 사회의 전통적 철학 사상 또는 이데올로기의 체계를 통해서 분석하는 것이 더 적절할 수도 있다고 하셨습니다. 형식적인 원리를 중시하기 때문에 그것이 가능하다고 하셨습니다.

그러나 우리 사회에서 전통적 철학사상이나 이데올로기를 아는 사람들이 크게 줄었습니다. 또 안다고 하는 경우도 변질된 내용으로 채워지기 일쑤입니다. 이제는 변환에 대해서도 관심을 가져야 한다고 하셨기 때문에 질문을 드려봅니다. 강의 중에 '변환자(transformer)'로서의 인간에 주목하라고 하신 대목이 있습니다. 여기에서 형식구조의 변환이 의미하는 것은 기본형식구조 자체가 변하는 것은 아니기에 다소 의문이 생깁니다. 과연 형식구조 자체를 변환시킬 수 있는 변환자도 존재하는 것은 아닐까 합니다. 다시 말해서 현대사회에서 서양교육, 문명의 영향이 한국문화의 형식적 구조를 바꾼 것은 아닐까 하는 생각이 듭니다.

강신표 먼저 '토착적인 인류학'을 평생 모색해 온 발표자의 논의에서 무엇인가 얻은 것이 있다니 오히려 감사하다는 말씀을 드리고 싶다.

중국을 위시한 동아시아 한자 문화권 내지는 문명권은 아프리카나 오세아니아 지역에서 행해진 현지 조사 연구방법과는 달라야 한다고 본 것에서 출발하고 있다. 이러한 주장은 김광억 교수도 주장하고 있다.[01] 철학사상 또는 이데올로기 체계에서 출발하여 구체적으로 사회적 행동양식의 모델을 설명하고 있는 것이 수백 년의 역사 속에서 진행되어 왔기 때문이다. 여기서 토론자는 "형식적 원리를 중시하기 때문에 그것이 가능하다."고 이해하였는데, 발표자는 오히려 철학사상은 잊혀 가고 있다 하더라도, 그 사상의 밑바닥에 있는 "형식적 구조"는 하나의 "심층구조"로 잔존하고 있다고 본다. "형식적 구조가 중요"한 것이 아니라 "심층구조로 잔존"하는 것이 "형식구조"여서 중요하다는 주장이다.

다음으로 형식구조와 변환의 문제이고, 이는 "형판(template)"과 "변환(transformation)"의 문제와 관련된다. 형판은 양(陽)이오 변환은 음(陰)이라고 하였다. 양이 음으로 변환하는 것은 "자연적"으로도 가능하고, 동시에 "인위적"인 것으로도 가능하다고 발표자는 본다.

---

01 김광억, 2011, "Anthropological Creation of East Asia: A Critical Reflection—With reference to notions of politics of culture, state—society relations and civilization", 『동아시아 인류학적 재현: 비판적 성찰』 국제학술대회, 기조강연, 2011. 12. 9. 서울대.

중요한 것은 일단 형판이 변환으로 진행되었을 때 그 변환은 다음 변환의 형판이 된다는 것이다. 발표자는 "형식구조"상에 두 가지 차원이 있다고 하였다. 정태적 차원(공간-위계적, 시간-연계적)과 동태적 차원(변증법적 호혜성)이다. 변환은 동태적 차원이고, 일단 '변환이 일어나면 그 변환은 곧 다음의 변환에 형판'이 된다는 뜻은, 질문자가 지적한 "형식구조 자체를 변환시킬 수 있는 변환자도 존재" 가능하다고 보는 것이다.

중요한 것은 그 변환된 형식구조가 계속해서 변환을 "지속"한다는 점에서 "대대문화문법의 존재"가 확인된다는 것이다. 동태적 차원은 계속 진행되고 있다. 서양교육이 서양의 본래 모습으로 전래되지 않고 "한국의 토착 문화문법"에 의해 "굴절"되거나 "재해석"되어 진행된다는 점을 지적하고자 한다. 이러한 재해석도 정태적 차원의 이해가, 동태적 차원의 변환을 유도한다. 그래서 서양의 "새로운 이론"이 계속해서 "새로운 유행"으로 둔갑하여 한국학계를 지배하는 이유가 된다. 따라서 이러한 진행과정 자체가 "형식구조"의 존재함을 말해 준다고 발표자는 본다. 이러한 관점도 하나의 "입장"에 지나지 않는다.

3. '변환자'로서 인간의 역할을 어디까지로 보시는지요?

위의 질문과 연결된 물음입니다. 이번 강의에서는 '변환자로서의 인간'에 대해서 충분히 논의하지 않으셨습니다. 저는 사실 이 점에 더 관심이 있는데 ─문화의 변화, 문화의 창조성 등─ 교수님의 입장에서 어떤 조언을 해 주실 수 있을는지요?

강신표 좋은 질문이다. 우선 앞에서 변환은 "자연"적인 것과 "인위"적인 것이 있다고 하였다. 발표자의 생각에 한자 속에 사는 사람들의 특성 중 하나는 이른바 "물아일체(物我一體)" 사상이다. "범주적 사고"는 언제나 "분류자 자신"을 그 범주 속의 어디에 위치시키느냐를 끊임없이 "성찰"하고 있다. 하나의 작은 실례를 들자면, 자기 동네 출신이 성공했다면 덩달아서 자기의 성공처럼 좋아한다.

변환은 단순히 "자기와 무관한 진행"으로 보지 않는 경우가 많다. 그래서 풍수상으로 "방향"을 조금 튼다든지, 무슨 사건에 "수(手)"를 쓴다든지, 하는 경우가 많다. 이는 대상을 "객관적"으로만 파악하지 않고, "관계론적"으로 파악하려는 문화문법이 존재함을 뜻한다. 이른바 자신의 "분수"에 대한 고려가 이와 관련된다. 시대가 바뀌어도 자기가 속한 공동체에 대한 귀속의식은 변환자로서 중요한 좌표로 작용하고 있다. 동시에 귀속의식을 파괴하는 "연극의례성"도 역시 내재하고 있다. 이 점이 바로 토론자가 관심을 갖는 "문화의 변화, 문화의 [재]창조"를 유도하는 저력으로 발휘될 수 있게 하는 것이다.

4. '감응'과 '형식구조분석'의 거리를 어떻게 좁힐 수 있을까요?

저는 강 교수님이 인용하신 몇 학자들 가운데 유독 건축가 정기용.[02]이 인류학자와 닮아 있다고 보았습니다. 그가 인류학을 언급하지는 않았지만, '감응'이라는 용어를 사용함으로써 서양의 인류학자들이 선호하는 '라뽀'라는 용어보다 더 적절하다고 생각되었습니다. 라뽀는 상대방과 관계를 잘 맺어서 친숙해진다는 것이지만, 감응은 월등히 차원이 높은 '관계맺기'입니다. 감응은 사람의 마음과 마음이 서로 교감을 한다는 것이어서 '라뽀' 형성이라는 말보다 더 인류학적인 정신운동을 표현하는 용어라고 봅니다. 인류학자와 연구대상자들과의 공동작업인 문화연구의 핵심적인 방법을 표현하는 것이 아닐까 합니다. 그래서 감히 저는 '감응인류학'이라는 용어를 사용해 보고 싶은 충동을 느끼고 있습니다. 선생님은 사실 사람들과 만나서 이야기를 나눌 때, '감응'의 대가이십니다. 그래서 그러한 감응의 차원을 좀 더 섬세하게 형식구조와 연결시켜 보시고자 한 적은 없으신지요?

강신표 감응은 바로 형식구조를 나타내 보인다. 즉 감(感)은 감각으로 "받아들인 것"이오, 응(應)은 그 받아들인 것에 대하여 "응답하는 것"이다. 감과 응이 Binary로 존재하고, 시간적으로 "선후 관계"로 위치하며, "감응"이라는 하나의 단어로 Dialectical reciprocity(변증법적 호혜관계)를 이룬다. '라뽀'라는 낯선 단어보다는

---

02 정기용. 2008, 『감응의 건축: 정기용의 무주 프로젝트』, 현실문화연구.

우리의 한자문화권의 이 감응이라는 용어는 더 많은 함의를 가질 수 있다. '감(感)'이라는 글자 앞에 넣을 수 있는(paradigmatic) 글자를 찾아보자. 정감(情感), 촉감(觸感), 영감(靈感) 등 많은 단어를 생각할 수 있을 것이고, '應'이라는 단어와 연관되는 글자 역시 많이 나열 가능하다. 대응(對應), 반응(反應), 순응(順應), 적응(適應) 등등이 가능하다.

토론자가 "라뽀 형성이라는 말보다 더 인류학적인 정신운동을 표현"하는 용어로 "감응"을 생각하고, 한 걸음 더 나아가 "감응인류학"이라는 용어로 학생들에게 현지조사 방법을 설명한다면 훨씬 더 빨리 그리고 정확히 이해시키게 되리라 본다. 답변이 되었는지 모르겠다.

5. 동아시아인의 범주적 사고인 음양사상이 한문화 문화권이어서인지, 아니면 종교 ―유교, 불교, 도교― 를 공유해서인지?

음양이라는 동양의 범주적 사고에 대해서 형식분석을 시도하셨고, 훌륭하게 해명해 놓으셨습니다. 대대문화문법이 한문화 문화권에 있는 우리의 '무의식'에 존재한다는 점도 지적하셨습니다. 그렇기에 중국, 일본, 한국이 동일한 세계관을 가지고 있다고 하셨습니다. 음양적 사고체계와 한자문화의 관계가 좀 더 잘 설명되었으면 하는 바램입니다. 이상 두서없이 질문을 드렸습니다. 4주간 연속 강의를 통해서 많은 공부를 하게 되어서 이 자리를 빌려서 다시 한

번 감사드립니다.

　　강신표　아주 중요한 질문이다. 발표자는 이 점에 관하여 오랜 세월 동안 생각해 보았다. 유교, 불교, 도교, 심지어 무속에 나오는 사설의 내용도 유·불·도에서 차용해 사용하고 있다. 즉 유·불·도 및 무(巫)가 "공존한다는 것이 왜 가능한가?"를 생각해 본 것이다. 결론은 한문자 자체 내에 존재하는 문화문법이 내재하고 있기 때문이라는 결론에 도달했다. 이 점을 중문학자 정재서(이화여대) 교수에게 물어보니 그 점은 지금까지 누구도 이야기하지 않은 "탁견"이라고 격려해 주었다. 한문자라는 문자 내에 내재하는 "문화문법"이 범주적 사고와 음양사상의 형식적 구조가 존재하게 한다는 것이 발표자의 "입장"이다. 이것은 한문자가 표의문자(ideographic language)이기에 그러한 것이 가능하다고 본다.

김홍중

강신표 선생님의 강연을 듣고 몇 가지 질문을 던지다

1. 강연의 소회

네 주에 걸친 열강을 통해서, 강신표 선생님은 '인학(人學)'의 근본 철학과 뿌리를 짚어주셨고, 이를 통해 한국 전통문화의 문법의 요체를 살펴볼 수 있는 기회를 제공하셨습니다. 저는 사실 강신표 선생님의 강연을 들은 것은 이번이 처음입니다. 항상 학회에서 토론하고 발표하시는 모습을 보았을 뿐, 강연자로서 2시간을 이끌어 가시는 모습은 처음 보았는데, 무엇보다 놀라웠던 것은 요사이 젊은 학자들의 강연과는 완전히 다른 강연 그 자체의 연극성이었습니다. 강연은 때로는 스님의 설법이나 목회자의 설교 같기도 하고, 즉석 공연 같기도 하고, 어떤 경우에는 철학자의 논증 같기도 하고, 때로는 또 행위예술 같기도 하였습니다. 강연자가 단순히 지식을 전달하는 것이 아니라, 강연을 듣는 사람과 자신 사이에 어떤 문화적 공간을 만들고, 그 공간 속에서 어울리고자 하는 듯이 보였습니다. 논평자의 견해로는 이런 역동적 의례성이 살아 있는 강의는 지금 젊은 세대들에게는 거의 찾아보기 힘듭니다. 이 역시 전통의 힘이라고 할 수 있겠습니까? 네 번 모두 참석하지 못했음이 애석하지만, 그래도 이런 강연을 들으며 학문의 의미와 본질을 깊이 숙고할 수 있는 기회가 되었다는 점에서 큰 감사의 마음을 전하고자 합니다.

강신표 발표자의 강의가 지금 젊은 세대들에게는 찾아보기 힘든 "역동적 의례성"이 보인다고 하면서 이러한 점은 "전통의 힘"이라고 할 수 있습니까? 라고 첫 질문은 질문 아닌 질문을 던지고 있다. 매우 중요한 질문이다. 발표자의 나이가 올해 77세 희수년이다. 우리 세대가 젊은 시절, 좋은 스승님들의 강연이 여기저기 많이 열렸다. 발표자의 "역동적 의례성"이 보인다면 그것은 바로 발표자가 보고 자랐던 선배 선학들의 가르치는 모습일 것이다. 따라서 질문자의 첫 번째 궁금증에 대하여 "그렇소"라고 답할 수 있을 것 같다. 스님의 설법도, 목회자의 설교도, 행위예술도, 철학 강연도 많이 쫓아다니면서 보고 들었다. 어쩌면 젊은 날의 기억 속에 각인되어 있는 "감동의 장면"들이 되살아났다고 할 수 있다. "정보의 홍수" 속에서 허우적거리는 시대가 아니라, 무엇인가 "정보의 결핍" 속에서 귀한 "한 소식"[03] 들으면 소중하게 간직하던 시절을 살아온 지난 세대의 "강의 풍경[04]"일 것이다.

---

03 "한 소식"이라는 표현은 불교도(스님들과 신도들) 사이에서 "어떤 깨달음의 경지를 조금 경험" 했음을 뜻한다.
04 "풍경"이라는 용어는 김홍중 교수가 프랑스에서 공부하고 돌아와서 한국학계에 처음으로 소개하였고, 이의 함의는 여러 차원에서 사회–문화 연구자들의 주목을 받고 있다.

2. 구조주의냐 인문주의냐?

저의 첫 번째 질문은 강신표 선생님의 인학에 내재된 어떤 긴장에 관한 것입니다. 강신표 선생님의 작업은 첫눈에 프랑스의 구조주의 인류학자 레비스트로스의 작업을 연상시킵니다. 레비스트로스는 20세기 초, 중반 프랑스에서, 소위 실존주의로 불리던 철학적 아성을 허문 장본인입니다. 실존주의는 후설, 하이데거로부터 프랑스의 사르트르로 이어지는 근대 철학의 중요한 흐름으로, 인간 주체와 인간의식의 중요성을 강조하며, 주체의 결단과 책임을 중시합니다. 인간은, 실존주의에 의하면, 의식의 반성을 통해서 결단을 내릴 수 있는 존재이며, 현실에 참여합니다. 마르크스주의를 실존주의와 결합시킨 사르트르는 이 결단의 공간을 역사로 규정하며, 역사 속에서 현실에 참여하는 적극적이고 주체적인 인간상을 그려냈던 것입니다.

레비스트로스는 그런데, 이런 흐름을 충격적으로 뒤집었습니다. 그의 친족 집단에 대한 연구에 의하면 인간이 사회구조를 만드는 것이 아니라, 어떤 규칙에 기초한 사회구조가 인간을 만듭니다. 인간의 감정까지를 만듭니다. 그리고 그 규칙이란 놀랍게도 이항대립의 조합으로 구성되어 있습니다. 복잡해 보이는 사회구조도 결국에는 '가깝다/멀다'라는 대립항의 조합입니다. 인간의 의식은 이런 구조주의적 탐구 속에서 중요한 것이 아니며, 결단이나 참여도 문화구조의 기본 문법에 비하면 후발적인 것입니다. 레비스트로스는 이런 발상으로 인류학을 새롭게 썼습니다.

강신표 선생님의 대대문화문법은, 한국 문화의 기본 구조를 레비스트로스처럼 드러낸 것이라 생각합니다. 문화문법의 공식(binary set, time/space, dialectical reciprocity) 또한 그러합니다. 급수성, 집단성, 연극의례성이라는 기본 틀도 역시 하나의 구조입니다. 이런 점에서 강신표 선생님은 전통적인 의미의 구조주의자라고 말할 수 있겠습니다. 문화를 연구함에 있어서 소위 '형식적 분석(formal analysis)'이나 '범주적 사고(categorical thinking)'를 시도하는 것은 인간의 의식이 아닌 현실의 구조와 질서를 탐구하는 것입니다. 방법론에서 보여주는 이런 구조주의적 성격이 그런데, 강신표 선생님의 학문세계에서 '인간'이 차지하는 또 다른 의미와 긴장관계를 갖는 것이 아닌가 그런 생각이 들었습니다.

강신표 선생님은 동양 고전에 기반한 전통적 인문주의자이기도 한 것입니다. 물론 동양의 인문주의와 서구의 실존주의가 상이한 것이긴 하지만, 그럼에도 양자 사이에는 무시할 수 없는 공통점이 있지 않습니까? 인간의 성숙에 대한 기대, 인간중심적 세계관, 인간의 행위에 대한 믿음, 신영복이나 구상의 시, 그리고 다양한 한시들을 인용하시는 데에서 보듯이 풍부한 인문적 교양에 대한 강조, 그리고 무엇보다도 제4강에서 안대희 교수를 언급하시면서 강조하신 "공부하는 사람의 자기성찰"의 자세, 즉 의식을 통한 의식의 반성을 중시한다는 점을 공통으로 갖고 있습니다. 동서를 막론하고 인문주의는 인간을 중시합니다. 그의 의식의 힘과 가능성을 신뢰합니다. 천지 그 자체에 인(人)이 없으면, 완성이 아닌 것이죠.

이렇게 본다면, 강신표 선생님의 인학은 한편으로는 구조주의적이며 다른 한편으로는 인문주의적인, 한편으로는 레비스트로스적이고 다른 한편으로는 사르트르적인 양날의 칼이 아닌가 하는 생각이 있습니다. 이것은 충돌하는 것인가, 아니면 그 자체로 또 인학의 '짝'을 이루는 것인가? 인학을 주창하시는 강신표 선생님께서는 어떻게 생각하는지 궁금합니다. 선생님께서는 '인학'을 구조주의에 더 가깝게 생각하십니까, 아니면 순수한 구조주의가 아니라 인문주의와의 깊은 연관을 갖는 구조주의로 보십니까, 아니면 인문주의 쪽으로 더 기울어야 한다고 보십니까?

강신표 이 질문에는 몇 가지의 질문이 포함되어 있다. 첫째는 구조주의와 인문주의가 "충돌하는 것인가, 아니면 그 자체로 인학의 '짝'을 이루는가"라고 질문하였다. 먼저 구조주의와 인문주의는 별개의 것이 아니라고 발표자는 생각한다. 인문주의 내에 구조주의가 포함된다고 본다. 다만 레비스트로스와 사르트르의 논쟁을 상기하면서 양자의 입장을 대변하는 용어로 구조주의와 인문주의를 사용한다면 그러한 질문은 성립 가능할 것이다. 그렇게 본다면 충돌로 볼 수 있다. 그러나 인학적 관점에서 본다면 역시 '짝'의 개념으로 볼 수 있다. 다만 발표자가 이 점에 대하여 질문자에게 유념시키고 싶은 점은 사르트르나 레비스트로스나 모두 서구의 기독교 문화 전통을 배경으로 한 학문세계에서 전개된 논의라는 점이다. 레비스트로스는 비서구사회와 문화전통에 대한 깊은 이해가 있었기에 서구 학문의 인간중심주의에 대한 날카로운 비판을 가할 수 있었다고 본다. 1981년 레비스트로스가 한국에 왔을 때 세미나 처음에 두 가지를 짚고 넘어갔다. 하나는 동아시아 문화전통은 바로 구조주의적 사고가 그 특성이라고 하였고, 다른 하나는 〈京都雜記〉를 읽게 되었는데 "민족지 역사"는 유럽보다 한국이 앞설지도 모른다는 점을 지적하였다.

둘째로 발표자는 질문자가 인학이 구조주의와 인문주의 둘 중에 어느 쪽에 가까운가를 질문하였다. 이에 대한 답변은 구조주의다. 다만 구조주의라고 해도 레비스트로스의 구조주의가 아니고 동아시아 한자 문화가 가지고 있는 구조주의다. 즉 대대문화문법이 가지고 있는 '명'과 '실'의 관계를 고려한 구조주의이다. 발표자는 동양 고전에 기반한 전통적 인문주의자라고 하겠다. 따라서 인문주의라는 용어 자체가 문화적 배경에 따라 상이한 의미를 가지고 있음을 먼저 살펴야 한다고 본다. 본인이 1971년 미국인류학대회에서 "중국 세계관의 구조적 원리"를 발표했을 때 토론자로 나왔던 스탠리 다이아몬드(Stanley Diamond) 교수가 레비스트로스의 구조주의와 발표자의 구조주의가 어떻게 다른가를 명쾌하게 밝혀주었다. 즉 레비스트로스의 구조주의는 고정적인데, 중국의 것은 매우 "창발적

(emergent)"과정임을 주목해야 한다고 하였다.

3. 문화문법에서 무속적인 것의 자리는?

저의 두 번째 질문은 한국의 문화문법의 구성에 무속적(巫俗的)인 것이 어떤 기여를 했는가라는 질문입니다. 강의를 통해서 명확하게 드러났듯이, 강신표 선생님의 대대문화문법은 우리의 전통적 문화의 자원 속에 숨어 있는 기본 코드를 드러낸 것입니다. 천자문의 첫 구절, 논어, 한시, 소학, 대학, 중용에 이르는 유교 고전 텍스트들을 이 기본 코드에 의거하여 설득력 있게 분석하고 계십니다(애국가, 태극기 등). 이에 의하면, 적어도 동아시아 한자문화권의 상징체계인 한자/한문의 지배력 하에서 형성된 문화에는 어떤 공통의 문법이 존재하고 있습니다. 그것은 아마도 중국, 한국, 일본, 베트남까지를 포괄하는 통일적 의미구조일 것이라 생각합니다. 비교연구를 통해 살펴볼 수 있는 부분입니다. 그런데, 제가 갖고 있는 의문은 이것입니다. 우리 민족의 역사 속에서 한자문화권이 형성되기 이전의 문화는 그렇다면 한국문화문법에 어떻게 기여했을까?

이런 질문을 떠올린 것은 언젠가 읽었던 황석영 작가의 소설 『손님』의 모티프와 연관이 있습니다. 이 작품에서 황석영은 말합니다. 한반도에 여러 차례의 외래문화가 도래했고, 그것이 모두 손님으로서 왔다. 그것들은 유교, 불교, 선교, 기독교, 서구문명의 순이다. 그런데, 이 손님들을 모두 맞이한 기층의 주인은 그럼 무엇이었는가?

우리 민족의 문화는 모두 중국, 인도, 서구로부터 빌려온 것들로만 구성되어 있느냐? 자기가 보기에는 아니다. 우리 민족 문화의 주인은 어찌 보면, 원래 우리가 갖고 있던 샤머니즘일지도 모른다. 이렇게 추론합니다. 저는 이 작품의 이런 생각을 들으면서 일리가 있다고 보았습니다.

사실 백남준 같은 세계적으로 위대한 예술가도 (그리고 예술이야말로 어떤 의미에서 보면 문화적 무의식을 창조적으로 현대화시키는 그런 영역일 터인데) 우리 문화의 심층에서 무속적인 것, 무적인 것, 샤먼적인 것을 찾곤 했습니다. 조선시대에도 양반의 공식문화는 유교적이었지만, 사대부들을 뒤에서 조종하는 규방의 문화는 무속적이었다는 이야기가 많이 있습니다. 불교와 무속의 습합이 많은 한국 불교건축의 특이성에 대한 논의도 많이 있습니다. 만약 대대문화문법이 한국적인 것과 한국인의 사고방식의 근저에 존재하는 '구조'라면, 거기에 어떤 차원에서 이 샤먼적인 것에 대한 고려가 있어야 할 것 같다는 생각이 들었습니다.

선생님의 이론체계에 이 무속적인 것에 대한 탐구가 적극적인 것으로, 명시적인 것으로 나타나지는 않은 것으로 보입니다. 강연을 들으면서 저는 나름대로 한 가지의 단서를 찾을 수 있었습니다. 제3강에서 선생님께서는 경봉스님의 일화를 언급하시면서 연극의 례성과 불교의 친화성을 말씀해주셨습니다. 스님이 하셨다는, 연극 한 판 잘하고 가라는 말은 참 흥미로운 말이라 생각합니다. 고

프먼 같은 사회학자에 의하면 모든 사회적 생활이 연극적이지만, 한국인의 문화문법에 특히 연극성이 강하다면, 그것은 어떤 문화적 자원 때문일까요? 라는 질문을 저에게 던지는 말이었기 때문입니다.

개인적인 생각에 지나지 않지만, 한국인 특유의 연극성의 기원은 유교적이라기보다는 불교적이고, 불교적이라기보다는 오히려 더 무속적인 것으로 느껴집니다. 왜냐하면 무속에는 '굿판'이 있기 때문입니다. 그것은 천지인이 어우러지는 공간/시간(time/space)이고, 선/악, 길/흉이 이분법적으로(binary set) 대립하다가 한쪽에 의해 다른 한쪽이 풀려 해소되는 계기(dialectical reciprocity)이고, 결과적으로 그 굿판에 참가하는 사람들을 공동체로 만드는 의례적 힘을 갖고 있지 않습니까? 한 판 굿이 혹시 한국적 사회생활의 원형이 아닌가? 이런 생각을, 강연을 들으면서, 해봅니다. 선생님께서는 무속적인 것이 한국의 문화문법에서 어느 정도로 다루어져야 한다고 보십니까? 샤머니즘은 대대문화문법의 탐구에서 어떤 비중으로 접근되어야 한다고 보십니까?

강신표 이 질문은 매우 중요한 질문이고 논의를 반드시 첨가해야 할 부분이다. '진도 씻김굿 연구'를 한 박미경 교수는 "무속이 한국문화에 끼친 영향은 유대-기독교전통이 서구사회에 미친 영향과 비교될 만하다."[05]고 단정하였다. 발표자도 이에 전적으로 동의한다. 한문자 무(巫) 자는 노래와 춤으로 하늘과 땅을 연결하는 사람이라는 뜻을 내포하고 있다. 따라서 무(巫) 의식에 종사하는 사람은 전통적으로 의사, 점쟁이, 예언자, 풍수, 무당, 주술사, 성직자, 심령술사, 예능인의 역할을 해왔다고 박미경은 지적하고 있다.

무속은 불교적인 요소를 비롯하여 유교적인 요소 등과 습합하고 있다. 대대문화문법에 있어서도 가장 핵심적인 구성 요소로 작용하고 있다고 하겠다. 질문자는 굿판의 연극의례성을 이야기하였지만, 굿의 순서, 음악과 춤, 그리고 사설에 이르기까지 "형식적 분석" 및 "범주적 사고"가 그대로 적용된다고 본다. 특히 당골(무당)과 관객들과의 관계는 BSTD를 잘 보여준다. 한국문화의 기저에 깔려 있는 원형이라는 표현으로 지적해도 무방한 존재다. 앞으로 책으로 정리할 때는 보다 자세히 이 점에 대한 논의를 첨부하도록 하겠다. 좋은 지적에 감사드린다.

4. 우리시대 문화문법은 변동하는가?

마지막 질문은 문화문법의 변동에 관한 것입니다. 21세기에 접어든 세계는 여러 문제와 변화의 국면을 맞이하고 있습니다. 우리시대는 과거의 어떤 시대와도 비교할 수 없을 만큼 커다란 변동을

---

05 박미경, 2004, 『진도 씻김굿 연구』, 계명대학교 출판부, p.9.

겪고 있습니다. 자연은 옛날의 그 자연이 아닙니다. 환경오염이 심각하게 진행되었습니다. 天地는 고통받고 있습니다. 후쿠시마의 파괴된 원자력 발전소가 막대한 양의 방사능을 쏟아내고 있습니다. 세계화는 심화되고, 자본주의 경제는 위기를 맞이하고 있습니다. 인간의 인간성도 변하고 있는 것이 아닐까요? 도덕적 규범의 힘은 약화되는 듯이 보입니다. 가족적 유대도 예전과 다릅니다. 좋은 것인지 나쁜 것인지 모르겠습니다만, 19세기의 인간과 21세기의 인간은 많이 달라 보입니다. 인간은 스스로를 초월하고자 합니다. 인간은 기계와 정보테크놀로지와 과학기술로 새로운 존재로 변화하려는 욕망을 드러내고 있습니다. 이런 상황에서 선생님께서는 대대문화문법의 미래를 어떻게 보십니까? 이런 급격한 변화 속에서도 대대문화문법은 유효하게 지속될까요? 아니면 선생님께서 보시기에 어떤 변화의 징후들이 이미 등장했나요? 문법의 변동을 어떻게 읽어내야 하겠습니까?

강신표　마지막 질문은 우리 시대의 문화문법은 변동하고 있는 것이 아닌가? 대대문화문법의 미래를 어떻게 보는가, 유효하게 지속될 것인가, 변화의 징후가 이미 등장하지 않았는가? 문법의 변동을 어떻게 읽어내야 할 것인가? 라는 매우 근원적인 질문들을 제기하였다. 이에 대한 발표자의 답변은 매우 "이중적"이다. 즉 변동의 "입장"에 서서 논할 수 있고, 반대로 장기지속의 "입장"에 서서 논할 수도 있다고 본다. 그러나 어느 한쪽을 선택해 보라고 한다면 문화문법은 쉽게 변하지 않는다고 보는 "입장"이다. 물론 문화문법도 장기적으로 변화의 과정을 거치지 않을 수 없다. 그러나 심층적인 변화는 오랜 세월을 요한다고 본다. 한국인이 한국말을 사용하는 한 그러하고, 우리말의 저변에 한자의 잔재를 벗어날 수 없다는 전제 하에서는 더욱 그러하다. 표면상으로는 많은 변화의 조짐이 나타나고 있다. 그 구체적인 징후를 말하라면 "영어"와 "기독교"의 영향을 들 수 있다. 정보화시대의 인터넷의 기본용어가 영어라는 점은 매우 중요하다. 학문도 국제적인 기준을 따라야 하는데 그 헤게모니는 서구인들이 가지고 있다. 그러나 한자권의 중국의 세력도 앞으로 달라질 것이다. 따라서 이러한 상황 속에서 어느 "입장(변화를 중심으로 볼 것인가, 아니면 불변성을 초점으로 할 것인가)"에서 바라보고, 분석할 것인가의 문제는 연구자의 "선택"의 문제라고 본다.

이훈상

전통 문화담론의 창출과 그에 대한 자전적 민족지에 대한 몇 가지 소견 ―人學, 대대문화문법, 우리 사회의 문화인류학적 성찰에 대한 토론―

1. 들어가기

누구나 그렇게 느끼고 있겠지만 이 강좌에서 다루는 논제들은 매우 다양하고 광범위하며, 발표자 강신표 선생님의 평생에 걸친 지적 여정과 고민을 담고 있다. 하나하나가 긴 시간을 두고 논의하여야 한다. 발표 내용 중 일부는 토론자의 공부가 모자라서 충분히 이해할 수 없는 것들도 있다. 그런데 이들을 토론자는 제한된 시간에 논의하여야 한다. 결국 소중한 고민과 생각을 단순하게 정리하거나 그 성과를 충분히 논의하지 못할 수밖에 없다. 토의에 앞서 이렇게 양해를 구한다.

토론자는 토의의 장을 다음과 같이 마련하여 보았다. 먼저 선생님의 중요한 작업 가설 중 일부에 대하여 역사 연구자로서 좀 더 생각을 보탰으면 하는 것이다. 이어 한국 전통 문화의 특질로 간주한 것들에 대하여 이것은 많은 사회에서 찾아지는 보편적인 것이 아닌지 생각해 보았다. 세 번째로는 대대문화문법이 대대문화문법으로 성립할 수 있는 또 다른 원리로서 양극성의 중재 원리와 그 방식에 주목하였다. 마지막으로는 1960년대 이후 산업화, 도시화 속에 대응하면서 출현한 전통문화 담론의 역사적 의미에 대하여 토론자 스스로가 찾아야 할 해답을 오히려 선생님에게 여쭈어 보았다. 이어 토론문을 작성하면서 메모했던 것도 그냥 수록하였다. 산만하고 시간에 쫓겨 완결하지 못했지만, 누구라도 '더불어' 해답을 찾기를 바라는 마음에서이다.

선생님께서는 인제대학교로 자리를 옮기면서 '너'에 해당하는 토론자와 뒤늦게 만났다. 제자도 후배도 아닌 두 사람이 뒤늦게 만나서 대학원 수업 등에서 '더불어' 팀티칭도 하면서 즐겁고도 다양한 배움의 장을 펼쳤다. 아마도 많은 연구자들이 부러워할 그러한 자리를 갖게 된 것은 토론자의 행복과 행운이다. 나이의 차이가 때로는 벽이고 경계일 수 있는(선생님의 표현을 빌린다면 '급수'일 수도 있는) 한국의 상황에서 기대하기 어려운 지적 교유였다. 이 자리가 본인이 누린 그러한 소중함을 모두가 나누어 갖는 또 다른 의미도 있었으면 좋겠다.

강신표 흔히 발표자는 토론자를 추천할 때 같은 분야의 학자들을 찾게 된다. 이는 전공 분야가 같기 때문에 연구하는 대상과 방법상에 공유하는 것이 많아서 서로간의 소통과 토론이 용이하고, 결과적으로는 서로 간에 나누어 가지는 것이 비교적 만족스러운 경우가 많다. 이에 비해 전공 분야가 다른 학자와 토론을 하게 될 때는 서로 간에 많은 장벽을 넘어야 하고, 소통상에 어려움도 많다.

그러나 연구 수준을 심화시키거나, 새로운 시각을 찾아 나서는 경우에는 자기의 전공 분야를 넘어 다른 연구 분야 학자들과 학제적 연구가 필수적이다. 현대 학문의 주요 경향 중 하나는 다른 분야와 공동연구를 통해서 새로운 "융합" 내지는 "통합"적 접근을 시도하는 것이다.

이훈상 교수는 발표자와 전공이 다른 역사학자다. 그러면서 이훈상 교수는 인류학적 연구에 많은 관심을 가지고 연구하고 있는 학제적 연구자의 대표적인 학자라 할 수 있다. 사실 인류학은 역사학의 훈련을 절대로 필요로 한다. 이 자리에 토론자로 참석하고 있는 함한희 교수도 학부에서 역사학을 전공하였기에 다른 인류학자들과 다른 면모를 많이 보여주고 있다. 발표자도 상대적으로는 학제적인 접근을 많이 시도하고자 노력하지만 다른 분야의 전공자와 토론을 할 때 먼저 많은 것을 배우게 된다. 오늘 이훈상 교수의 토론문을 접하고 많은 것을 생각하게 되었음을 먼저 고백해야 할 것 같다.

그것은 먼저 공시적 접근을 우선시하는 학문과 통시적 접근을 우선시하는 학문 상호간에는 일차적으로 보완적인 관계를 수립하고자 하는 노력이 선행되어야 함을 절실하게 느끼게 한다. 발표자는 현시점에서 한국문화 전통이라고 규정할 수 있는 내용을 연구하고 있다면, 토론자는 역사학자로서 그러한 문화전통이 언제부터 존재한 것인가를 먼저 살펴야 할 것이 아닌가 하고 질문한다. 인류학도 한때 어떤 사회제도의 역사적인 기원에 관하여 많은 연구를 하였다. 그러나 상대적으로 역사학자들의 노력에 비하면 "민족지적 현상태"라는 시점을 상정하고 사회문화적 행위를 중심으로 설명하고자 한다.

발표자의 내용에 대하여 토론에서 제기한 문제들은 많은 연구를 통하여 답변해야 하는 내용들이다. 그러나 문제제기로서 이훈상 교수의 질문은 발표자의 내용을 정교화하는 데 필요한 많은 것을 제시하고 있다고 하겠다. 다음에 발표자는 답변 가능한 것을 중심으로 몇 가지만을 간단히 논해 보도록 하겠다.

2. 한국사의 지평에서 본 한국 전통 문화의 출현과 '한국' 전통 문화론

이야기에 앞서 토론자는 역사학을 전공하는 연구자의 시점에서 이 강좌 내용을 접근하고 분석하고 있다는 점을 이야기하고 싶다. 통상적인 역사 연구들이 그렇듯이 모든 현상을 시간에 따라 변화하고 형성되는 것으로 파악하며 따라서 지속성과 단절은 늘 중요한 관심의 대상이 된다. 이러한 전제 아래 토론자는 이 강좌에서 중심을 이루고 있는 한국의 문화 전통에 대한 논의와 관련하여 이것이 언제부터 생겨나고 발전하였는지 보다 거시적인 구도에 대한 물음부터 생각하여야 한다고 보았다.

　이른바 한국의 문화 전통이라고 상상하는 것은 대체로 조선후기 그러니까 17세기 이후 형성되기 시작한 것으로 상정한다. 정치, 경제, 사회 그리고 문화 등 거의 모든 영역에 걸쳐 변동이 일어났고 이들이 상호 상승 작용을 일으키면서 각 영역 내부의 변화일 수도 있는 것이 변동으로 확장되었다. 조선왕조의 건국 이후 성리학에 입각한 사회 문화의 재편을 위한 집요한 노력에도 불구하고 이것을 주형으로 한 구조적 재편이 이루어진 것은 이렇듯 두 차례에 걸친 전쟁 이후였던 것이다. 많은 이들이 유구한 역사를 가졌다고 생각하는 현대 한국사회에서의 한국 문화 전통이라고 하는 것은 한국의 긴 역사에 비추어 시간적으로 그렇게 오래된 것이 아니라고 할 수 있다.

　이 같은 가설을 전제로 할 때 현대 한국사회에서 어느 것을 한국의 문화 전통으로 간주하여야 하는지, 나아가 이들 사이에 어느 것을 좀 더 비중 있게 다루어야 하는지는 여전히 논의가 있을 수 있다. 예를 들면 한국에서 불교의 오랜 전통에도 불구하고 조선후기 이후 지배적 가치를 형성하지 못했는다는 것을 고려할 때 이것을 다른 것과 등가적으로 다루는 것이 타당한지 의문이 들 수 있다. 무속도 여기에서는 길게 다루지 않았는데 아마도 해당 분야 연구자 중 이 부분이 빠진 것을 적절하지 못하다고 생각할 것 같다.

　한편 어느 누군가는 이른바 '한국 불교'라는 담론이 출현할 때부터 한국의 문화 전통이 만들어졌다고 보고 여기에서부터 이야기를 시작할 수도 있다. 이 경우 식민지기의 불교를 주목하여야 한다. 구체적으로는 '조선불교'의 출현이 그것인데 여기에는 일제 연구자들의 담론과 여기에 대한 한국인들의 대응 논리가 상호 작용하면서 만들어졌다. 따라서 만약 한국의 전통문화가 '한국 불교'를 기반으로 한 담론이 출현할 때부터 형성된다고 가정할 때 '전통'은 한국인 자신의 자기 문화 규정만 아니라 타자의 시선과 상호 의존 관계에 있다고 할 수 있을 것이다. 요컨대 전통은 이른바 근현대를 배경으로 근현대의 노스탤지어로서 창출되는 개념이기도 하지만 이와 동시에 타자의 시선과 상호 의존하고 대응하는 문화적 구성물이라고 정의할 수 있다.

이 같은 추론이 타당하다면 토론자는 전통 문화의 특성에 대한 논의는 단지 현상적으로 두드러진 특성을 적출하여 분석하고 의미를 부여하는 것과 더불어 타자의 시선에 대응하고 의존하여 가는 관계라는 이야기를 하고 싶다. 그렇지만, 이 글에서 이 같은 타자의 시선은 충분히 논의하지 않은 것 같다.

강신표 첫째, 토론자는 한국 문화 전통이라고 "상상"하는 것이 조선후기 즉 17세기 이후에 형성되기 시작한 것으로 상정한다고 하였다. 그리고 유교적 성리학이 지도 이념으로 한국사회를 지배하기 시작한 것도 임진왜란과 병자호란 이후에 가능했다고 본다고 하였다. 불교를 중심으로 이를 논의한다면 고려시대와 조선조가 다를 뿐 아니라 일제 식민지 하에서 일본 불교와의 관계 속에서 또 다른 규정이 가능하다고 하였다. 따라서 한국사에서 "한국 전통 문화"의 출현을 어느 시기로 어떻게 규정하고 논의해야 할 것인가라는 근본 문제를 제기하였다.

이러한 질문은 바로 토론자의 연구 과제이지 발표자의 연구 주제는 아니다. 발표자가 이에 대하여 논할 수 있는 내용은 "한자의 사용 시기"가 삼국시대로 거슬러 올라간다는 점에 주목한다. 그리고 한자에 내재하는 "형식적 분석"과 "범주적 사고"라는 문화문법을 탐색하는 작업이었다. 따라서 질문자의 "상상된" 한국 문화전통은 다른 방식으로 규정하여 다른 방식으로 접근이 가능할 것이라고 본다.

3. 급수성, 집단성 그리고 연극의례성에 대한 몇 가지 생각들

강신표 선생님은 현대 한국 사회 문화에서 전통문화를 주목하면서 이를 더욱 발전시켜 '전통적 생활양식의 구조'로서 보고 "가족주의적 문화"라는 표현을 사용하여 다음 세 가지 분석적 차원으로 요약해서 정리하여 "급수성", "집단성" 그리고 "연극의례성"이라는 작업 가설을 제시하고 있다. 그리고 흥미롭고도 다양한 사례를 통하여 이것을 논증하고 있다. 다만 이것들을 한국 전통문화의 특성이라고 규정할 수 있는지 묻고 싶다. 오히려 이것은 많은 문화권에서 찾을 수 있는 다소 보편적 특질로 규정해야 하는 것이 아닌지 묻고 싶다.

먼저 급수성의 경우 일종의 사회적 구별 짓기의 표출이라고 할 수 있다. 그런데 급수성이라는 개념만으로는 선생님께서 지적한 현상을 충분히 설명하는 데 충분한 것 같지 않다. 역사 연구자의 입장에서 보면 선생님께서 지적한 현상은 분명히 전근대 한국사회의 두드러진 특성이다. 예를 들면 양반의 지위가 상대적으로 규정되는 것을 들 수 있다. 이것은 지금도 역사 연구자들에게 큰 혼란을 초래하고 있는데, 특히 그 같은 혼란은 구한말에 한국 사회를 설명하기 위하여 채용된 일본적 구별 짓기 용어인 '신분'이라는 개념으로 인하여 더욱 가중되었다. 여기에 이것이 초래한 문제를 모두 상론할 수는 없으나 바깥에서 들어와서 한국 사회를 설명하는 데 채용된 용어가 한국학계를 이토록 초토화한 다른 사례는 찾아보기 어려울 것이다. 그만큼 급수성에 대한 논의는 거대한 문제와 맞닿아 있다고 할 수 있다.

양반에 대한 오랜 연구에도 불구하고 양반이 무엇인지 잘 모르겠다고 하여 그렇다면 양반이 아닌 집단을 연구하면 양반을 알 수 있지 않겠느냐는 가설 아래 중인 연구도 새롭게 개척한 고(故) 와그너 교수의 이야기도 같은 맥락이다. 상황, 맥락, 그리고 지역에 따라 그 위상이 상대적으로 변하는 양반들의 사례는 선생님께서 지적한 일련의 현상과 사실상 부합한다. 다만 이것을 급수성이라고 일반화할 수 있는지는 다소 조심스럽다. 한국만이 아니라 다른 사회의 사회적 구별 짓기에서도 찾아질 수 있기 때문이다.

집단성에 대한 작업 가설도 한국 문화를 설명하는 데 유익하기는 하지만 동시에 한국 전통 문화의 특성으로 거론하기에는 다소 조심스런 부분이 있다. 누구라도 한국 사회보다 일본 사회를 설명하는 데 집단성이 더 잘 들어맞는다고 할 것이다(물론 여기에 대응하는 일본적 개인주의가 있다고 지적하기도 한다). 따라서 이것을 한국 사회 내지는 문화적 특성으로 논의하는 것은 조심스럽다. 집단성은 매우 복잡한 개념일 수 있다. 오히려 두터운 연망의 작동이 더 부합할지 모른다. 개인적으로는 연망 중 분절(segmentation)보다는 절합 구조(articulation structure)라는 개념이 더 적절할 것이라고 생각한다. 이것은 대나무 마디와 같이 상호 연관되어 있으면서도 각기 분절되어 있는 것을 지칭하는 개념인데, 분절만 가지고는 한국 사회와 같이 모두가 얽혀 있으면서도 소집단들로 분립된 현상을 동시에 설명하기는 어려울 것 같다.

연극의례성도 이것을 전통문화의 두드러진 특성으로 치환하는 것은 조심스럽다. 연기나 연행도 일종의 사회적 역할이라고 할 수 있는데, 이것을 한국 전통 문화의 특성으로 정의하는 것이 가능할까? 연극의례성이라는 규정과 관련하여 다음 이야기를 생각하는 것도 필요할 것 같다. 그것은 일제시대 지식인이 자신의 과제를 설정하기 위한 한국의 사회 문화에 대한 엇갈린 진단인 동시에 향방이기도 하다. 예를 들면 유치환은 당시 한국사회에서 연극 문화가 발달하지 못했다는 입장에서 서구 근대극의 도입과 발전에 연행을 주력하였다. 반면 송석하는 한국(당시 조선)에 연극이 없다고 하는 일본 연구자의 이야기에 반발하여 민속극에 주목하였다. 양자의 진단과 향방은 이렇듯 달랐다. 일본에 유학한 경험을 가진 두 사람은 두 사회를 비교할 수 있었다. 그러나 이렇듯 달랐다. 그 차이에도 불구하고 한국에서 상설 연행은 사실상 찾기 어려우며 대신 농경세시의 절기에 따른 연행이 이루어졌다.

이 같은 역사적 배경이 타당하다고 할 때 연극의례성을 강조하는 입장에서 연행 문화의 희소성은 어떻게 설명하여야 할까? 물론 연극의례성을 통하여 현대 한국사회에서 전통문화에 기초한 표출 방식을 논의하는 것은 가능할 것 같다. 다만 이것을 현대 한국사회 속의 전통문화라고 규정하는 것은 다소 망설여진다. 나아가 '성(性)'이라고 하여 일종의 사물의 본질을 지칭하는 어법이 적절한지도 확신이 서지 않는다.

강신표 둘째, 급수성, 집단성 그리고 연극의례성에 대한 지적은 모든 문화권에 적용되는 "보편적 특질"로 규정해야 하는 것이 아닌가라고 질문하고 있다. 이에 대하여 발표자는 그런 가능성은 있다고 하겠다. 그러나 발표자가 강조하고 싶은 점은 "한자라는 표의문자"가 사용되는 문화권에서 적용되는 내용을 중심으로 논하고 있다. 발표자가 미국 하와이에 있는 동아시아 이주민과 백인들의 이에 대한 태도를 비교했을 때 엄청난 차이점을 나타내고 있었다. 예를 들어 "영어권"에서 생활하는 사람들과는 근본적인 차이점을 발견할 수 있었다.

토론자는 집단이라는 개념보다 "연줄망"(이훈상 교수는 '연망'이라고 하였음)이라는 개념이 보다 적절하지 않을까라고 하였다. 이러한 논의는 현대 포스트모던 사회학 및 인류학에서 논의되고 있는 내용이다. 즉 이 분야에서 "사회"라든가 "집단"이라는 용어를 쉽게 사용해 왔는데, 실제로 그러한 실체가 어디에 존재하느냐를 문제 삼고 있다. 현실적으로 우리가 관찰할 수 있는 것은 "인간 관계의 연줄망"일 뿐이라고 한다. 인문사회과학의 연구에서 어려움은 자연과학과 달리 사용하는 개념과 용어가 "일상 언어"에서 비롯하고 있다는 점이다. 따라서 학문 분야에 따라서, 또는 학파에 따라서 제각각 통용되는 것을 달리하고 있다. 발표자는 "이론은 간결해야 한다"는 원칙에 따라 "급수성, 집단성, 연극의례성"이라는 "분석 개념"을 발표자의 "입장"에서 하나의 설명체계로서 활용하고 있다. 이것은 어디까지나 발표자의 이론이다.

그리고 토론자가 "연극의례성"을 "연기(演技)나 연행(演行)"과 연관지어 논의하고 있는데 이는 발표자의 분석 개념과는 무관한 것이다. 천성산 KTX 터널을 뚫음으로써 도롱뇽의 생태환경을 파괴한다고 지율스님이 청와대 앞에서 단식투쟁을 하자, 국무총리가 이를 중지하도록 방문하고, 또 다른 행태로는 새만금 매립지 반대 환경운동에 "삼보 일배" 같은 행진을 어떻게 설명할 것인가를 찾는 가운데 연극의례성이라는 개념을 찾아낸 것이다. 이러한 내용은 발표자의 발표문에 자세히 언급하고 있다.

4. 대대문화문법과 중재 원리의 중요성

한국의 대대문화문법과 관련된 논의를 통하여 토론자는 자신의 개성이라고 간주했던 것이 실제로는 한국사회에서 오랫동안 축적되고 작용하여 온 문화적 특질의 한 부분임을 적지 않게 깨달았다. 아마도 많은 이들이 한자와 유교 등을 토대로 한 동아시아의 문화와 일상생활과의 친화도 다시 한 번 되돌아보았을 것 같다. 그리고 한자 문화권이라는 거시적인 문화적 풍경을 설명하는 개념 틀로서 대대문화문법의 유용성도 그렇다.

다만 토론자는 이 대대문화문법이 상정하는 양극성 및 그 전개 방식과 관련한 다양한 사례와 논증에도 불구하고 이 같은 이분 구도가 많은 문화권에도 적용되는 것이 아닌가라는 생각을 여전히 떨칠 수 없다. 오히려 이 점은 선생님께서 훨씬 더 많은 사례를 알고 그 차이를 논의할 수 있을 것 같다. 여기에 대한 이야기를 기대하면서 토론자는 오히려 어느 문화권의 특질과 상호 차이는 양극성을 상정하는 것만으로는 충분하지 않으며 오히려 이 같은 양극성이 관계를 맺는 방식에 주목하는 것이 필요하지 않을까 이야기하고 싶다. 그리고 경(經)과 권(權)의 관계도 그중 하나라고 할 수 있다.

절충과 타협은 정명(正名)이 정명으로 존재하는 근거가 되어 놀랍게도 전근대 유교 문화권의 본질을 구성하는 것이 되었다. 그리고 제도적으로나 이념적으로 이것을 보장하였다. 이러한 점에서 토론자는 절충이나 타협 방식이 서구의 그것과 구분되는 문화적 특질을 설명할 때 오히려 더 유익한 지표가 아닐까 이야기하고 싶다. 그리고 이 같은 측면에 집중하여 역사적으로 이것이 작동하는 것에 대한 연구들이 시작되고 있다. 어쩌면 지금까지 유교에 관심을 가진 연구자들이 지나치게 경전 자체에 집중하면서 유교가 실제 현실과 관계를 맺는 또 다른 방식을 지나치게 간과한 것이 아닌가 생각될 때가 있다. 토론자의 생각은 이 점에서 발표자의 생각과 상통하는 점이 적지 않다. 다만 또 다른 측면을 설명하는 적극적인 원리를 고려하고 그 의미를 부여할 때 대대문화문법이라는 작업가설이 역동성을 갖게 될 것이라고 이야기하고 싶다.

강신표 셋째, 토론자는 대대문화문법의 "양극성 및 전개방식"이 다양한 문화권에 적용된다는 것에 관하여 좀 더 심층적인 분석을 요한다고 하였다. 그러나 그것은 그 다음의 과제요, 발표자의 연구한계를 넘어선다. 다만 경제와 정치권력과의 관계 속에서 대대문화문법의 구체적인 작동 방식을 논해보는 것이 의미 있을 것 같다는 제안에는 동의한다. 이와 아울러 다음과 같은 지적도 유념할 만하다.

절충과 타협은 정명(正名)이 정명으로 존재하는 근거가 되어 놀랍게도 전근대 유교 문화권의 본질을 구성하는 것이 되었다. 그리고 제도적으로나 이념적으로 이것을 보장하였다. 이러한 점에서 토론자는 절충이나 타협 방식이 서구의 그것과 구분되는 문화적 특질을 설명할 때 오히려 더 유익한 지표가 아닐까 이야기하고 싶다.

절충과 타협에 대한 논의를 한국 문화 전통에서 검토할 때 오히려 정명(正名)이 正名으로 존재하게 되는 근거가 될 수 있을 것이라는 지적은 매우 흥미로운 지적이다. 발표자가 보다 더 구체적인 역사적 사례를 가지고 논의하게 된다면 이를 좀 더 정교화시킬 수 있겠으나 이번 발표에서 다룰 수 없는 것을 유감으로 여긴다. 다만 절충과 타협이라는 것이 서구 개인주의 사회문화적 전통에서와는 근본적으로 다를 것이라는 추론은 가능하리라고 본다.

5. 산업화, 도시화 그리고 전통문화 담론의 역사적 의미

한국에서 전통 사회 체제가 급격하게 해체하기 시작한 것은 1960년대라고 논의되고 있다. 식민지기의 다양한 충격이나 변화에도 불구하고 조선왕조로부터 이어진 역사의 지속성은 그만큼 강인하다고 할 수 있다. 그렇지만 여기에는 지속적으로 이어진 전통 창출 작업도 크게 작용하였다. 그렇지만 산업화와 더불어 진행된 도시화 등은 전통 창출에서 필요로 하는 근간을 해체하였다고 할 수 있다.

선생님의 농촌과 전통문화에 대한 관심은 긴 안목으로 볼 때 바로 이러한 산업화와 도시화가 급격하게 진전될 때 이루어졌다고 할 수 있다. 산업화와 도시화의 첫 단계는 이향과 농촌의 피폐였으며 여기에 대한 따뜻한 시선과 사회 문화적 대응이 곧 발표자 강신표 선생님의 지적 여정의 출발이라고 생각된다. 요컨대 전통과 문화의 합성어인 전통문화와 이를 둘러싼 담론은 근대화론의 또 다른 모습이라고 할 수 있다. 이제 40여 년이 지난 시점에서 이 같은 담론은 무엇에 기여하였을까? 산업화와 도시화에 따른 한국 사회의 긴장이나 균열을 막는 데 전통문화론은 어떠한 작용을 하였으며 그 의미가 무엇일까? 어쩌면 토론자가 스스로 찾아야 하고 의미를 부여하여야 하는 이 물음에 대하여 오히려 발표자에게 묻고 싶다.

여러 가지 생각들의 모음

- 풍부한 물음 자체가 그리고 설령 아주 상식적인 것이라 하더라도 묻는 것 자체가 절실하게 느껴질 만큼 과거의 지적 자산을 현재로 갖고 오는 것은 힘겨운 작업이라고 느꼈다. 그렇지만 번민과 노고에 대한 대가는 크지 않은데 이러한 절실함은 어디에서 오는 것일까?
- 왜 현재 전통문화에 대한 담론이 호소력을 갖지 못하는 것일까? 단순히 전통의 창출과 같은 논의로 전통이 실체 대신 이미지로 자리 잡았기 때문일까? 오히려 발전국가의 목표를 강력하게 추진할 때 한국의 전통이 무엇인가에 대한 물음은 강력한 힘을 가질 수 있었다. 그렇지만 이것과 분리되면서 힘을 상실한 것은 아닐까.

- 한국의 전통과 문화를 모색하는 흐름이 자칫 자민족중심주의로 전락할 가능성이 크며 이것은 각별히 한국학 하는 연구자들 사이에 두드러진다. 이 점에서 벗어난 것은 놀랍고 주목할 만하다. 그 형평 감각은 어디에서 나오는 것일까?
- 무엇이 한국의 특성인가를 논의하면서 아직도 같은 한자권의 중국과 어떻게 구분하고 있는지, 나아가 이 같은 접근 방식이 얼마만큼 유효한지 더 많은 생각이 필요하다.
- 지금 현재 선생님의 지적 곤경이 무엇인지도 묻고 싶다. 아직도 설명이 되지 않아서 답답한 것이 무엇인가 하는 것이다.
- 인학과 인치의 전통 사이의 유사성을 전제로 할 때 인치의 한계를 넘어서야 하는 과제를 인학은 과연 달성할 수 있을까?
- 문화의 본질화: 아마도 본질을 추구하는 작업이라기보다는 사실상 한국 문화를 만드는 작업일 것이다. 종종 사물의 본질을 추구하는 작업이 실제로는 본질을 만들어가는 작업일 수 있다. 이 점에서 이번 강좌의 의미는 어떻게 자리매김할 수 있을까?
- 한국을 한자문화권으로 포섭하여 접근하는 노력은 매우 당연하며 중요하다. 다만 한글 세대들에게 잘 어울리지 못하고 때로는 전혀 무관심한 논제일 수도 있다. 이미 한문과 거리가 멀어지는 현실 속에서 과거의 문화를 어떻게 현재의 지적 자산으로 치환할 수 있는지 매우 상식적이지만 다시 한 번 묻고 생각을 나누고 싶다.

– 선학들이 중시했던 것을 이해하고 밝히는 것이 과연 한국의 새로운 미래를 만드는 것으로 곧 이어진다는 가설이 과연 적절한 것인가? 오히려 없었거나 무시했던 것이 왜 필요한가를 역설하는 노력이 더 필요한 것이 아닐까? 예를 들면 이(理)와 이(利)의 관계에서 이(利)를 철저하게 무시해 왔던 문화 전통에서 이(利)를 인정하는 것이 얼마만큼 어려웠으며, 지금도 그런가? 이러한 과거에 대한 비판적이면서 창의적인 상상력이 과연 전통문화에 대한 분석과 적출만으로 가능할까? 아직도 이(利)를 둘러싼 담론은 합리적인 배분 원칙을 만들어가는 환경을 조성하지 못하고 있으며 이 점에서 전통문화와 어떻게 창의적 긴장 관계를 만들어가야 할까?

강신표 마지막으로 토론자는 "여러 가지 생각들의 모음"이라는 제목하에 발표자의 강의 내용에서 보다 더 심화시켜 보아야 할 여러 가지 문제 제기를 다각도로 시도하였다. "문제는 해답보다 중요하다"는 말은 철학자 화이트헤드(Alfred North Whitehead)의 말이다. 이러한 내용들은 토론자가 발표자에게 베푼 귀중한 선물로 여기고 앞으로의 연구에 참고로 하겠다는 언급으로 간단히 답변하고자 한다. 토론자는 이러한 문제에 대한 논의를 하고 싶었는데 시간관계로 문제 제기만 한다고 하였다. 문제 하나하나가 또 하나의 논문 주제라고 하겠다. 발표자는 이에 감사한다.

강연 참가 청중의 질문

다음 질문들은 강연에 참여한 청중들이 강연을 수강한 이후 던진 질문들이다. 사무국에서는 원활한 토론회의 진행을 위해 청중들의 질문을 취합·정리하여 요약하였다.

질문 1: 인문학을 종교학과 연결시켜 해석해 주세요.

답변 1: 좋은 질문입니다. 흔히 인문학을 "문사철"(문학, 사학, 철학)을 중심으로 한 학문이라고 합니다. 종교와 종교학은 구별되지요. 종교는 "믿음"이라는 신앙과 결부되어 있고, 이를 연구하는 것은 기독교의 경우 "신학"과 연결됩니다. 그러나 종교학은 그 근본이 신학과 달리 "비교 종교"를 학문적으로 연구합니다. 이러한 경우에 종교학은 문학과 역사학과 철학 및 사상 등과 연결되어 있습니다. 따라서 종교학은 인문학의 중요한 핵심을 이루고 있다고 하겠습니다.

질문 2: 강신표 교수님의 일상생활과 전공이 어떻게 조화를 이루고 있는지요?

답변 2: 발표자의 개인적 일상생활이 인류학(인학)이라는 전공과 어떻게 "조화"를 이루느냐는 문제는 오히려 어떤 "관계"를 유지하느냐의 문제로 풀이해 볼 수 있을 것입니다. 첫 번째 강의에서 언급하였듯이 자기 전공에서 비롯한 "입장"은 언제나 함께합니다. 인간이라면 누구나 자기가 살아온 과거와 현재 하고 있는 작업에 따라 "입장"의 내용이 달라질 것입니다.

발표자는 공부하는 사람입니다. 발표자에게 공부는 어떤 "화두"를 언제나 쥐고 있어야 하는 것입니다. 그 점에서 발표자는 일상생활에서 "견문"(보고 듣는 것)하는 모든 것을 연구 대상으로 여기고 있습니다. 그러한 자세가 꼭 "조화"로운 것이냐고 묻는다면 모르겠습니다. 왜냐하면 객관적으로 어떤 것이 "조화"로운 것이냐에 대한 기준은 없기 때문입니다. 그러나 그렇게 살아온 사람은 그렇게 사는 것이 하나의 "습관"이 되어 있습니다. 그 습관은 피할 수 없습니다. 이른바 자기 자신의 "업보"입니다.

질문 3: 선생님의 〈대대문화문법〉은 중국적 사고에 기반한 것입니다. 지난 세월을 통해서 우리는 중국 문화의 영향을 받은 것은 사실이지만, 그 영향은 표면적일 뿐 토착화에는 이르지 못했다고 생각합니다. 왜냐하면 중국적 사고의 핵심은 "극단을 피하고 점진적으로 중용의 길을 실천한다"이지만, 한국인의 사고는 "극단을 선호하고 양극단을 통해서 결과적으로 중용을 이루는 것" 같습니다. 중국적 사고는 한국인의 심성과는 아직도 큰 괴리가 있고 또 중국적 사고는 다른 문화에서는 수용하기 어려운 독특하고 독불장군식의 측면도 있다고 생각합니다. 즉 보편적인 성격은 적다고 생각합니다. 선생님의 생각은 어떠신지요? (이태형 님)

답변 3: 대대문화문법이 중국적 사고에 기반하고 있다는 것은 옳은 지적입니다. 다만 그 "중국적"이라는 것이 "한자"의 영향에서 기인한다고 발표자는 정의했습니다. 그리고 중국의 영향이 한계가 있다는 지적도 옳습니다. 그래서 질문자가 지적하는 "보편적인 성격은 적다"는 생각 역시 일리 있다고 봅니다. 이와 관련하여 발표자가 첫 시간에 강조했던 강의 내용에서 "세상은 보는 대로 있다"는 말을 상기시키고 싶습니다. 즉 발표자는 "한자 내에 존재하는 형식적 구조"가 동아시아 사람들의 사고방식에 중요한 "변수"로 작용하고 있다는 "관점"에서 논의를 해보고 있습니다. 분명히 질문자와 발표자 사이에는 "입장"의 차이만 있을 뿐입니다.

발표자는 차이점을 찾는 것은 무한히 존재한다고 봅니다. 질문자가 제기한 특성만이 아니라고 봅니다. 발표자의 입장은 그러한 점들을 논하기 전에 어떤 "공분모"라도 먼저 밝혀 보는 작업이 선행해야 한다고 여길 뿐입니다.

질문 4: 강신표 선생님께 가장 큰 영향을 준 고전텍스트 3권과 선생님의 생각과 가장 거리가 먼 고전텍스트 3권을 알고 싶습니다.

(이태형 님)

답변 4: 이 질문에 대한 답변은 생각할 수 없습니다. 발표자는 고전이라는 책보다는 "사람", "살아 있는 사람"에 대하여 더 많은 관심을 가지고 있습니다.

질문 5: 우리 문화의 성격 중, 복잡한 것을 싫어하고 단순한 것을 선호하며 이 단순성을 순수성으로 미화해서 결국은 과도한 극단적 성격까지 몰고 가는 측면이 항상 우려됩니다. 이러한 성향은 개인의 실체를 인정하고 개인 간의 건전한 관계를 도모하는 것이 아니라, 개인의 존재를 무시하고 전체로의 과도한 융화를 추구함으로써 일종의 전체주의적인 성격, 근본주의적인 성격으로 발현될까봐 언제나 우려됩니다. 구체적으로는 상대방에 대한 과도한 비하, 무시, 경멸 그리고 욕설의 사용을 친분의 표현으로 보는 것, 지나친 겸양어의 사용을 통한 과도한 자기비하 등이 있으며, 조선왕조의 성리학적 근본주의, 북한의 주체사상, 박정희 대통령의 리더십 등도 하나의 예일 것입니다. 선생님의 생각은 어떠신지요? (이태형 님)

답변 5: 발표자는 질문자의 이러한 "규정"에 조심해야 한다고 여깁니다. 질문자의 표현대로 그런 측면이 "다소" 있습니다. 그러나 그것이 전부는 아닙니다. 그러나 이렇게 단정적으로 이야기할 때 오히려 많은 문제를 일으킨다고 봅니다. 즉 이른바 "실체"보다 "명명"(이름을 그렇게 붙이는 행위)이 중요하다는 뜻입니다. 세상은 그렇게 간단히 정의할 수 없다고 봅니다. 발표자는 이러한 규정을 함부로 이야기하는 "위험"을 지적하고 싶습니다. 그보다는 새로운 시대에 필요한 자세를 스스로 "실천"하는 것이 더 필요하다고 봅니다.

발표자의 생각이지만 한국인 우리들은 무의식적으로 "자기 비하"적인 생각을 많이 가지고 있는 것 같습니다. 각자가 자기 위치에서 옳다고 판단되는 것을 묵묵히 실천하는 것이 더 중요할 것 같습니다. "자기비하"적인 발상은 "일제 식민지하에서" 세뇌된 "마음의 상처"(트라우마)라고 생각합니다.

질문 6: 왜 인문학을 해야 합니까? 너무 광범위한 화두인 것 같습니다만 선생님이 짧게 요약해서 한 말씀 해 주십시오. 확실하게 머리를 딱 치는 경구 한 말씀 기다립니다.

답변 6: 왜 인문학을 해야 하느냐고요?! 그런 것 없습니다. 우리의 삶은 물질로만 만족하지 않고, "의미"를 따지고 찾고 있습니다. 왜 공부해야 합니까? "정신운동"이 필요합니다. 발표자는 첫 시간에 다음과 같은 이야기를 했습니다. "정신운동은 '친숙한 것에 의문'을 던지는 것이다"라고.

어린아이들은 질문이 많습니다. 호기심의 발로입니다. 정신운동이 활발합니다. 호기심이 없다면 인문학도 필요 없습니다. 인문학의 핵심은 과거의 표현으로 "견문을 넓히는 공부"입니다. "확실하게 머리를 딱 치는 경구"는 자기 자신이 깨닫는 것이지, 다른 사람에게 기대하는 것은 있을 수 없습니다. 있다면 그 말을 질문자가 "중요한 경구"로 스스로 만드는 것입니다.

질문 7: 본 강연은 "홀로와 더불어"의 대대문화문법 이론으로 현존하는 문화현상을 논리적으로 정리하는 의미가 있었습니다. 그러나 한자문화권을 중심으로 모든 해석이 국한되어 있다는 것이 조금 아쉬웠습니다. "양자론"이 과거의 한국 문화 문법을 설명하는 데 용이했으나 요즘은 다원화된 한국사회에서 한민족의 문화가 혈통에 따른 원초적 특성이나 더욱 복잡해지는 문화지도를 어떻게 설명하실 수 있는지요? 한민족의 다원화된 혈통에 따른 문화적 특성에 대해 3가지(집단성, 급수성, 연극의례성)로 설명할 수 있으신지요? (김보희 님)

답변 7: 모든 설명은 한계를 가집니다. 세상에 모든 것을 설명할 수 있는 이론이나 "관점"은 존재하지 않습니다. 그리고 발표자는 한자에 내재하는 '형식적 구조'가 아직도 무의식적으로 작용하고 있다는 점에 한정해서 논의를 전개했습니다. 오늘날 다문화 시대, 정보화 시대, 세계화 물결 속에, 과거와 같은 형식적 구조가 "설명력"을 많이 잃은 것도 사실입니다. 그러나 역사는 역사입니다. 과거는 잊혀진 것 같지만, 그 흔적은 무의식의 심층에서 작용하고 있다는 것이 발표자의 "입장"입니다. 파레토가 말하는 "잔존물"로 분명 존재합니다.

질문 8: 19세기 말 이후 서구문화를 받아들인 후 한민족의 문화 문법에서 문화변동을 가장 많이 일으킨 구체적인 예를 말씀해주세요. (김보희 님)

답변 8: 급수성, 집단성, 연극의례성 등에서 구체적인 내용상에 많은 변화를 가져왔습니다. 예를 들면 급수성에서는 반상(班常)의 구별이 과거처럼 심하지 않게 되고, 집단성에서는 색목(色目)의 지표는 많이 약화되었고, 연극의례성은 상대적으로 여러 차원에서 많이 약화되었다고 하겠습니다. 이런 식으로 구체적인 예는 질문자의 판단 속에서 스스로 찾아보시기 바랍니다. 이른바 패러다임 속에서 여러 다른 항목으로 대체되었을 뿐이라고 생각합니다.

질문 9: "대대문화문법"은 한자문화권에서 설명될 수 있지만 동아시아의 영역을 벗어나서 세계문화권에서의 문화적 특성은 어떻게 설명될 수 있나요? (김보희 님)

답변 9: 이에 대한 답변은 발표자의 연구 범위를 넘는 것입니다. 오히려 『생각의 지도』(리처드 니스벳 저, 최인철 역, 2004, 김영사)를 참조하시기 바랍니다. 문화심리학자가 밝혀낸 동서양 사람들의 "생각의 차이"(문화적 특성)에 대한 여러 가지 논의들에서 질문자가 찾는 해답을 구할 수 있으리라 여겨집니다.

질문 10: "대대문화문법" 용어의 의미가 "양자론"과 다른 점이 무

엇입니까? (김보희 님)

답변 10: "양자론"이라는 단어가 오히려 불분명하군요. Quantum theory(양자론)를 말하는지, "이분법"을 말하는지요? 대대문화문법은 분명 "음양론적인 이분법"을 논하고 있습니다. 다만 "음양론"이라고 했을 때 중국철학의 모든 사상을 관통하는 내용이고 동시에 다양한 용례에 적용되는 내용이기에, 대대문화문법은 "형식적 분석"에 한정하여 사용한다는 뜻으로 발표자는 사용하고 있습니다.

질문 11: "급수성", "집단성", "연극의례성"을 극복할 수 있는 인류학자로서의 제안은 무엇입니까? (김보희 님)

답변 11: 이러한 문법을 극복할 수 있는 방법은 없다고 봅니다. 오히려 이를 극복한다고 할 때 역으로 이러한 "함정"에 빠질 더 큰 위험에 직면하게 된다고 봅니다. 우리에게는 주어진 상황에서 어떻게 행동하는 것이 적절한가를 스스로 "성찰"하는 자세만 요구되는 것이 아닌가합니다. 동시에 이러한 세 차원의 분석적 논의가 필요한가도 먼저 성찰하는 자세가 요구됩니다.

질문 12: 유교와 불교의 영향을 받은 한국 문화의 특성을 잘 들었습니다. 200여 년전에 서양에서 들어온 기독교 문화에 대한 선생님의 의견을 듣고 싶습니다.

답변 12: 좋은 질문입니다. 그러나 이러한 질문에 대한 발표자의 생각은 서양을 이해하는 데 기독교가 그 핵심이라고 봅니다. 그런데 우리는 이러한 기독교에 대한 심층적인 이해를 하기에는 한계가 있습니다. "홀로와 더불어" 기독교 생활 속에 사는 한국인과 비기독교 한국인 사이에는 또 다른 벽이 있습니다. 이 벽은 "넘을 수 없는 벽"이기도 하고 "넘어야 할 벽"이기도 합니다. 기독교는 한국 문화 전통의 수정과 변환에 엄청난 역할을 하고 있습니다.

신앙은 개인적 선택의 문제입니다. 이를 객관적으로 논하고 평가하는 일은 일면적인 차원에 머물 뿐입니다. 다시 말해서 긍정적인 면과 부정적인 면이 함께합니다. 다원적인 사회와 다원적인 문화 상황 속에서 기독교는 "관용적 사고"를 필요로 하는 것이 아닐까 여겨집니다. 그러나 한편으로 한국 기독교만이 세계에서 유일하게 번창일로에 있다는 것이 기독교 연구자들에게 중요한 연구과제로 등장하고 있습니다. 그리고 상대적으로 한국이 유일하게 "다종교"가 "평화적 공존"을 하고 있다는 평가를 받고 있다는 점을 상기시켜 드리고 싶습니다. 그뿐 아니라 가톨릭의 경우는 역사적으로 한국인이 스스로 가톨릭을 공부하여, 외국인 신부를 초빙한 유일한 나라이고, 또한 순교자와 복자를 가장 많이 출생시킨 나라이기도 합니다.

질문 13: 우주를 음양사상으로 구분하는 원리는 우리 생활에 얼마나 영향을 끼치고 있는지 알고 싶습니다.

답변 13: 발표자는 한국인의 사고방식에 "범주적 사고"가 지배적이라고 강의하였습니다. "우주를 음양사상으로 구분"하는 원리는 우리 생활에 "무의식"적으로 많이 작용하고 있습니다. 그러나 21세기 정보화 시대는 "정보의 대전환기"입니다. 따라서 그러한 구분 원리가 약화되어가는 모습을 보이고 있기도 하고, 그 반대로 "재활성화"되는 면도 보입니다. 즉 "문화 콘텐츠"로서 적극 활용되어 가는 모습도 보입니다.

질문 14: 한시의 대구도 짝짓기와 관계가 있습니까?
답변 14: 물론입니다. 시(詩)는 물론이오, 서화(書畵)도 그러합니다.

질문 15: 우매한 질문이지만, 조카가 친숙한 삼촌에게 여쭤보는 것 같이 받아 주십시오. 사람이 자리를 만듭니까? 아니면 자리가 사람을 만드는 겁니까? 인생의 연륜과 학식이 높으시니 지혜의 말씀을 듣고 싶습니다. 고맙습니다.
답변 15: 두 가지 다 맞는 말입니다. "시대가 영웅을 만드는가, 아니면 영웅이 시대를 만드는가?"를 한번 생각해 보십시오. 유능한 사람은 그 자리를 유용하게 활용합니다. 반대로 무능한 사람은 임기 기간만 채우고 떠나는 경우도 봅니다. 국민의 혈세로 그 자리의 봉급을 지불한다면 유능한 사람을 찾아 앉혀야겠지요. 그래서 옛날부터 "인사(人事)가 만사(萬事)"라고 하였습니다. 사람을 잘 다스리면 만사가 형통하게 된다고 하였습니다. 재상(宰相)의 재 자는 "잡을 재"입니다. 작은 손칼로 뼈의 살점을 깨끗이 잘라 낸다는 뜻으로 "인재를 적재적소에 배치"하는 능력을 가진 자를 말합니다.

질문 16: 신영복은 사회주의자로서 통혁당 사건으로 20년 20일을 감옥 생활을 했습니다. 그러한 사람을 주제로 강의하신 뜻은 무엇인지 말씀해 주시면 감사하겠습니다. (심상철 님)

답변 16: 발표자는 신영복 교수를 개인적으로 잘 압니다. 그가 "통혁당 사건"에 관련되었다는 것은 군사 정권하에서 일부 조작된 하나의 정치적 음모와 관련됩니다. 발표자는 "인간 신영복"을 존경합니다. 20년 20일을 감옥에서 보낸 그의 삶이 "깊고 넓은 정신적 수련"을 한 것으로 보입니다. 그의 글쓰기와 그의 글씨 및 그림이 그러합니다. 그의 글과 서화를 읽고 음미해 보시기 바랍니다. 그의 책과 그림은 제2주 강의 시간에 소개하였습니다.

질문 17: 중화인민공화국에서는 유교를 유학이라 불렀다고 하셨습니다. 오늘날 우리는 유교, 유학을 함께 쓰고 있습니다. 유교, 유학, 성리학, 주자학이라는 명칭은 각각 누가 언제부터 처음으로 사용하였는지요?

답변 17: "유학"은 중국 본토가 사회주의 국가로 수립되던 1949년부터 공식적으로 사용하였습니다. 이는 사회주의 국가는 종교를 허용하지 않는다는 국가 정책에서 비롯됩니다. 유교는 2,500년 전 공자 시대부터 유가(儒家)로 시작하였습니다. 송나라 때 주자가 유교와 불교를 종합하여 신유학(新儒學) 또는 성리학을 정립합니다. 이를 주자학이라고도 합니다. 조선왕조의 통치이념은 바로 이 성리학이었습니다.

질문 18: 서양인의 사유방식 근저에는 이분법적 사고(육체와 영혼 등)가 있다고 들었습니다. 선생님이 말씀하시는 대대문화문법과는 무엇이 같고, 다른지요?

답변 18: 레비스트로스 같은 인류학자는 인간 사고의 심층에는 이분법이 기본이라고 하였습니다. 그러나 이름은 같은 이분법이지만 내용은 다른 이분법입니다. 좋은 예가 시간(時間) 개념에서 서양에서는 하나님의 "천지 창조에서 시작해서 최후의 심판으로" 이어지는 직선적인 관념으로, 시작과 종말의 이분법입니다. 그러나 대대문화문법의 전통적 동아시아 사람들은, 60갑자의 순환론적인 시간개념을 가지고 있습니다. "돌고 도는 과정"이 있기에 "둘이면서 동시에 하나"라는 사고방식입니다. 이 점이 같고 다릅니다. 발표자의 형판과 변환에 대한 논의를 다시 생각해 주시기 바랍니다. 즉 일즉다, 다즉일(一卽多, 多卽一)입니다.

질문 19: 서울 올림픽 중계 분석표에 일본 방송국은 없는데 어떤 특별한 이유가 있는지요? 손기정에 대해 어떻게 언급했는지 궁금

하군요.

답변 19: 우리 국제공동연구팀에 일본 학자를 찾지 못했을 뿐입니다.

질문 20: 공자가 동이족(한민족)이라는 입증, 문헌 및 자료 등에 대해 다시 한 번 강의를 요망합니다.

답변 20: 공자가 동이족이라는 표현으로 말미암아, 한민족이라는 주장들이 많습니다. 공자는 노(魯)나라 사람입니다. 한민족이라는 주장은 지나치다고 봅니다. 다만 우리가 유념해야 할 점은 옛날에 오늘날 같은 국가와 국경 개념이 존재하지 않았습니다. 그렇다고 공자가 한민족이라는 주장은 성립하지 않습니다. 이런 주장을 하는 어떤 분은 중국 지명에서 한국에 있는 지명과 같은 이름이 나오면 모두 동이족이 살던 곳이라는 주장까지 펼칩니다. 중국의 "동북공정"과 같은 발상입니다.

질문 21: 중국에서 공자의 '유교' 사상이 다시 일어난다고 합니다. 현실 대한민국에서는 어떻게 받아들여야 좋을까요. 그 필요성에 대해 좋은 말씀 부탁합니다.

답변 21: 중화인민공화국은 초기에 마르크스-레닌의 공산주의 이념을 추종했습니다. 서양 제국주의와 대항해 전쟁하면서 그러하였습니다. 그러나 이제 중국은 세계 제2의 대국이 되었습니다. 그리고 자기문화 전통에서 새로운 시대의 자기 정체성을 찾고자 합니다. 여기에 유교 사상이 재활성화되는 것입니다. 그것은 자기들의 문화전통에 대한 자신감의 발로이기도 합니다. 우리 이웃나라의 바람직한 태도라고 발표자는 봅니다. 서양 기독교 문명, 중동의 이슬람 문명과 더불어 중국 문명도 그 한몫을 해야 한다고 봅니다. 한국에서 『논어』, 『도덕경』 등의 중국 고전에 대한 새로운 붐이 일고 있습니다. 그 속에는 조선조의 선비 학자들이 즐겨 인용하던 "지혜"가 있기 때문일 것입니다.

질문 22: 요즘은 한국의 정치 현상은 한국의 마지막 발전의 과제라고들 합니다. 인류학자의 입장에서 이 정치의 행태의 원인과 한국의 미래 사회에 관하여 평하실 수 있는지요? 고견을 듣고 싶습니다. (김정윤 님)

답변 22: "마지막 발전"이라는 것은 존재하지 않습니다. 오히려 '중요한 과도기'라 하겠습니다. 따지고 보면 '과도기' 아닌 적이 없습니다. 한 가지 분명한 것은 한국의 경제 발전은 세계가 놀라는 기업인들이 있어서 가능했습니다. 정치에서는 시대적 변화에 적절한 정치 지도자를 부분적으로 만났습니다. 대한민국 국회는 구태의연합니다. 대대문화문법이 지배적입니다. 그러나 우리는 "민주화"를 향해서 엄청난 변혁을 거쳐 왔습니다. 과도기는 언제나 다음 단계를 열어주는 단계입니다. 그 점에서 우리는 또 하나의 단계로 나아가는 과정에 처해 있는 것은 틀림없습니다. 우리는 새로운 세대에 대한 희망을 가져야 합니다. 일부는 절망하기도 하지만, 우리에게는 '교육받은 인재'가 많습니다. 따라서 여기에 희망을 걸어야 합니다.

질문 23: '인학'과 '대대'란 말이 너무 생경한 것이 아닌가요? '인간학', '음양'을 대신해야 할 이유는 무엇인가요. '문지기', '모서리 차기' … 그리고 '셈본', '세포(또)꼴' 등의 용어와 같은 길로 가지 않으려면 무엇을 하실 것입니까?

답변 23: '인학'과 '대대문화문법'이라는 용어는 학문적 용어일 뿐입니다. 전문분야에서 이러한 용어가 의미하는 것은 일상용어로서의 의미와는 다릅니다. 전문적인 설명을 드린다면, 한국 학계가 외국의 이론에 너무 민감하고, 이를 맹목적으로 수용해서 한국 사회를 설명하려는 자세에 대한 일종의 "반론"입니다. 다시 말해서 학문적 "토착 이론화" 작업의 실험적 시도입니다. 한국 사회와 문화는 한국의 문화전통과 사상에 기초하여 설명해야 한다는 "입장"을 제시한 것입니다. 한중일 동아시아 삼국의 사회학자 또는 인류학자 가운데 발표자의 이론 같은 독자적인 이론화 작업은 시도된 적이 없습니다. 그 점이 발표자가 시도하고 있는 작업입니다.

질문 24: 서지문 교수는 「망나니가 공자를 논하다니」라는 글을 중앙일보에 기고하였습니다. 대부분 전문가들은 김용옥의 논어 연구를 높이 평가하지 않는데, 강 교수님은 "도올을 하늘이 보낸 것은 한국의 복"이라고 극찬하셨는데, 몇 가지 이유를 밝혀 주시면 이해에 도움이 되겠습니다. (한문선 님)

답변 24: 한마디로 발표자도 서지문 교수의 지적에 동감합니다. 그러나 학문은 다양한 해석이 공존해야 합니다. 한국 사회에는 모두가 같은 소리만을 내기 바쁩니다. "다양한 해석", 또는 "독자적인 해석"은 필요합니다. 제2주 강의 때 지적한 바이지만 김용옥 같은 학자가 한국 사회에 출현할 가능성은 없다고 생각합니다. 그만큼 별나고 특이한 존재입니다. 정말 기적에 가까운 출현입니다. 그의 단점도 많습니다. 때로는 망나니 이상입니다. 그러나 또한 공부도 참 많이 했습니다. 『동양학을 어떻게 할 것인가』, 『독기철학: 최한기 연구』 등은 그의 중요한 연구 업적입니다. 동양학을 대중화하는 데 그의 공헌은 부정할 수 없습니다. 한마디로 그의 좋은 점을 귀하게 여기지 못하는 풍토가 아쉽습니다. 모든 것에는 긍정적인 면과 부정적인 면이 함께 가기 마련이라고 생각합니다.

(강연자 추기: 한문선 님이 읽었다는 서지문 교수의 글을 답변을 쓴 후 찾아서 읽어 보았습니다. "김용옥을 위한 변명" 중앙일보, 2005.5.8. 그런데 이 글은 김용옥 교수를 매우 긍정적으로 평가한 글이더군요. 조울증 같은 병세가 그 같은 다소 이상한 행동을 하게 한다고 하지만, 그분의 학문적 공헌에 대해서는 높게 평가하고 있었습니다. 조선일보가 서지문을 인용하여 김용옥을 나쁘게 평한 것에 대한 "변명"의 글이라고 하였습니다.)

질문 25: 서울올림픽 개최 의의를 인학과 대대문화문법에서 고찰했을 때 공통점과 상반되는 관점에서 조화 내지는 이율배반적 성격을 설명하여 주시기 바랍니다.

답변 25: 서울올림픽의 개폐회식을 준비한 분들이 발표자의 "대대문화문법"을 활용한 것이 아닙니다. 그러나 인학의 대대문화문법으로 발표자가 풀이하였을 때 외국학자들이 서울올림픽을 이해하는 데 많은 도움을 받았다고 합니다. 인류학자들은 문화문법을 연구함으로써 행동의 표층을 넘어 심층에서 작용하는 행위 문법을 찾아내려고 합니다. 마치 언어학자들이 우리들이 사용하는 언어의 밑바닥에서 문법을 찾아내는 것과 같은 것입니다. 어떤 언어문법 이론이 언어의 모든 것을 설명하는 것은 아닙니다. 모든 이론은 설명의 한계를 지닙니다. 따라서 이율배반적인 측면도 찾아낼 수 있을 것입니다. 발표자는 자기의 "입장"에서 설명해 본 것입니다.

질문 26: 하늘과 땅의 사고체계는 우리 민족이 고대로의 천자문에서부터 우리 일반 대중의 서민적 생활에 뿌리를 내려왔다고 보는데, 현대 우리들의 일상생활에서 하늘과 땅이 어떻게 재해석되고 원용되고 있는지 사례 중심으로 쉽게 설명하여 주시기 바랍니다.

답변 26: 하늘과 땅은 "짝"의 개념으로 존재합니다. "짝"을 따지는 것은 사방에서 발견됩니다. 남녀노소, 상하좌우, 동서남북, 시방삼세, 명실상부, 동문서답 등 많은 것을 들 수 있습니다. 제3주차 강의에서 한국 애국가의 내용이 바로 바다(동해 물)와 산(백두산)의 "짝"으로 존재한다고 하였습니다. 하늘과 땅은 한자 세계에서는 비유, 또는 은유의 출발입니다.

질문 27: 날조와 은폐의 소질이 개입된 가공의 역사가 된다고 하셨는데, 그 메타 디스코스의 성격은 무엇인지요? (이충식 님)

답변 27: 역사는 "역사"라고 정리된 역사입니다. 그 역사가 말하고 있는 "과거의 현장"에는 우리가 갈 수 없습니다. 역사는 역사가의 역사관에서 비롯합니다. "사실주의"라고 "사료"에 근거한다고 하지만 여전히 "역사가의 관점"이 사료를 선택하게 합니다. 메타 디스코스는 논의의 밑바닥에 "암암리에 전제하고 있는 관점"을 전제하고 있다는 지적입니다. 이른바 영어로 hidden assumption이라고 하겠습니다. 표면에 드러나지 않은 "숨은 전제"를 논하게 됨을 말합니다.

질문 28: 서양의 이분법과 우리나라의 이분법을 구별해 주시고, 그 핵심적인 차이점은 무엇인가요? (이충식 님)

답변 28: 위의 질문 18번의 답변으로 대신하겠습니다.

질문 29: 현재 한국 문화 인류학의 현주소는 어디입니까?(어떤 형태로 한국 사회에 존재하는가?)

답변 29: 현재 문화인류학과가 존재하는 대학은 강원대를 비롯하여 10개이고 고고학 및 민속학과 함께하는 경우도 있습니다. 한국문화인류학회는 1958년 창립되어 2008년 50주년 행사를 가졌습니다. 초기에는 국문학을 전공하시는 분들이 한국민속 특히 무속연구를 중심으로 시작하였습니다. 임석재, 이두현, 임동권, 장주근 선생님 등을 들 수 있습니다. 중요한 공헌이 있다면 무형문화재 제도를 수립하고, 무속을 전통 문화재로 보호하게 하는 데 중요한 공헌을 하였고, 전국 민속 종합보고서 등을 작성하였습니다. 그 후에 민속학은 문화인류학에서 분리되어 나갔고, 고고학도 독자적인 학회를 구성하여 나갔습니다. 그러나 민속 연구는 일제하에서부터 이능화, 최남선, 송석하, 손진태 등에 의하여 일찍부터 시작되었습니다. 이는 일본제국주의 식민정책의 일환으로 행해진 조선민속조사 사업에 대한 저항적인 운동의 일환이었습니다. 1970년대 이후 미국에서 훈련된 인류학자들이 새로운 방법론으로 한국에 소개하기 시작했습니다. 국내 특히 농촌사회 연구로부터 도시, 산업현장, 기업연구 등으로 확대되고, 1990년대 들어와서 일본, 중국 동남아, 중동 이슬람권 등 외국에 대한 연구자들이 늘어나고 있습니다. 세계화 시대, 다문화 사회에 있어 문화인류학적 관점과 이해는 현대인들에게 필수적인 지식으로 인식되고 있습니다.

질문 30: 동양 3국(한, 중, 일)에서 베스트셀러로 전해오는 삼국지, 수호전 등이 현재의 우리들에게도 큰 영향을 주고 있는데[처세, 권모

술수, 도모(모사) 등], 이에 대해 인학적인 측면에서 본 선생님의 견해와 논평을 부탁드립니다.

답변 30: 이러한 고전들은 바로 발표자가 분석해 낸 대대문화문법을 잘 표현하고 있는 내용들이라고 하겠습니다. 문법은 무의식 속에 있고, 그래서 그 문법에 합당한 이야기들은 이해하기 쉽고 동시에 홍미를 더 가미하게 됩니다. 처세, 권모술수, 음모 등의 밑바닥에는 급수성, 집단성, 연극의례성이 깔려 있습니다. 따라서 이런 "베스트셀러"는 곧 전통 문화문법을 재확인하고 재인식시키는 역할을 하게 된다고 보겠습니다. 이같이 소설의 내용은 전통을 재활성화시키는 기본 기제이기도 합니다.

현실의 모순을 폭로하는 소설도 있지만, 삼국지와 수호전은 전통적인 "문화문법"의 좋고 나쁜 실례들을 다양하게 표현해 놓았기 때문에 오랜 세월동안 많은 독자들이 존재한 것입니다. 특히 우리가 유의해야 할 점은 동아시아 한, 중, 일 삼국의 독자들이 공통적으로 오늘날까지도 좋아하고 있다는 것은 동아시아 문화문법이 공유되고 있다는 좋은 사례라고 하겠습니다. 좋은 질문입니다.

많은 분들이 좋은 질문을 하여 주서서 감사드립니다. "질문 없는 학생은 가르칠 수 없다"고 하였는데 여기 질문한 청강생들에게는 무엇인가 얻은 것이 있었으리라 믿습니다. 동시에 이러한 답변을 통해서 발표자도 보충설명을 할 수 있었던 것에 감사드립니다.

임석재 학술상 수상 소감

강신표

(고려대학교 민족문화연구원, 연구교수)

임석재 선생님을 존경하고 따르던 후학이 한국문화인류학회 2016년도 임석재 학술상을 수상하게 되어 얼마나 좋은지 글로 이루 다 표현할 수 없습니다. 특히 임석재 선생님의 따님, 임돈희 교수와 서랑 Roger Janelli 교수가 선친의 뜻을 이어받아 한국문화인류학의 발전에 물심양면으로 연구와 지원을 아끼지 않고 있는 점에 감사를 표합니다. 이는 두 세대에 걸친 한국문화인류학 연구발전에 대한 사랑이고, 한국과 미국 두 나라를 아우르는 글로벌 협력의 표현으로 임석재 학술상이 존재하는 것 같습니다. 학술상 심사위원님들께 감사드립니다. 특히 본인은 2년 전 임석재 학술상 시상식 때 Nancy Abelmann 교수를 대신해서 수상하였기에 오늘 이 자리는 연속해서 두 번의 임석재 학술상을 받는 영광을 누리게 되었습니다.

바로 전 10월 25일은 저의 81세 생일날이었습니다. 그날 밤 우리

학회 회장 유철인 교수로부터 임석재 학술상을 수상하게 되었다는 통고를 받았습니다. 지금까지 결과를 알려주지 않아서 수상의 영예는 다른 사람에게 돌아갔을 것이라고 여기고, 28일 29일 양일간 경북 경산 하양에서 열리는 "한국 전통상례문화 국제학술회의"에 참석할 계획이었습니다. 생일 날 밤의 이 수상 소식은 나에게 많은 상념에 젖게 했습니다. 이 기회는 저에게 처음이고 마지막 수상 기회라고 여겼습니다. 나이 80세에 3년 이내의 저작물을 낸다는 것은 쉽지 않습니다. 그리고 나의 오랜 연구 작업은 한국문화인류학회 후학들로부터 별로 관심을 끌지도 못했습니다. 그러하기 때문에 이 수상 소식은 나의 연구가 최소한 우리 학회로부터 "의미 있는 연구"라는 공인을 받는 계기라고 봅니다. 비로소 학회 차원의 평가를 받는 기회를 얻었다는 것이 고마울 뿐입니다.

따라서 임석재 학술상 수상 소감을 이 상의 추천서를 작성해 주신 최협 교수님의 추천서를 소개하는 것으로 대신할까 합니다. 이 추천서 속에는 최 교수의 절대적 지원 속에 작성·정리된 강신표의 그동안의 학문적 행적과 이번에 수상하게 된 책의 문화인류학적 평가가 있기 때문입니다. 이를 읽고 소개하는 가운데 본인이 가미하고 싶은 점을 구두로 보충 설명하도록 하겠습니다.

2016년도 임석재 학술상 후보추천서

추천인 **최협** (전남대 교수, 전 한국문화인류학회장)

한국문화인류학회가 창립된 지 반세기를 훌쩍 넘겼다. 그동안 인류학계는 괄목할 만한 양적 성장을 이루었다. 이러한 인류학의 양적 성장이 한국사회에 대해 갖는 함의는 무엇일까? 한국인류학의 목표와 방향은 무엇이며 어떠한 정체성을 갖는 것일까? 반세기의 역사를 축적한 한국의 인류학계가 이제 성찰의 시간을 가져야 할 때가 온 것 같다.

어느 나라건 그 나름의 학문적 전통이라는 것이 있기 마련이다. 한국에서의 인류학의 출발에는 민속학을 공부하는 분들의 역할이 컸고, 그러한 역사적 사실이 한국의 인류학이 모양을 갖추어 가는데 영향을 미쳤다. 초기 문화인류학회의 주요 창립멤버들이 민속학 연구자들이었다는 사실이 이를 말해 준다. 1958년 한국문화인류학회가 창립될 때 초대회장으로 추대된 임석재 선생은 일제의 민족문화말살정책에 맞서 민족문화를 지켜내는 한 방편으로 민담과 설화의 수집에 전념하셨던 분이다. 중학교 교사로 재직하면서 그 누구의 요구나 지원도 없이 시작했던 그 작업을 선생께서는 일생을 통해 손을 놓지 않았다. 아마도 한국문화인류학회의 창립도 민족문화연구는 민속학을 넘어서 보다 더 포괄적으로 접근하는 것이 필요함을 간파하였기 때문에 관여하셨을 것이다. 선생이 심혈을 기울여

수집한 자료는 수십 년간의 축적과 정리를 거친 후에야 요란스러운 팡파르 없이 조용히 출판되기 시작하였고, 때문에 자칫 영원히 사라질 뻔했던 우리의 전래민속은 선생이 가신 오늘에도 남아 우리 사회와 후학들에게 공히 귀중한 보물이 되었다.

그에 비하면 오늘날 만나는 우리들의 어떤 모습은 부끄럽기만 하다. 인류학을 한다는 것이 그저 직업이며, 서구의 이론과 방법을 비판 없이 베끼는가 하면, 학문을 수단 삼아 개인적인 영달과 하찮은 명예를 우선시하는 생활인들이 넘친다. 확실히 우리 학계는 그동안 '한국에서 인류학을 왜 해야 하는가?'라는 한국인류학의 목적(know-why)에 관심을 쏟기보다는 인류학의 기술적이고 도구적인 측면의 연마(know-how)에 치중해 왔다. 이는 문제의식의 부재와 방향감각의 상실이 오늘의 한국인류학계를 풍미하고 있음에 다름 아니다. 그렇다면 지금 필요한 것은 한국인류학에 대한 전반적인 성찰이 아닐 수 없다.

이상과 같은 문제의식을 바탕으로 2016년도 임석재 학술상의 후보로 강신표 선생의 『우리 사회에 대한 성찰적 민족지: 대대문화문법과 한국의 문화 전통 연구』(2014)를 추천하고자 한다. 이 책은 한국 사회와 문화를 어떻게 진단할 것인가를 일생의 화두로 삼아 고민하고 사색해 온 한 인류학자의 성찰적 학문여정을 담고 있다. 그런 점에서 이 저술은 그동안 많은 저술들이 답습해 온 서구인류학의 방법론적 모방을 넘어서 깊은 자기성찰을 통한 새로운 방향의 모색을 내포하고 있다. 이러한 성찰을 통해 본 저술은 한국의 인류학이 세계인류학계를 향하여 대안적 목소리를 내고, 더 나아가 새로운 목표와 방향을 후학들에게 제시해 준다.

앞으로 다가올 새로운 50년 동안 한국의 인류학은 어떤 학문이 될 것인가? 새로운 세대가 활동할 21세기는 도전과 기회로 가득 차 있다. 강신표 선생의 성찰적 민족지에 관한 사려 깊은 논의는 한국인류학의 새로운 방향 정립에 의미 있는 길잡이 역할을 해 줄 것이다.

2016년도 임석재 학술상 후보자 및 저서 소개

강신표 교수(이하 존칭 생략)는 서울대학교 사회학과를 졸업하고, 같은 대학원에서 사회학 석사학위를, 그리고 미국 하와이 대학교에서 인류학 박사학위를 취득했다. 특기할 일은 그의 박사학위논문 "The East Asian Culture and Its Transformation in the West: A Cognitive Approach to Changing World View among East Asian Americans in Hawaii"의 일부는 하와이 대학 구조주의인류학 분야의 우수논문으로 추천되어 미국인류학회에 발표하게 되었다는 것이다. 그의 연구는 지금도 그 연속선상에 있다. 강신표는 서울여자대학교, 서울교육대학, 영남대학교, 이화여자대학교, 한국학중앙연구원 한국학대학원, 한양대학교, 인제대학교 등에서 인류학이라는 신생학문이 한국의 대학에 뿌리를 내리는 데 큰 역할을 담당했으며, 탁월한 강의와 논문지도 등을 통하여 후학양성에 힘썼다. 강신표는 또한 한국문화인류학회 회장, 미국 시카고 대학교[01]와 미네소타 대학교 풀브라이트 Senior Scholar, 바르셀로나 오토노마 대학교 올림픽석좌교수, 일본 교토 국제일본문화연구센터 객원교수, 타이완 다예대학교 국제객좌교수, 카자흐스탄 al-Farabi Kazakh National University의 International Chair Professor of Multi-cultural Studies 등을 역임하며 한국인류학의 국제화와 인류학 발전에 커다란 족적을 남겼다.

강신표는 지금 80세의 나이에 자신의 학문적 화두를 들고 계속 공부하고 있다. 그 화두는 한마디로 한국 사회과학(문화인류학 및 사회학)의 새로운 방향 모색이다. 외래적인 학문의 전통을 한국문화 전통에 기초한 새로운 대안적 학문 전통을 수립하려는 것이다. 때가 되면 이러한 전통은 자연스럽게 정립되어 나가게 될 것이다. 그러나 누군가 이를 독려하는 작업이 필요하다. 서양 학문과 동아시아 학문의 차이는 역사와 문화가 다르고, 더 나아가 사용하는 언어 문자가 다르다는 데서 기인한다. 그는 이러한 점을 고민하며 그의 작업을 계속하고 있다.

---

01 강신표는 시카고 대학교 Center for Far Eastern Studies에서 Fulbright Senior Scholar로 있으면서 다섯 번의 공개강연을 하였고, 서화전을 열어 1,150불의 기금을 마련하여 한국학 관련 도서구입비로 기부하였다.

김광억은 2004년 "동아시아 및 동남아시아에서 인류학 성립과 토착화과정"을 논하는 자리에서 한국문화인류학의 경우를 다음과 같이 논하고 있다. "강신표가 1974년부터 한국전통문화의 심층에 존재하는 기층 원리를 이론화하려고 노력"하였다. 이 점에 대하여 네 가지 자료를 열거하고 있다.[02] "동아시아의 한국문화"(1974, 『한국문화인류학』 6: 191-194); "한국인의 전통적 생활양식의 구조에 관한 시론"(1980, 『한국의 사회와 문화』 3: 231-316); "전통적 생활양식의 구조"(1984, 『동원 김홍배 박사 고희 기념 논문집』, 서울: 한국외국어대학 출판부); 『한국문화연구』(1985, 서울: 현암사). 이어서 김광억은 다음과 같이 지적하고 있다. "그는 한국인의 인지구조를 개념화함에 있어서 이분법적 모델"(a dyadic model for conceptualizing Korean cognitive structures)을 제시하고 있다. "Levi-Strauss의 이론을 차용하여 [한국] 정치, 경제, 종교, 예술 및 기타 여러 제도들은 '이분법적 인지구조'(대대적 인지구조)에 기초한 문화문법이라는 심층에 내재하는 문화적 원리의 표현들이라고 강신표는 주장한다."[Adopting ideas from Levi-Strauss, Kang argued that politics, economy, religion, art and other institutions are manifestations of underlying cultural principles, a cultural grammar based on 'dyadic cognitive structures'(*daedaejeok injigujo*)].[03]

02   Kim, Kwang-ok, 2004, "The Making and Indigenization of Anthropology in Korea," pp.253-285 in *The Making of Anthropology in East and Southeast Asia*, eds. Yamashita, Shinji, Joseph Bosso and J.S. Eades, New York: Berghahn Books.
03   Kim, Kwang-ok, 2004, 같은 책, p.259.

사실 강신표는 1967년 미국 Hawaii 대학 인류학과에 Fulbright 장학생으로 갔을 때 Yale 대학에서 부임해 온 David Eyde 교수는 강신표의 term paper("중국세계관의 구조적 원리," "The structural principle of Chinese world-view", 1968년)를 읽고, "He is a Levi-Strauss from Korea"라고 했다고 한다. 이 term paper는 제71차 미국인류학회(American Anthropological Association) Annual Meeting에서 Ino Rossi 교수가 1968, 1969, 1970년 3년 연속 조직한 분과 "Dialectical Anthropology: Structuralism of Claude Levi-Strauss" 마지막 해의 발표논문 공모에 하와이 대학 인류학과에서 추천되어 채택되고, 발표하게 되었고, 1974년에 Ino Rossi의 책[04]에 수록되어 출판되었다. 당시 이 분과의 panelist들은 David Schneider, Stanley Diamond, John Fisher, Lawrence Krader, Jacque Macquet 등 미국인류학계의 기라성 같은 학자들이 총망라되고 있었다. 이러한 인연으로 1981년 한국정신문화연구원에서 Claude Levi-Strauss를 초청하여 "레비스트로스의 인류학과 한국학"이라는 주제로 국제학술회의를 개최하고, 한국학계에 프랑스의 유명한 인류학 석학을 초청하여 행한 학술행사를 통하여 인류학을 널리 소개하고, 아울러 한국문화를 세계에 알리는 중요한 역사적인 역할을 수행했다. 그때의 모든 학술행사와 현지조사

---

04 Kang, Shin-pyo, 1974, "The Structural Principle of Chinese World-view," in Ino Rossi, ed., *The Unconscious in Culture: the Structuralism of Claude Levi-Strauss in Perspectives*, New York: Dutton, pp.198-207.

는 기록으로 남겨져 있다.[05]

  강신표는 그의 긴 학문적 여정을 통하여 한국문화를 세계에 알리는 데 많은 공헌을 해 온 인류학자로 기억될 것이다. 특히 1988년 개최된 서울올림픽을 계기로 그가 전개했던 올림픽 문화학술운동은 한국문화를 세계에 알리는 데 공헌했을 뿐만 아니라, 세계인류학계에 그 선례가 드문 활발한 교류와 협력을 불러일으켰다는 점에서 국제적인 주목을 받았다. 이를 기념하고 기억하기 위하여 국립민속박물관은 강신표 교수가 전개한 올림픽문화학술운동 관련 자료를 한데 묶어 『세계와 함께 나눈 한국문화: 山公 강신표의 올림픽 문화학술운동(*Korean Culture and Seoul Olympic Studies; Kang, Shin-pyo: His Olympic Academic Movement*)』[06]이라는 제목의 방대한 에스노그라피적 성격의 자료집을 2010년에 출간함으로써 인류학계의 귀중한 기념비적 연구학술활동의 기록을 한국의 학계에 선물했다.

  이 자료집을 보면, 강신표 교수가 서울올림픽을 앞두고 개·폐회식, 성화 봉송 등 문화축전의 기본계획을 세워 한국문화를 세계에 알리는 작업을 성공적으로 이끌었으며, 1987년 국제올림픽 문화학술대회를 기획하여 많은 국제학자들을 초청하여 한국문화를 경

---

05 강신표 편, 1983, 『레비-스트로스의 인류학과 한국학』, 성남: 한국정신문화연구원.
06 천진기 편, 2010, 『세계와 함께 나눈 한국문화: 山公 강신표의 올림픽 문화학술운동(*Korean Culture and Seoul Olympic Studies; Kang, Shin-pyo: His Olympic Academic Movement*)』, 서울: 국립민속박물관.

험[07]하도록 하고, 1988년 서울올림픽 때는 서울올림픽 국제공동연구단을 조직하여 현지 관찰한 Ethnography를 기록으로 남겼다. 강신표는 이를 큰 자랑으로 삼고 있다.[08] 이후에도 국내외 올림픽 문화학술운동을 지속적으로 전개함으로써 인류학계의 경계를 넘어 국제교류와 협력[09]을 선도한 한국문화인류학자 강신표의 역량이 잘 드러나 있다.

이 기념비적 자료에 축사를 헌정한 다섯 명의 해외학자들의 글에서 강신표의 학문적 업적과 아울러 국제적 학술운동의 전모를 짐작하게 한다. 시카고 대학교 John MacAloon 교수는 다음과 같이 이야기하고 있다. "나는 강신표 교수님으로부터 한국의 인류학을 배웠고, 오랫동안 상호문화적 올림픽 연구를 해 왔습니다. … 그는 자국

---

07 1987년 〈올림픽과 문화교류〉 국제학술회의에 초청된 학자들을 모두 통도사로 안내하고 절에서 템플스테이하며, 새벽에 일어나 불교식 예불을 드리고 바루공양을 통한 식사예절을 체험하도록 하였다. 2000년대 들어와서 오늘날 보편화되고 있는 템플스테이를 강신표는 누구보다도 일찍이 이를 통한 한국문화 체험으로 주선하였다. 사실 그는 1981년 레비스트로스 교수를 한국에 초청하였을 때도 통도사에 일박하며 새벽예불 바루공양을 체험하도록 하고, 통도사 극락암 조실 스님 경봉 스님과 선문답을 하는 기회를 갖게 했다. 1983년 Paris에서 그를 만났을 때 이 통도사 템플스테이가 가장 인상 깊었다고 레비스트로스가 말하더라고 강신표는 전한다.

08 강신표, 1989, "Uri-Nara: Nationalism, the Seoul Olympics and Contemporary Anthropology," with John MacAloon, in *Toward One World Beyond All Barriers*, Koh, Byung-ik and others eds., Vol.1, Seoul: Seoul Olympic Sports Promotion Foundation, pp.117-159.

09 Kang, Shin-pyo, 1991, "The Seoul Olympic Games and *Dae-dae* Cultural Grammar," in *Sport: The Third Millennium*, eds., Fernand Landry, Mar Landry and Magdeleine Yerles, Quebec: Laval University Press, pp.49-63. 이 논문이 발표되던 1990년 Quebec Laval 대학 올림픽회의는 서울올림픽이 TV로 전 세계에 어떻게 중계되었는가를 9개국 중심으로 연구한 결과 발표가 있었다. 서울올림픽때 함께 연구한 팀들이다. 그리스 올림피아에 있는 국제올림픽아카데미(IOA)에 1993년과 1999년 특별 강사로 초청받았고, 1991년에는 '92년 바르셀로나 올림픽 자문위원으로 초청받아 가서 활동하였고, 1999년에는 바르셀로나 오토노마 대학 올림픽 연구소 국제석좌교수 연사로 한 달간 머물면서 여러 번의 공개강연을 하였다.

문명의 고전 교양을 갖춘 동시에 글로벌한 사회과학의 영역에서도 잘 훈련된 한국의 지식인으로서 문화인류학자입니다. … 그는 한국에 구조주의를 소개하는 중요한 역할을 하였고 … 한국의 인류학에서 그의 존재는 특이한 위치에 있습니다. 대부분의 한국 사회과학자들은 서구에서 훈련받았으나, 많은 경우 한국의 고전에 대한 전문지식을 거의 갖고 있지 않은 사회과학자들이어서 외국학자들의 이론을 도매금으로 수입하여 단순화된 자국중심적인 근대화론 관점에 매몰되어 있기 쉽습니다.

이러한 학계 풍토에 대하여 강신표 교수의 독자적 이론은 강력한 대안적 한국인류학을 제시하고 있습니다. … 한국의 엄청난 사회적, 경제적 변환은 개발이론가들로 하여금 지금까지 서양 학자들이 주장해 온 이론들을 단순히 수입하여 논의하던 내용[이었다면] … 이와 대조적으로 심층적 한국문화문법에 대한 훨씬 더 정교한 강신표 교수의 분석모델인 대대문화문법은 … 훨씬 더 설명력을 가지고 있습니다."[10]

스페인 바르셀로나 오토노마 대학 Miquel de Moragas 교수는 다음과 같이 적고 있다. "저의 대학 교수 생활 중에 강신표 교수님을 만난 것을 큰 행운으로 여깁니다. 그분으로부터 받은 인문주의에

---

10 존 J. 맥칼룬, 2010. "축사 1." 『세계와 함께 나눈 한국문화: 山公 강신표의 올림픽 문화학술운동 (Korean Culture and Seoul Olympic Studies; Kang, Shin-pyo: His Olympic Academic Movement)』, 천진기 총편, 서울: 국립민속박물관. pp.12-14.

대한 수업만큼 통찰력이 있었던 가르침은 어디에도 없었습니다."[11]

프랑스 그레노블 스탕달 대학교 Francoise Papa 교수는 다음과 같이 적고 있다. "강신표 교수님은 구체적인 연구작업을 통해 올림픽 연구분야에서 문화인류학적 접근법을 발전시킴으로써, 단순한 선구자가 아니라 일종의 지적 '척후병(éclaireur)'의 풍모를 갖고 계셨습니다. 올림픽 개·폐회식 식전행사에 대한 교수님의 예리한 분석은 올림픽 경기 이벤트를 이해하는 새로운 열쇠를 제공했고, 더욱 심층적으로는 새로운 문화적 지평을 이해하는 길을 열어 주었습니다. 또한 강 교수님은 서구 문화에 대한 매우 해박한 지식을 통해 한국문화, 더 나아가 동아시아 문명에 대한 폭넓은 이해를 갖도록 우리를 안내해 주셨습니다."[12]

끝으로 독일 마인츠 구텐베르그 대학교 Holger Preuss 교수의 이야기를 인용해 본다. "올림픽 문화교류의 중요성을 일찍이 알아차리고 이를 연구한 강신표 교수님의 공헌을 기리며, 제 개인의 학문적 성장과 활동에 미친 그분의 영향에 감사하는 뜻으로 저희는 2009년 마인츠 구텐베르그 대학교에서 열린 국제학술심포지움을 그분에게 헌정하였습니다. 심포지움의 주제는 "올림픽 운동 속의 국제주의: 국가, 문화, 인간 사이의 이상과 현실"이었습니다. 이 심포지움은 마인츠 대학교의 상호문화연구소, 독일연방공화국 내무

---

11 미켈 드 모라가스, 2010, "My Tribute to Kang Shin-pyo," 천진기 총편, 같은 책, p.23.
12 프랑소와스 파파, 2010, "Tribute to Professor Kang Shin-pyo," 천진기 총편, 같은 책, p.27.

부, 그리고 독일 올림픽 아카데미의 Willi Daume 씨와 공동주최한 국제심포지움이었습니다."[13]

강신표 교수는 수많은 저서와 논문을 발표해 왔는바, 그의 대표적인 저술을 몇 가지 들자면 다음과 같다. 『The East Asian Culture and Its Transformation in the West』(1978),[14] 『레비-스트로스의 인류학과 한국학』(편저)(1983), 『한국사회학의 반성』(1984), 『한국문화연구』(편저)(1984), 『The Olympics and Culture Exchange』(공편),[15] 『우리사회에 대한 성찰적 민족지: 대대문화문법과 한국의 문화 전통 연구』(2014). 이 외에 강신표 교수가 참여한 번역서로는 마가렛 미드의 자서전인 『누구를 위하여 무엇 때문에: 나의 인류학적 자서전』(공역)(1980), 조지 샤르보니에의 『레비-스트로스와의 대화』(공역)(1984), 낸시 에이블만의 『사회이동과 계급, 그 멜로드라마: 미국 인류학자가 만난 한국 여성들의 이야기』(공역)(2014) 등이 있다.

강신표 교수가 2014년에 펴낸 저서 『우리사회에 대한 성찰적 민족지: 대대문화문법과 한국의 문화 전통 연구』[16]는 저자가 스스로

13　홀거 프로이스, 2010, "Shin-pyo Kang, Academic Teacher and Personal Friend," 천진기 총편, 같은 책, p.31.

14　Kang, Shin-pyo, 1978, *The East Asian Culture and Its Transformation in the West: A Cognitive Approach to Changing World-view among East Asian Americans in Hawaii*, Seoul: American Studies Institute, Seoul National University.

15　Kang, Shin-pyo, John MacAloon, and Roberto DaMatta, eds., 1987, *The Olympics and Culture Exchange: Papers of the First International Conference on the Olympics and East/West and South/North Cultural Exchange in the World System*, Ansan: The Institute of Ethnological Studies, Hanyang University.

16　이 책은 한국연구재단에서 지원하는 "석학과 함께하는 인문강좌" 5기 제3강으로 2012년 4월 21일

밝혔듯이 한국사회를 어떻게 진단할 것인가라는 질문에 대한 일생에 걸친 인류학적 성찰의 기록이다. 저자는 인류학을 '인류'를 연구하는 학문이 아닌 '인간'을 연구하는 학문으로 규정하고, '인류학'이라는 용어를 대신하여 인류학을 '인학(人學)'이라 명명하면서, "토착적인 인류학"의 가능성을 탐색해 왔다. 식민통치와 해방, 그리고 전쟁과 근대화라는 격변의 시대를 관통하여 살아온 저자는 한국의 인류학, 또는 人學은 궁극적으로는 한국사회의 내일을 위한 청사진을 모색하는 과정에서 우리의 전통사상과 대면해야 한다는 점을 강조한다. 그러한 과정의 중심에는 한문자를 사용하는 사람들의 무의식 속에 존재하는 "대대문화문법"을 밝히고 분석하는 작업이 자리한다. 그래서 저자는 바로 이 "대대문화문법"을 중심으로 "우리" 사회를 성찰하는 작업을 수행해 왔다.

저자는 그의 학문적 출발점을 그의 사회학 스승인 이상백 교수의 미완성 유고 "한국인의 사고방식의 연구방법론"(1966)임을 고백한다. 여기서의 '사고방식'은 '세계관', '우주관', '인생관'과도 연관된 개념이어서 인류학에서 말하는 '문화'의 정의와 일맥상통한다. 이상백 선생은 한국인의 사고방식에 대한 연구가 한국사회와 한국인의 이해에 가장 핵심적임을 지적하고, 그에 대한 접근방법으로 비교연

부터 5월 26일까지 5주간 매주 토요일 서울역사박물관에서 강연한 내용을 수정·보완하여 〈석학인문 강좌 43〉으로 2014년 7월 서울 세창출판사에서 출간되었음. 그리고 2014년 문화관광부 〈세종도서 교양부문 우수도서〉로 선정되었음.

구방법을 제안했다. 저자가 인류학과 인류학적 방법에 관심을 갖게 된 계기가 여기서 만들어진 것이다. 저자는 그 후 1950년대 말과 1960년대 초에 수많은 사회학의 경험적 사회조사에 참가하면서, 한국인의 삶을 이해하기 위해서는 한국인의 인생관, 세계관, 우주관의 이해 없이는 그러한 사회조사들이 단순한 숫자놀이에 지나지 않는다는 것을 뼈저리게 느꼈다.

그래서 1967년 미국으로 유학을 가면서 전공을 인류학으로 바꾸었고, 이상백 선생이 그의 유고에서 제시했던 한국인의 사고방식에서 중요한 '天'의 관념의 분석을 통해 한국문화의 이해에 도달해 보고자 했다. 저자가 오랜 노력 끝에 도달한 결론은 결국 하늘(天)은 땅(地)의 "짝"으로 존재하는 것이고, 그것은 동시에 음양의 논리에 기초하고 있다. 이러한 깨달음을 통해 저자는 음양 논리에 기초한 '대대문화문법(待對文化文法)'을 전개하게 되었다. 저자는 그의 논리 전개를 다음과 같은 사실에서 출발시킨다. 즉 비록 한국사회는 그동안 급격한 변화를 겪어 왔지만, 오늘날 한국인의 일상행동 밑바닥에는 조선왕조 시대로부터 이어져 내려오는 전통적인 세계관이 "무의식의 양태"로 자리하고 있다. 바로 이와 같은 세계관이 "대대문화문법"인 것이다. 저자는 대대문화문법의 분석틀을 퇴계 이황과 남명 조식의 글들의 분석을 통해 그의 문화문법적 접근이 설명력을 가지고 있음을 증명해 보인다.

강신표 교수의 "대대문화문법"을 통한 한국인과 한국문화에 대한 접근은 급변하는 현대사회의 표층을 꿰뚫고 들어가 그 아래에 흐르고 있는 민족사회의 역사적 전통을 밝혀 주고 있다는 점에서 주목을 받을 만하다. 달리 표현하자면 급변하는 사회적 변화의 소용돌이 속에서도 발견되는 문화적 전통의 존재는 한국인의 의식 심층에 "대대문화문법"이라는 "범주적 사고 형식"이 일관되게 지속되기 때문이라는 저자의 주장을 뒷받침해 준다.

강신표 교수가 제시한 한국문화연구방법론은 마치 20세기 중반 레비스트로스가 친족과 원시적 사유에 대한 구조주의적 접근을 통하여 과거 진화론이나 기능주의자들의 문제인식의 틀 안에서는 상상할 수 없었던 새로운 통찰을 가능케 해 준 것에 비견될 만하다. 또 한편으로는, 강신표 교수는 문명사회인 한국사회와 문화의 연구에는 문자가 없는 단순사회연구를 통하여 서구인류학이 일관되게 지향해 온 참여관찰에 대한 전적인 의존에서 벗어나 동양의 문명사회가 갖는 다양한 자료를 적극 활용했다는 점에서 한국인류학방법론의 발전에 큰 영향을 끼쳤다.

두말할 것이 없이, 한국 사회는 오랜 역사적 전통을 갖는 문명사회라는 점에서 한국 문화에 대한 연구는 실로 방대한 대상 영역을 갖고 있기에, 그 연구대상 영역은 과거의 '전통'(농업사회, 민속, 샤머니즘, 불교, 유교, 공동체 등)에서 '근대'(산업사회, 기독교, 도구적 합리주의 등), 그리고 '탈근대'(정보화, 세계화, 다원성, 문화산업, 환경주의 등)에 이르기까지 광범위한 영역과 시대에 걸쳐 있으며, 이러한 구분들이 갖는 복합적 연관성을 다각적으로 규명하는 것을 포함한다. 따라서 연구의 대상 영역이 광범위한 만큼 연구의 목적과 접근 방법도 다양하게 모색되는 것이 당연할 것이다.

학설사적으로 보면, 경험과학으로서 인류학은 객관적 지식의 추구라는 목표를 갖고 있었고, 과학적 방법을 동원하여 얻어낸 지식만이 진리일 수 있다고 믿었다. 이와 같은 문화연구의 획일적 목표 설정은 실증주의적 접근이 갖는 독선적 과학관에서 기인하는바 두 가지 점에서 문제를 내포하고 있다.

첫째, 표방된 객관성의 추구를 한 껍질 벗겨 들어가 보면 드러나지 않는, 즉 숨겨져 있거나 잠재해 있는 목표가 있는 경우를 발견할 수 있다는 점이 문제이다.

둘째, 어떠한 지식이 진리인가는 간단한 답이 있는 것이 아니다. 특히 포스트모더니즘의 인식체계에서는 모든 진리란 그것이 속한 맥락에서만 유효하다고 본다. 그러므로 모든 진리는 역설적으로 전복의 대상이다. 따라서 포스트모더니즘은 어떤 점에서 우리를 전통주의(traditionalism)와 근대성(modernity) 사이의 갈등과 속박으로부터 해방시켜 주었다.

그것은 곧 우리를 전통적 결정론이나 독선적 과학주의가 요구하는 첨예한 입장의 선택으로부터 자유롭게 만든 것이다. 문화 연구에서도 이제 좁은 의미의 (그리고 때로는 독선적인) 과학적 지식의 확보가 반드시 추구해야 할 목표가 되지 못한다. 다시 말해, 문화 연구의 다양한 목표가 모색되어야 할 여건이 조성되고 있는 셈이다. 이러한 점에서 강신표 교수의 인류학은 분명 새로운 도전의 길을 열어 주고 있다. 이것이 강신표 교수의 저서 『우리사회에 대한 성찰적 민족지: 대대문화문법과 한국의 문화 전통 연구』를 임석재 학술상의 후보로 추천하는 본질적 이유이다.

이상입니다. 감사합니다.

(2016. 10. 28. 한국문화인류학회 총회, 임석재 학술상 시상식, 신한대학교)

• 참고문헌

사전
_『강희옥편』, 1976, 협신출판사,

논저
_강신표, 1984, 『한국사회학의 반성』, 현암사.
_김경일, 2001, 『공자가 죽어야 나라가 산다』, 바다출판사.
_김광규, 1983, 『우리를 적시는 마지막 꿈』, 문학과 지성사.
_김근, 2012, 『예(禮)란 무엇인가』, 서강대 출판부.
_김명진 · EBS 〈동과 서〉 제작팀, 2008, 『EBS 다큐멘타리 동과 서』, 위즈덤하우스.
_김상훈, 2007, 『패거리 문화의 해악: Crony Culture』, 세종출판사.
_김석진, 2012, 『대산 천자문 강의』, 동방문화.
_김용옥, 1992, 『石濤畵論』, 통나무.
_김용옥, 2008, 『논어한글역주 1, 2, 3』, 통나무.
_김욱동, 2010, 『번역과 한국의 근대』, 소명출판.
_김진균, 1983, 『비판과 변동의 사회학』, 한울.
_김홍중, 2009, 『마음의 사회학』, 문학동네.
_그라네, 마르셀 저, 유병태 역, 2010, 『중국사유』, 한길사.
_니스벳, 리처드 저, 최인철 역, 2004, 『생각의 지도』, 김영사.
_다이아몬드, 재레드 저, 김진준 역, 2005, 『총, 균, 쇠』, 문학사상사.
_레비스트로스 저, 안정남 역, 1996, 『야생의 사고』, 한길사.
_레비스트로스 저, 임봉길 역, 2005, 『신화학 1: 날것과 익힌 것』, 한길사.
_레비스트로스 저, 임봉길 역, 2008, 『신화학 2: 꿀에서 재까지』, 한길사.
_로살도, 렌나토 저, 권숙인 역, 2000, 『문화와 진리: 사회분석의 새로운 지평을 위하
    여』, 아카넷.

_마루야마 마사오 · 가토 슈이치 저, 임성모 역, 2000, 『번역과 일본의 근대』, 이산.

_마커스, 조지 · 마이클 피셔 공저, 유철인 역, 2005, 『인류학과 문화비평』, 아카넷.

_민두기, 2001, 『시간과의 경쟁: 동아시아 근현대사 논집』, 연세대 출판부.

_박노자 · 허동현 공저, 2009, 『길들이기와 편가르기를 넘어: 한국 근대 100년을 말한
다』, 푸른역사.

_박미경, 2004, 『진도 씻김굿 연구』, 계명대학교 출판부

_박세직, 1990, 『하늘과 땅, 동서가 하나로: 서울올림픽, 우리들의 이야기』, 고려원.

_살린스, 마샬 저, 김성례 역, 1991, 『문화와 실용논리』, 나남.

_서울올림픽 1주년 기념 국제학술대회 편, 1990, 『화합을 통한 하나의 세계』, 풍남.

_신영복, 1996, 『나무야 나무야』, 돌베개.

_에밀, 벤베니스트 저, 김현권 역, 1999, 『인도 · 유럽사회의 제도 · 문화 어휘 연구』 1,
2, 아르케.

_劉若愚 저, 李章佑 역, 1984, 『中國詩學』, 동화출판사

_유준영, 이종호, 윤진영 공저, 2010, 『권력과 은둔: 조선의 은둔 문화와 김수증의 곡
운구곡』, 북코리아.

_이기영, 1998, 『불교개론 강의(하)』, 한국불교연구원.

_이중환, 이익성 역, 1972, 『택리지』, 을유문화사.

_임희섭, 1984, 『한국의 사회변동과 문화변동』, 현암사.

_전경수, 1999, 『한국인류학 백년』, 일지사.

_정민, 2011, 『삶을 바꾼 만남: 스승 정약용과 제자 황상』, 문학동네.

_정수복, 2007, 『한국인의 문화적 문법: 당연의 세계 낯설게 보기』, 생각의 나무.

_정재서, 1999, 『동양적인 것의 슬픔』, 살림.

_정재서, 2007, 『사라진 신들과의 교신을 위하여』, 문학동네.

_천샤오밍 · 단스렌 · 장융이 공저, 김영진 역, 2008, 『근대 중국사상사 약론: 경학, 불
학, 서학으로 본 중국인의 사유 실험』, 그린비.

_천진기 편, 2010, 『세계와 함께 나눈 한국문화: 산공 강신표 올림픽 문화학술운동』,
국립민속박물관.

_최재석, 1965, 『韓國人의 社會的 性格』, 民潮社.

_캠벨, 조셉 · 빌 모이어스 대담, 이윤기 역, 2000, 『신화의 힘』, 이끌리오.

_한국문화인류학회 엮음, 1998, 『낯선 곳에서 나를 만나다』, 일조각.

_한국문화인류학회 편, 2008, 『문화인류학 반세기』, 소화.

_한상복, 1982, 『한국인과 한국문화』, 심설당.

_Abelmann, Nancy, 2003, *The Melodrama of Mobility: Women, Talk, and Class in Contemporary South Korea*, Honolulu: University of Hawaii Press.

_Bateson, G., 1958, *Naven*, Palo Alto: Stanford University Press; 김주희 역, 2002, 『네이븐』, 아카넷.

_Bellah, R. N., 1957, *Tokugawa religion: the values of pre-industrial Japan*, Boston: Beacon.

_Benedict, R., 1946, *The Chrysanthemum and the Sword*, Boston: Houghton Mifflin.

_Blau, P. M., 1964, *Exchange and Power in Social life*, New York: John Wiley.

_Bourdieu, P., 1984, *Distinction*, London: Routledge.

_Bright, W., 1967, *Toward a Cultural Grammar*, Lecture delivered at Delhi University.

_Bruner, J. S., Goodman, J. J. and Austin, G. A., 1956, *A Study of Thinking,* New York: John Wiley.

_Carson, R., 1969, *Interaction concepts of personality*, Chicago: Aldine.

_Chang Kwang-chih, 1968. *The Archeology of Ancient China*, New Haven: Yale University Press.

_Chu, T. T., 1965, *Law and Society in Transitional China*, Paris: Mouton.

_Clifford, James and George Marcus, ed., 1986, *Writing Culture: the poetics and politics of ethnography*, University of California Press; 이기우 역, 2000, 『문화를 쓴다: 민족지의 시학과 정치학』, 한국문화사.

_Creel, H. G., 1929, *Sinism: a Study of the Evolution of the Chinese Worldview*, Chicago: The Open Court Pub.

_Dumont, L., 1970, *Religion, Politics, and Society in the Individualistic Universe: The Henry Meyers Lecture*.

_Eberhard, Wolfmam 1965, *Conquerors and Rulers: Social Forces in Medieval China*, Leiden, E. J. Brill.

_Eric, Hobsbawm and Terence Ranger, eds., 1983, *The Invention of Tradition*, Cambridge University Press.

_Foster, G. M., 1967, *Tzintzuntzan: Mexican Peasants in a Changing World*, Boston: Little Brown.

_Granet, Marcel, 1959. *Dense et legendes de la Chine ancienne*, Paris, Presse universitaire de France; 유병태 역, 2010, 『중국사유』, 한길사.

_Granet, Marcel, 1934, *La pensee chinoise*, Paris: La Renaissance du Livre; 마르셀 그라네 저, 유병태 역, 2010, 『중국사유』, 한길사.

_Hsu, C. Y., 1965, *Ancient China in transition: an analysis of social mobility 722~222 B.C.*, Stanford: Stanford Univ. Press.

_Jacques Gernet, 1968, *Ancient China: From the Beginning to the Empire*, Berkeley: University of California Press.

_Kang Shin-pyo, 1972, *The East Asian Cultural and Its Transformation in the West*, Seoul: Seoul National University American Studies Institute.

_Kang Shin-pyo, John MacAloon and Roberto DaMatta, eds. 1990, *The Olympics and Cultural Exchange*, Seoul: Hanyang University Institute for Ethnological Studies.

_Kapferer, Bruce, 1988. *Legends of People, Myths of State*, Washington: Smithsonian Institution Press.

_King, R. D., 1969, *Historical Linguistics and Generative Grammar*, Englewood Cliffs: Prentice-Hall.

_Kitano, H. H. L., 1969, *Japanese Americans: The Evolution of the Subculture*, Englewood Cliffs: Prentice-Hall.

_Koh Byong-ik and others ed., 1990, *Toward One World Beyond All Barriers: Papers from the Seoul Olympic Anniversary Conference*, Seoul: Olympics Sports Promotion Foundation.

_Leach, Edmund , 1982, *Social Anthropology,* New York: Oxford.

_Lee, D., 1951, *Freedom and Culture*, Englewood Criffs: Prentice-Hall.

_Liu, James J. Y. 1962, *The Art of Chinese Poetry*, University of Chicago Press.

_Lloyd, Rudolph and Susanne Rudolph, 1984, *The Modernity of Tradition: Political Development in India*, Chicago: University of Chicago Press.

_Martin, E. M., Lee, Y. H. and Chang, S. U., 1967, *A Korean English Dictionary*, New Heaven: Yale University Press.

_Michael, Herzfeld , 1982, *Ours Once More: Folklore, Ideology and the Marking of Modern Geece*, Austin: University of Texas Press.

_Miller, G. A., Galanter, E. and Pribram, K., 1960, *Plans and the Structure of Behavior*, New York; Holt, Rinhart and Winston.

_Munro, D. J., 1969, *The concept of man in early China*, Stanford: Stanford Univ Press.

_Murphy, G. and Murphy, J. B.(eds), 1968, *Asian Psychology,* New York: Basic Books.

_Nakamura, H., 1964, *Ways of thinking of Eastern peoples: India, China, Tibet, Japan*, Honolulu: East-West Center Press.

_Nakane, C., 1970, *Japanese Society,* Berkeley: University of California Press.

_Peter L, Berger, 1964, *Invitation to Sociology: A Humanistic Perspective,* New York: Anchor Books.

_Piget, J., 1965, *The moral judgement of the child*, New York: The Free Press.

_Pye, L.W., 1968, *The spirit of Chinese politics: a Psychocultural study of the authority crisis in political development*, Cambridge: The M.I.T. Press.

_SLOOC, 1988, *Beyond all Barrierers: The Opening and Closing Ceremonies*, Seoul, SLOOC.

_Thomas, W.I. and Znanieck, F., 1927, *The polish peasant in Europe and America*, New York: Alfred A. Knopf.

_Turner, Victor , 1977, *The Ritual Process*, Ithaca: Cornell University Press.

_Tyler, S.A., (ed.), 1969, *Cognitive Anthropology*, New York: Holt, Rinehart and

Winston.

_Vygotasky, L.S., 1962, *Thought and Language*, Cambridge: The M.I.T. Press.

_Wagner, Roy, 1981, *The Invention of Culture*, Chicago: University of Chicago Press.

_Weber, M., 1951, *The religion of China: Confucianism and Taoism*, New York: The Macmillan.

_Weber, M., 1951, *The Religion of China: Confucianism and Taoism*, New York: The Macmillan 1.

_Wolf, Eric, 1964, *Anthropology, The Princeton studies: humanistic scholarship in America*, Englewood Cliffs: Prentice-Hall.

논문

_강신표, 1984,「전통적 생활양식의 구조-현대 한국사회 속의 조선전통문화」,『東園 金興培博士 古稀記念論文集』, 서울: 한국외국어대학교 출판부.

_강신표, 2004,「연결망의 '그물코'와 송호근의 녹우당」,『사회와 이론』, 5, 이론사회학회.

_강신표, 1974,「동아세아에 있어서 한국문화: 조선전통문화고(1)」,『한국문화인류학』 6, 한국문화인류학회.

_강신표, 1979,「朝鮮傳統文化에 있어서 리더십: 어른(Father man)」,『한국문화인류 학』 10

_강신표, 2006,「동북아 전통문화의 보편성과 특수성: 한국인의 시각과 입장」,『동북 아 사회문화의 보편성과 특수성: 2006년도 동북아 국제학술회의 논문집』, 경 제·인문사회연구회.

_김광억, 1984,「傳統的 生活樣式의 政治的 側面」,『傳統的 生活樣式의 硏究』下, 한국 정신문화연구원.

_김광억, 1996,「'지방'의 생산과 그 정치적 이용」,『한국문화인류학』 29-1

_김상준, 2005,「예의 기원과 유교적 안티노미」,『사회와 이론』 7

_유준영, 1984,「조형예술과 성리학: 화음동정사에 나타난 구조와 사상적 계보」, 강신 표 편저,『한국문화연구』, 현암사.

_윤택림, 1995,「지방·여성·역사: 여성주의적 시각에서 본 지방사 연구」,『한국여성

학』11, 한국여성학회.

_임태승, 2009 여름, 「定式의 聖顯 -『論語・八佾』에 나타난 유가적 형식의 상징작용 분석」, 『철학』, 한국철학회.

_임희섭, 1984, 「한국문화의 변화와 전망」, 『한국사회 어디로 가고 있나』, 한국사회학 회 편, 현대사회연구소.

_전경수, 1984, 「동족집단의 지위향상이동과 개인의 역할」, 『傳統的 生活樣式의 研究』 하, 한국정신문화연구원.

_전경수, 2011, 「'토속학'에서 '민속학'으로: 일본 인류학사에 나타난 학명의 변천과 학 문 정체성」, 『비교민속학』46.

_전경수, 2011, 「동아시아 인류학사를 어떻게 쓸 것인가?」, 한국문화인류학회, 『2011 년 하반기 학술대회 발표문집』.

_정지창, 1995, 「대구문화, 무엇이 문제인가」『대구・경북사회의 이해』, 대구사회연구 소 엮음, 한울.

_한형조, 2000, 「혜강의 기학: 선험에서 경험으로」, 『혜강 최한기』, 권오영 외 공저, 청 계출판사.

_Ajmer, G. , 1968, "A Structural approach to Chinese ancestor worship," *Bijdragen tot de Taal*, Land-en Volkenkunde, pt.124.

_Barth, F. , 1966, "Models of social organization," *Royal Anthropological Institute: Occasional Paper*, No. 23.

_Bateson, G. , 1942, "Some Systematic Approaches to the Study of Culture and Personality," *Character and Personality*, Vol. 11.

_Befu, H. , 1970, "Studies in Japanese Kinship," *Rice University Studies,* Vol. 56, No. 4.

_Bennett, J. W. , 1970, "Some Observations on Western Anthropological Research in Japan," *Rice University studies*, Vol. 56, No. 4.

_Bodde, Derk. , 1939, "Types of Chinese Cathegorical Thinking," *Journal of American Oriental Society*, Vol. 59, No. 2. United States, American Oriental Society.

_Brown, Roger, 1964, "Discussion of the Conference, in Transcultural Studies in Cognition," Romney A. K., and Andrade, R. G. D. eds., *American Anthropologist*, Vol. 66, No. 3.

_Buring, R., 1969, "Linguistic and Ethnographic description," *American Anthropologist*, Vol. 71.

_Caudill, W., 1970, "The Study of Japanese Personality and Behavior," *Rice University Studies*, Vol. 56, No. 4.

_Chow, T. T., 1960, "The Anti-Confucian Movement in Early Republican China," *The Confucian Persuasion*, Wright, A.F., ed., Stanford University Press.

_Dilling, Marine, 1989 September, "The Script, Sound and Sense of the Olympic Opening Ceremonies," in paper presented at the Seoul Olympic Anniversary Conference.

_Doi, L. T., 1962, "*Amae*: A Key Concept of Understanding Japanese Personality Structure," *Japanese Culture*, Smith, R. J. and Beardsley R. K., eds., Chicago: Aldine.

_Doi, L. T., 1967, "*Giri-Ninjo: an Interpretation,*" *Aspect of Social Change in Modern Japan*, Dore, R. P., ed., Princeton: Princeton University Press.

_Eisenstadt, N.S., 1957, "Review of K. Wittfogel, Oriental despotism," *Journal of Asian Studies*, 17.

_Fairbank, J. K., 1957, "Introduction: Problems of Method and Content," *Chinese Thought and Institutions*, Fairbank, J. K., ed., Chicago: University of Chicago Press.

_Fraeger, F., 1970, "Experimental Social Psychology in Japan: studies in social conformity," *Rice University Studies*, Vol. 56, No. 4.

_Frake, C. O., 1964, "Notes on Queries in Ethnography," *American Anthropologist*, Vol. 66, No. 3, Part 2.

_Freedman, M., 1967, "Ancestor worship: two facets of the Cinese case," *Social organization: essays presented to Raymond Firth*, Chicago: Aldine.

_Freedman, M., 1970, "Ritual aspects of Chinese kinship and marriage," *Family and*

Kinship in Chinese society, Stanford: Stanford Univ. Press.

_Fung, Y. L., 1949, "The philosophy at the basis of traditional Chinese society," *Ideological differences and world order*, F. S. C. Northrop. ed., New Haven: Yale Univ. Press.

_Garbett, G. K., 1970, "The Analysis of Social Situations," *Man*, n.s. 5(2).

_Garbett, G.K., 1970, "The Analysis of Social Situations," *Man*. n.s. 5(2).

_Goodenough, W. H., 1964, "Cultural Anthropology and Linguistics," *Language in Culture and Society*, D. Hymes, ed., New York: Harpers and Row.

_Hsu, F. L. K., 1971, "Eros, Affect, and Pao," *Kinship and Culture*, Hsu, F. L. K., ed., Chicago: Aldine.

_Ishino, I., 1969, "The ⟨oyabun-kobun⟩: a Japanese ritual kinship institution," *American Anthropologist*, 55.

_Jones, D. J., 1970, "Towards a native anthropology," *Human Organization*, 29(4).

_Kang, Shin-pyo, 1974, "The Structural Principle of Chinese World-View," in Ino Rossi (ed), The Unconscious in Culture: The Structuralism of Levi-Strauss in Perspective, New York: Dutton.

_Kang, Shin-pyo, 1990, "Korean Culture, the Olympics and World Order," in *The Olympics and Cultural Exchange,* Seoul: Hanyang University Institute for Ethnological Studies.

_Kiefer, C. W., 1970, "Motivation for Social and Economic Change in Japan," *Rice University Studies,* Vol. 56, No. 4.

_Kim Kwang-Ok, "Anthropological Creation of East Asia: A Critical Reflection-With reference to notions of politics of culture, state-society relations and civilization,"『동아시아 인류학적 재현: 비판적 성찰』국제학술대회, 2011. 12. 9. 서울대.

_Kim, Mun-hwan, 1988, "The Aesthetic Character of the Opening and Closing Ceremonies," in Hand, *Beyond All Barriers*, Seoul, Korean Broadcasting System ("Kae-pyehwoe Shik ui Mihakchok Songgyok," Son e Chapko, Pyogul

Nomoso, Seoul, Hanguk Pangsong Saopdan, 1988).

_Leach, E. R., 1965, "Review of Claude Levi-Strauss' *Mythologiques: le Crue et le cuit*," *American Anthropologist*.

_Lebra T. S., 1969, "Reciprocity and the Asymmetric principle: An Analytical Reappraisal of the Japanese Concept of 恩," *Psychologia,* Vol. 12.

_Lounsbury, F. G., 1964, "The Formal Analysis of Crow and Omaha-Type Kinship Terminologies," *Explorations in Cultural Anthropology: Essays in Honor of G. P., Murdock*, W. H. Goodenough, ed., New York: McGraw-Hill.

_MacAloon, John, 1984, "Olympic Game and the Theory of Spectacle in Modern Societies," in MacAloon, ed., *Rite, Drama, Spectacle, Festival: Rehearsals Toward a Theory of Cultural Performance*, Philadelphia: ISHI Press.

_MacAloon, John, 1990. "The Turn of Two Centuries: Sport and the Politics of Intercultural Relation," in *The Olympics and Cultural Exchange,* Seoul: Hanyang University Institute for Ethnological Studies.

_Mulling, Craig, 1989, "The Dissident Critique of the Seoul Olympics," in paper presented at the Seoul olympic Anniversary Conference, Seoul, Korea,

_Needham, J., 1956, "Science and Civilization in China," *History of Scientific thought* Vol. 2, Cambridge: The University Press.

_Needhan, J., 1956, "*Science and civilization in China," History of scientific thought*, Vol. 2, Cambridge: The University Press.

_Norbeck, E., and Befu, O. H., 1970, "Informal Fictive Kindship in Japan", *American Anthropologist,* Vol. 60.

_Norbeck, E., and Parman, S. eds., 1970, "The study of Japan in the behavioral sciences," *Rice University Studies*, 56-4.

_Scholte, B., 1966, "Epistemic Paradigms: Some Problems in Cross-Cultural Research on Social Anthropological-History and Theory," *American Anthropologist,* Vol. 68.

_Sofue, T., 1969, "Review of M. Harris, *The Rise of Anthropological Theory*," *Current Anthropology,* Vol. 9.

_Sturtevant, W. C., 1964, "Studies in Ethnoscience," *American Anthropologist,* Vol. 66, No. 3, Part 2.

_T'ang, Y. T., 1947, "Wang Pi's New Interpretation of the I-Ching and Lun-Yu," *Harvard Journal of Asiatic Studies,* Vol. 10, No. 2.

_Topley, M., 1969, "Chinese traditional ideas and the treatment of disease: two examples from Hong Kong," *Man*, n.s. 5(3).

_Twithett, D., 1962, "Problems of Chinese Biography," *Confucian Personalities*, Wright, A. F., ed., Stanford University Press.

_Ward, B. E., 1965, "Varieties of conscious Model: The Fisherman of South China," *The Relevance of Models for Social Anthropology,* Banton, M. ed., London: Tavistock.

_Wright, A. F., 1962. "Values, Roles, and Personalities," *Confucian Personalities,* Wright, A. F., ed., Stanford University Press.

인터넷 자료
_안대희 2008. 5. 12, "고전의 향기 9," http://mail.google.com/ mail/?hl=ko&zx= mh2lq46 sdsps&shva=1&ui=1

_찾아보기

석학人文강좌 43